MES

SOUVENIRS DE CRIMÉE

— 1854-1856 —

MES SOUVENIRS
DE
CRIMÉE

— 1854-1856 —

PAR

LE GÉNÉRAL THOUMAS

ILLUSTRATIONS DE MAURICE PALLANDRE

PARIS
A LA LIBRAIRIE ILLUSTRÉE
8, RUE SAINT-JOSEPH, 8

AVANT-PROPOS

Sans paraître autrement que comme un figurant sur le théâtre de la vie contemporaine, j'ai eu mes entrées dans les coulisses d'où l'on juge mieux peut-être une pièce que les principaux acteurs préoccupés de l'effet à produire et que les spectateurs de la salle induits en erreur par la perspective et par les jeux de scène. Je pourrais donc, si je voulais comme tant d'autres écrire mes mémoires, fournir des renseignements qui ne seraient pas inutiles pour l'intelligence de certains points de l'histoire de notre temps. Je n'en suis pas encore là, mais en interrogeant ma mémoire et en relisant ce que j'ai conservé de ma correspondance d'autrefois, j'ai pensé qu'il y aurait intérêt à raconter quelque chose des événements dont j'ai été le témoin, avant que ces événements fussent tombés dans l'oubli.

Le tourbillon fiévreux qui entraîne les dernières années du dix-neuvième siècle au milieu des péripéties dont nul ne saurait prévoir la fin, dérobe à nos jeunes générations la connaissance précise de faits qui ont laissé dans la mémoire de mes contemporains une trace ineffaçable. Une occasion récente m'a permis par exemple de constater à quel point les détails de la guerre de Crimée sont ignorés même des jeunes gens pour qui l'étude de l'histoire militaire est une obligation pour ainsi dire professionnelle. Cette guerre a été cependant racontée avec talent dans des livres que je ne saurais avoir la prétention de recommencer; mais elle peut être envisagée sous un point de vue qui n'a pas encore été abordé puisqu'il est la conséquence d'un état de choses absolument nouveau : je veux parler de la comparaison entre l'armée d'aujourd'hui et celle d'hier.

On a bien souvent remarqué avec raison que la guerre de Crimée avait marqué à la fois l'apogée et le commencement de la décadence de l'ancienne armée. Cette guerre de Crimée, je n'ai eu qu'à moitié la bonne fortune d'y prendre part : commandant une batterie d'artillerie à cheval, mon rôle actif s'est borné à deux ou trois brillantes journées en dehors desquelles, faisant partie du corps d'observation chargé de couvrir le siège, je suis demeuré le reste du temps étranger de ma personne aux dangers de l'attaque de Sébastopol. Qu'on ne s'attende donc pas à trouver dans les pages qui vont suivre de nombreux récits de batailles et de combats. Ce que j'ai voulu dépeindre, pour montrer ce qu'a été l'armée qui n'est plus, c'est sa vie dans les camps, sa discipline et la force morale qui a soutenu sa constance au milieu des épreuves les plus pénibles.

Écrivant mes souvenirs personnels, j'ai dû parler de moi plus que je ne l'aurais voulu peut-être, mais j'ai dit ce que j'ai vu, beaucoup plus que ce que j'ai fait ; le lecteur me pardonnera donc, je l'espère, *le moi haïssable*.

Le brick le *L****, son capitaine et son équipage. (Page 20.)

PREMIÈRE PARTIE

LE PROLOGUE D'UNE GUERRE

CHAPITRE I

MARSEILLE

Comment fut engagée la guerre de Crimée. — L'empereur Napoléon III et le général Bosquet. — Opinion d'un financier. — Corps expéditionnaire d'Orient. — Départ de Paris. — Séjour à Avignon.— En route pour Marseille.— Orgon, Lambesc et Aix. — Arrivée à Marseille. — Toilette matinale de la ville. — Préparatifs de l'expédition. — Désordre général. — Singulier mode de transport. — Les rafiots de la Méditerranée. — Embarquement. — Le brick le *L*..., son capitaine et son équipage. — Procédé élémentaire de navigation.

Au mois de mai 1854, je me trouvais au camp de Gallipoli, comme capitaine en second d'une des deux batteries d'artillerie de la division Bosquet, deuxième de l'armée d'Orient. Un matin, à la suite d'une école à feu exécutée au bord de la mer, notre général de division nous invita à déjeuner, moi et les autres officiers de ma batterie. Après quelques instants accordés à la satisfaction d'un appétit aiguisé par notre séance matinale et par un luxe de table auquel nous n'étions plus habitués, nous fûmes bientôt tout oreilles pour la parole du général, admirable causeur, mêlant à la faconde méridionale le langage imagé de l'Arabe; je ne sais plus comment il en vint à parler des circonstances dans lesquelles il avait été nommé, vers le milieu du mois de mars, commandant de la 2e division du corps expéditionnaire d'Orient, et de l'audience qu'il obtint de l'Empereur à cette occasion. — Il avait trouvé, nous dit-il, Napoléon III assis devant un bureau, sur lequel était étalée une carte de Turquie et, sans préambule lui désignant du doigt la presqu'île de Gallipoli, l'Empereur dit au général : « Voici le point que vont occuper de concert les troupes anglaises et les troupes françaises. » Sur quoi, son interlocuteur étonné se récria : « Pour quel motif se laisser ainsi séparer de Constantinople par toute la longueur de la mer de Marmara et s'établir à vingt ou trente jours du Danube, sur les bords duquel allaient se rencontrer les Turcs et les Russes? — Et où voudriez-vous donc aller? — Là, Sire. » Et à son tour le général posa son doigt sur l'emplacement de Varna... « A Varna! fit l'Empereur, en redressant la tête comme effrayé; — ce fut l'expression même dont se servit le général — à Varna! mais, c'est la guerre! y songez-vous? » Le général s'inclina et se garda bien d'insister, pensant en lui-même que pour ne pas faire la guerre, Gallipoli valait en effet tout autre point de débarquement.

En réalité, le général Bosquet n'avait pas complètement raison de critiquer le choix de Gallipoli. Cette position commande la longue presqu'île qui s'étend le long du détroit des Dardanelles sur la rive européenne de ce détroit, qu'elle sépare du golfe de Saros. En occupant Gallipoli, les troupes alliées fermaient donc à l'armée russe l'accès de la presqu'île d'où elle aurait intercepté le passage et bloqué les escadres au delà du détroit. Mais à l'époque où j'entendais causer le général, je ne songeais guère à juger les questions de stratégie, et je ne rapporte cette petite anecdote, dont ma mémoire a gardé le plus fidèle souvenir, que pour donner une idée de la manière dont fut engagée la guerre de Crimée.

Si cette guerre, qui devait mettre aux prises trois puissantes nations et se terminer sur les remparts effondrés de Sébastopol à l'encontre du testament de Pierre le Grand, était regardée au mois de mars 1854 comme une éventualité aussi effrayante que peu probable et contraire aux intentions du gouvernement français, on ne doit pas s'étonner qu'aucun préparatif sérieux n'ait été fait à l'avance et que la précipitation avec laquelle l'armée dut être expédiée en Orient ait amené le désordre qui caractérisa les débuts de l'expédition. Cette même précipitation et ce même désordre, si différents de l'esprit de méthode avec lequel avaient été préparées jusque-là nos entreprises lointaines, telles que les expéditions d'Egypte, d'Angleterre (camp de Boulogne) et d'Alger, on devait les retrouver au début de la campagne d'Italie en 1859 et les payer cher dans la funeste guerre de 1870.

Toute l'année 1853 cependant avait été remplie par des incidents diplomatiques précurseurs d'une hostilité ouverte ; et dès le mois de juillet l'opinion publique se préoccupait d'une rupture avec la Russie. Je me rappelle très bien à ce sujet une soirée passée chez un des principaux financiers de Paris. C'était à Croissy, pendant une grande manœuvre exécutée entre Rueil et Saint-Germain par des troupes de l'armée de Paris sous les ordres supérieurs du maréchal Magnan. Il s'agissait, pour les uns, d'attaquer, pour les autres de défendre Saint-Germain, vraie représentation d'hippodrome faite pour le spectacle des yeux, sans aucun but, ou du moins sans aucun résultat instructif. Je faisais partie de l'armée d'attaque, et nous enlevâmes le premier jour d'une façon théâtrale et comique le pont de Chatou sur lequel les six régiments d'infanterie de la division Levasseur défilèrent au pas de charge avec un tel entrain qu'il fallut le lendemain interrompre la circulation pour une quinzaine de jours, afin de réparer le pont; puis, conformément au programme, nous fûmes battus et repoussés devant le Pecq par les défenseurs de Saint-Germain. Nous nous retirâmes alors dans des cantonnements en arrière, et je fus, avec le général auprès duquel je remplissais les fonctions d'aide de camp, logé dans la maison d'un agent de change.

Très bien reçus dans une famille charmante, nous fûmes conduits le soir chez M. E... P..., où était installé et où avait dîné le maréchal Magnan : fusion passagère de la haute finance et de l'armée dans des salons fort étonnés sans doute de voir tant d'uniformes.

Le maître de la maison, particulièrement aimable pour ses hôtes d'occasion, venant à un groupe dont je faisais partie, engagea avec nous une longue conversation dans laquelle nous remplîmes, je dois le dire, le rôle d'auditeurs bien plus que celui d'interlocuteurs.

Il nous parla des éventualités de la guerre, nous apprit bien des choses dont nous ne nous doutions pas et termina en nous disant avec un aplomb qui ne laissa pas de nous étonner : « Nous n'aurons pas la guerre, parce que l'Empereur ne la veut pas, et il ne la veut pas parce qu'il sait que nous n'en voulons à aucun prix. »

En fait, quelles que fussent les idées qui s'agitaient en haut lieu, on ne commença à parler sérieusement dans le public d'une guerre possible qu'après la destruction de la flotte turque dans la rade de Sinope

(30 novembre 1853). Encore ne s'agissait-il que d'une intervention maritime, mais au mois de février 1854 l'envoi en Turquie d'un corps expéditionnaire parut tout à fait décidé. Ce fut alors à qui ferait partie de cette petite armée, du moins dans la garnison de Paris, car en province on était alors encore moins bien renseigné qu'aujourd'hui, et l'on n'y avait encore nulle idée des événements qui allaient surgir. Bien des officiers croyaient voir là une occasion unique peut-être dans toute leur carrière. On avait pris au sérieux le fameux mot de Bordeaux : « *L'Empire, c'est la paix !...* » et l'on ne prévoyait ni les proportions que devait prendre cette guerre de Crimée, ni l'Italie, ni la Chine, ni le Mexique, ni le triste branle-bas final ! Aussi, en ce qui concerne particulièrement l'artillerie, les solliciteurs affluèrent-ils en foule auprès du chef du personnel de l'arme, au ministère de la guerre, M. le colonel du Penhoat, l'homme le plus bienveillant qui ait jamais occupé ce poste ; mais il lui fut bien difficile de contenter tout le monde, car c'était bien le cas de dire : beaucoup d'appelés et peu d'élus. Les batteries du corps expéditionnaire étaient déterminées, comme les régiments d'infanterie et de cavalerie, d'après leur tour de marche et avaient leur personnel d'officiers à peu près au complet ; il ne restait donc plus que les états-majors où les poste étaient disputés par les plus hautes influences. Le colonel du Penhoat me trouva cependant une place de capitaine en second, dans une batterie détachée pour le moment à Avignon et désignée pour faire partie de la division Bosquet.

Malgré la satisfaction de voir ma demande favorablement accueillie et tout en cédant au charme que la perspective du nouveau et de l'inconnu inspire toujours à la jeunesse (est-on bien un jeune capitaine à trente-quatre ans, à l'âge ou étaient tués dans les armées de Napoléon les généraux de division ?), ce ne fut pas, je l'avoue, sans un serrement de cœur que, certain soir du mois de mars 1854, je fis mes adieux à ma petite famille en m'embarquant à la gare de Paris-Lyon-Méditerranée. Faut-il conclure de là que le mariage est incompatible avec l'état militaire ? Non certes ! il est permis à un officier d'éprouver un serrement de cœur en quittant la famille dont il est le centre et le soutien, sans que cela l'empêche de remplir son devoir aussi bravement et aussi consciencieusement que le camarade en apparence le plus indépendant. Je dis en apparence, parce qu'en supprimant le mariage, on ne supprime pas la femme.

Dans la disposition d'idées où m'avait plongé le départ, je fis un triste voyage : il y avait à cette époque une assez longue lacune sur la voie ferrée de Paris à Marseille, et l'on voyageait en bateau à vapeur sur la Saône de Chalon à Lyon, sur le Rhône de Lyon à Avignon. Je trouvai les deux bateaux encombrés d'officiers de toutes armes, qui allaient rejoindre leurs corps ou s'embarquer à Marseille. Le hasard me fit rencontrer sur le bateau du Rhône un grand Anglais à la tournure élancée dont les cantines portaient en gros caractères l'inscription : *Captain Nolan, 11° hussards.* Nous causâmes assez longtemps ensemble et quand nous nous quittâmes à Avignon, ce fut en nous promettant de nous revoir là-bas. Je n'ai jamais rencontré cet officier en Crimée, et j'ai toujours pensé que j'avais eu pour compagnon de voyage le capitaine de cavalerie devenu célèbre sous le nom de Nolan, qui fut tué dans la fameuse charge de cavalerie de Balaklava à côté de lord Cardigan.

C'est à Avignon que je devais rejoindre, et que je rejoignis la batterie dont j'étais nommé le capitaine en second. Quelle chute, bon Dieu !... A Paris, je ne voyais que des enthousiastes, briguant avec ardeur un poste à l'armée d'Orient, ne rêvant que voyages et batailles. A

Avignon, je tombais au milieu de gens qui ne croyaient pas à la guerre et qui, sans compensation probable, se figurant être désignés par le sort pour une importune corvée, ne dissimulaient pas leur mécontentement d'avoir été arrachés à la tranquillité ordinaire de leur garnison. Le capitaine commandant, surtout, qui s'était marié sur le tard et venait d'être obligé de renvoyer sa très jeune femme seule, sous la conduite de son ordonnance, dans le Nord où habitait sa famille, était d'humeur fort sombre. Mais quel brave homme, et quel type!... il semblait avoir été créé tout exprès pour montrer combien de contrastes peuvent exister dans un caractère humain. Esprit fin, de première force aux échecs, très instruit, gourmand et paresseux, s'occupant à peine des détails les plus essentiels de son commandement, facile à démoraliser par la fatigue et le plus léger mal, consultant du matin au soir des livres de médecine, et persuadé qu'il était atteint de toutes les maladies dont il lisait la description, il fit l'admiration de toute la division, à la bataille de l'Alma, par sa bravoure calme, insouciante et gaie; une bravoure de bonhomme, si l'on peut parler ainsi. Il semblait assister à un tir de polygone et ne se donnait guère la peine de diriger le feu, mais il jugeait des coups, ainsi qu'aurait pu le faire un spectateur désintéressé, bien à l'abri de tout danger, battant des mains, et criant: Bravo!... comme un enfant, à chaque projectile qui tombait au milieu des batteries russes, sans avoir l'air de se douter de ceux qui faisaient grêle autour de lui...

Mais dans notre séjour à Avignon il n'y avait rien de nature à provoquer sa joie... et la nôtre... Le spectacle auquel nous assistions n'était pas fait précisément pour nous inspirer confiance.

Il est difficile d'imaginer pareille confusion; comme la voie ferrée ne partait que de là, pour aboutir à Marseille, les bataillons destinés à s'embarquer venaient y attendre leur tour d'embarquement et y séjournaient jusqu'à ce qu'un bâtiment étant prêt à les recevoir, le télégraphe leur transmît l'ordre de prendre le chemin de fer. Mais il était bien rare que l'ordre ne fût pas suivi d'un contre-ordre, et quelquefois ce contre-ordre arrivait trop tard, quand le bataillon qu'on voulait retenir à Avignon était déjà parti.

Le général commandant le département était un excellent homme, approchant de sa limite d'âge et ayant espéré terminer en paix son temps de service actif ; les frasques du télégraphe électrique, encore dans l'enfance de l'art, faisaient son malheur continuel.

« On me donne, me disait-il un jour, l'ordre de garder des détachements qui sont partis depuis la veille, et on m'enjoint d'urgence d'en faire partir d'autres qui ne sont pas arrivés. Le général de division (Rostolan) a toujours l'air de croire qu'un ordre de service donné par le télégraphe doit s'exécuter aussi vite qu'il est transmis. »

Pour nous, notre séjour dans la ville des Papes se prolongeait parce que nous n'avions pas de canons. Une artillerie nouvelle venait d'être adoptée sur l'initiative de l'Empereur. Le canon-obusier de 12, pièce dont on espérait des merveilles, remplaçait les canons de 12 et de 8 avec lesquels nos pères avaient combattu à Austerlitz et à Waterloo ; mais ce nouveau matériel n'était pas encore prêt, malgré toute l'activité des arsenaux, et nous attendions avec impatience nos trente voitures (pièces montées sur affûts, caissons à munitions, forges et chariots), qu'une batterie destinée à la 4e division devait nous amener de Toulouse.

Dans cette position d'attente, nous n'avions guère d'autre distraction, après avoir admiré à satiété les vieux remparts d'Avignon, que de résister au mistral qui soufflait avec une extrême violence.

Enfin la batterie de Toulouse arriva : nous entrâmes en possession de notre matériel, après visite, contre-visite et échange de paperasses, et deux jours plus tard, comme nous nous en allions déjeuner, nous fûmes accostés par le planton du général qui remit à notre capitaine commandant un pli cacheté : « Télégramme. Ordre de partir d'urgence le jour même pour Marseille et d'aller coucher à Orgon, le premier gîte d'étape sur cette route. » Or, la batterie était en garnison à Avignon depuis longtemps déjà ; elle ne pouvait partir sans rendre sa literie, sans avoir empaqueté son petit magasin, sans avoir chargé ses voitures. Bref, il était trois heures de l'après-midi lorsque nous fûmes enfin en mesure de démarrer après avoir été faire nos adieux au bon général, qui ne nous vit pas nous éloigner sans une certaine émotion. Au milieu de toutes ces troupes de passage dont la moitié partait avant d'être arrivée, nous étions pour lui de vieilles connaissances, les seuls qui puissions écouter ses plaintes contre le télégraphe électrique et l'autorité supérieure.

Heureusement, nous avions la ressource de faire monter les canonniers sur les coffres et de prendre le trot, ce qui nous permit d'arriver à Orgon vers six heures du soir. Orgon, où Napoléon faillit être écharpé par la populace en 1814, lors de son départ pour l'île d'Elbe, passe ou du moins passait alors à juste titre pour un des plus mauvais gîtes d'étape de France ; on disait même le plus mauvais. Le télégraphe y était encore inconnu, comme d'ailleurs dans toutes les localités de cette importance, et rien n'était préparé, ni pour nous recevoir, ni pour nourrir nos hommes et nos bêtes. Grâce à la gendarmerie, on finit par nous donner du fourrage pour nos chevaux. Quant à nos hommes, ils reçurent vers neuf heures du soir du pain mal levé et mal cuit. L'autorité supérieure avait complètement négligé de donner des ordres à Orgon, et de prévenir l'intendance.

Si l'administration fonctionnait aussi mal sur le territoire français, avant le départ, que serait-ce donc à la guerre ?

Telle est la question qui nous vint naturellement à l'esprit... Le lendemain il y eut progrès ; on avait eu vingt-quatre heures de plus pour nous annoncer à Lambesc ; nous y trouvâmes donc le nécessaire, et nos loisirs nous permirent de nous promener un peu dans cette petite ville *étouffée* (ainsi que l'appelait Mme de Sévigné) où se réunissaient autrefois les Etats de Provence.

Le jour suivant, à Aix, tout était pour le mieux dans le meilleur des mondes lorsque, au moment d'aller dîner (c'est toujours à ces moments-là qu'arrivent les dépêches), nous recevons celle-ci : « Partez immédiatement pour Marseille, marchez la nuit, envoyez votre capitaine en second au point du jour chez le colonel commandant l'artillerie de l'armée. »

Fort émus et nous demandant si Marseille était menacée d'un débarquement de l'armée russe, nous avalons rapidement un dîner digne d'un meilleur sort ; la batterie se rassemble et je prends les devants avec le logement. Ainsi nomme-t-on le petit détachement qui pendant la route précède une colonne pour préparer son installation au gîte et qui, dans ce cas, se composait des deux fourriers, de deux brigadiers et de deux canonniers, tous à cheval.

Prévoyant que j'aurais fréquemment besoin de lumière, j'emporte dans mes poches une forte provision d'allumettes chimiques.

Au sortir de la ville, nous tombons dans un cercle d'étudiants en droit et d'étudiantes en gai savoir, qui, mis en belle humeur par notre vue, forment autour de nous une joyeuse farandole en chantant à tue-tête le chœur d'introduction d'*Haydée*, opéra-comique alors en vogue, dont ils modifiaient légèrement les paroles :

Amis ! buvons à la *victoire* du Musulman.

L'accompagnement d'orchestre est remplacé par des fusées et des pétards lancés dans les jambes de nos chevaux qui s'emballent : et voilà comment nous partons en guerre, salués par les souhaits masculins et féminins de l'école de droit d'Aix en Provence.

Nos chevaux finissent par se calmer et la nuit devient des plus obscures ; nous prêtons grande attention aux embranchements de route, et à deux ou trois reprises il nous faut allumer une poignée d'allumettes pour lire sur les poteaux : il y a du reste fort peu de chances de nous tromper, du moment où, au sortir même d'Aix, nos montures, excitées par le feu des fusées et le bruit des pétards, n'ont pas enfilé la route de Toulon...

Lorsque les premières lueurs de l'aube commencèrent à dissiper l'obscurité profonde dans laquelle nous avions cheminé, nous étions au milieu d'une sorte de chaos de roches, émergeant au hasard d'un sol dévasté, quand tout à coup, arrivés au point, appelé, je crois, la Vista, où la route commence à descendre brusquement vers la mer, nous nous trouvâmes en face d'un des plus splendides tableaux qui aient jamais frappé ma vue et mon imagination.

A nos pieds, Marseille avec sa vaste nappe de toits, entrecoupée d'allées de verts platanes ; à notre gauche, une chaîne de monts abrupts découpés à grands traits, et sur l'un des plus rapprochés, la chapelle de Notre-Dame-de-la-Garde : au delà de la ville de Marseille, ses ports avec leur forêt de mâts, sa rade d'où émergent les îles du Frioul, puis la mer limitée sur notre droite par une ligne de collines verdoyantes, la mer sillonnée par le glissement d'une foule de petites voiles, au milieu desquelles filaient avec rapidité quelques vapeurs laissant derrière eux de longues traînées blanches. Les troupiers qui m'accompagnaient, gens peu poétiques de leur nature, ne purent retenir un cri d'admiration. Quant à moi, j'aurais pu revenir vingt fois à la même place sans éprouver la même sensation. Il m'aurait manqué la surprise, la coïncidence merveilleuse de la découverte soudaine du tableau et de l'apparition du soleil, surgissant du sein des flots, pour l'inonder de lumière. Il m'aurait manqué surtout le vague sentiment que m'inspirait l'idée de la mer se prolongeant jusqu'à l'horizon, au delà duquel j'allais voguer vers l'inconnu, laissant derrière moi tout ce qui m'était cher, tout ce qui, pour moi, donnait quelque prix à la vie de ce monde. Je ne raisonnai pas ce sentiment : il me pénétrait à mon insu, et ce fut lui, sans doute, qui vint mouiller ma paupière d'un commencement de larme, bien vite séchée par la réflexion et l'aspect positif de la réalité. Nous étions descendus dans la longue rue du faubourg que nous avions remontée jusqu'à l'arc de triomphe de la porte d'Aix, et de nouveau nous descendions le Cours. Nous étions bien à Marseille ; et je me plais à croire que depuis cette époque (il y a de cela 37 ans) cette grande et belle ville a transformé son système de toilette matinale, car je n'imagine rien de plus hideux, et de plus répugnant, que le spectacle qui s'offrit à nos yeux et la sensation qui frappa notre odorat.

Il n'était pas plus de cinq heures, quand je mis pied à terre devant le logement du colonel commandant l'artillerie pour prendre ses ordres. Ce colonel a bien grandi depuis lors ; il a eu le malheur de jouer au milieu de nos grandes catastrophes un rôle qu'on a pu juger plus ou moins sévèrement, mais je ne suis pas de ceux qui se croient assez forts pour jeter le blâme sur le mérite et sur les actions de quiconque a tenu une place importante dans les événements dont nous avons été les témoins et les victimes.

Il ne s'agit pas ici du maréchal, ministre de la guerre et major général de l'armée du Rhin, il n'est question que du brillant colonel d'artillerie de l'armée d'Orient et de la sympathie respectueuse que nous éprouvions tous pour lui, sympathie dont le souvenir suffirait pour imposer à ma plume une réserve absolue.

On aurait pu cependant adresser un reproche au colonel Le Beuf : il se fâchait trop souvent et trop fort et ces colères, violentes dans la forme quoique très innocentes dans le fond, n'étaient pas faites pour dissiper la confusion qui régnait dans les esprits pendant l'organisation précipitée de l'armée d'Orient. Tout le monde militaire semblait, à Marseille, avoir été piqué de la tarentule et quoiqu'on y accomplît en somme une besogne sérieuse, la moitié du temps s'y perdait en agitations stériles, en retour sur des ordres donnés trop vite et qu'il fallait encore plus vite rectifier ou modifier.

On avait attendu trop tard pour envoyer des troupes de secours à la Turquie, et l'on cherchait à regagner ce retard mais sans y parvenir, le temps étant un élément qu'on peut maîtriser jusqu'à un certain point, mais qu'on ne saurait supprimer complètement.

On expédiait des troupes, mais sans les avoir pourvues du nécessaire pour combattre : on avait envoyé de l'infanterie et des généraux, mais pas un canon.

De là cette précipitation dont ma batterie fournissait un exemple et cette dépêche reçue à Aix. Le colonel Le Beuf me donna des instructions précises, desquelles il résultait que nous avions perdu quinze jours à attendre à Avignon le matériel amené de Toulouse, tandis qu'il y avait à Marseille de quoi nous pourvoir et que le matériel complet d'une batterie avait été embarqué à notre intention sur un bâtiment à vapeur du commerce qui devait le soir même quitter le port de la Joliette.

Il nous fallait donc traverser tout Marseille pour conduire au fort Saint-Nicolas le matériel que nous amenions d'Avignon, revenir ensuite sur nos pas et traverser la ville en sens contraire pour aller caser nos chevaux au Lazaret transformé en caserne : après quoi mon capitaine commandant et les servants à pied de la batterie s'embarqueraient sur l'*Égyptus*, tandis que je resterais à Marseille avec les conducteurs et les attelages. Toujours la continuation des mêmes errements! Après avoir envoyé en Turquie de l'infanterie sans artillerie, on y envoyait maintenant de l'artillerie sans attelages pour la traîner.

En dehors des vrais principes, tout est erreur.

Or, les vrais principes, grâce à une cruelle expérience, nous en sommes maintenant convaincus, c'est qu'avant de mettre une troupe en ligne, il faut la constituer complètement, attendu qu'une fois en ligne, elle ne peut plus être constituée...

Voilà donc mon capitaine commandant, un des lieutenants, les servants et le matériel de la batterie filant à toute vapeur vers le détroit des Dardanelles, tandis que je reste au milieu de l'agitation de Marseille avec mes deux cent quatre chevaux et leurs conducteurs, et je ne suis pas le seul de mon espèce : trois autres batteries se trouvent à Marseille dans les mêmes conditions. Je dois, me dit-on, y séjourner pendant une huitaine. J'y passe une journée à courir, appelé tantôt chez le général commandant la division, tantôt chez le colonel commandant l'artillerie, à l'intendance, au Lazaret. Tout à coup, le soir, m'arrive comme une bombe l'ordre de me préparer à m'embarquer le lendemain matin avec tout mon monde, bêtes et gens, augmenté d'un fort détachement appartenant à une autre batterie partie d'Afrique et qui doit être complétée avec des attelages envoyés de France. Il me faut passer la nuit non pas à dormir et à me reposer de la journée de la veille afin d'acquérir des forces pour celle du lendemain, mais à entasser des paperasses.

Oh! sainte paperasse! patronne de l'armée française, providence des intendants, mère nourricière des comptables, désespoir des vrais soldats! j'ai passé quarante-cinq ans dans l'armée à entendre dire qu'on allait diminuer ton importance, et te ramener à des proportions plus modestes, et tu grandissais toujours..... Et je n'ai jamais vu ceux que tu faisais vivre tenir compte du temps que tu absorbes, car tu dévores du temps, de l'argent et des hommes !

Dans la circonstance à laquelle je me reporte ici, tandis que deux hommes étaient occupés aux volumineuses pièces de comptabilité, nécessitées par l'échange de notre matériel, un maréchal des logis chef, deux fourriers, deux autres sous-officiers et deux ou trois canonniers passèrent la nuit à établir en trois expéditions des états d'embarquement (*de filiation*, dans la langue administrative) pour trois cents hommes et autant de chevaux embarqués sur dix-sept navires différents, et quand ces cinquante et une pièces de calligraphie portant les noms, prénoms, signalements, états civils des hommes et des animaux, furent terminées, on les porta à cinq heures du matin chez le sous-intendant, où elles restèrent égarées pendant deux heures dans les bureaux et où l'on finit heureusement par les retrouver, car on me traitait déjà d'imposteur pour affirmer qu'elles avaient été fournies, et le très peu bienveillant fonctionnaire de l'intendance le prenait de très haut avec moi, me signalant à toute la sévérité du terrible Rostolan.

Heureusement aussi, on retrouva ces pièces pour commencer l'embarquement à l'heure fixée, car le premier embarquement était une solennité à laquelle vinrent assister les autorités militaires (commandement et administration). — On inaugurait un système ! et quel système !... il faut l'avoir vu pour y croire, et en l'exposant on est tenté d'employer toutes les épithètes amoncelées dans la fameuse lettre de Mme de Sévigné sur le mariage de Lauzun... le plus incroyable, le plus extraordinaire..., etc.

On avait requis dans les ports de Marseille, de Toulon, de Cette, de Port-Vendres, ou enrôlé dans ceux de Gênes, de Livourne, de Barcelone, tous les petits navires de commerce, de 150 à 300 tonneaux, qui se présentaient, on aménageait leurs cales en écuries avec un lit de camp pour les canonniers; chacun d'eux pouvait ainsi recevoir de 15 à 30 chevaux. Pour éviter la peine de chercher et d'installer tous ces bateaux, dont le nombre fut incalculable, on passa marché avec une entreprise qui se chargea de ce double soin. L'autorité militaire, peu familiarisée avec les questions maritimes, se figurait qu'une quinzaine de ces rafiots, chargés de mon double détachement, allaient naviguer de concert sous ma direction. Je reçus des instructions en conséquence et je rêvais déjà le rôle de grand amiral; mais, une fois l'embarquement terminé, chaque capitaine partit à son heure et se gouverna comme il l'entendit : je ne revis plus mon *armada* dispersée qu'à Gallipoli, où les navires arrivèrent les uns après les autres dans l'espace d'un grand mois. Il en fut de même pour toutes les autres batteries et pour les régiments de cavalerie. Ces petits bâtiments à voiles, payés à la journée, naviguaient le plus lentement possible ; souvent même ils se cachaient dans quelque baie isolée d'une des îles de l'archipel ou des côtes de l'Asie Mineure, pour y séjourner paisiblement jusqu'à ce qu'on prît le parti de leur donner la chasse et de les faire prendre à la remorque par des avisos de la flotte.

J'ai dit que l'embarquement de mon détachement se fit avec une sorte de solennité ; c'était le début de l'entreprise Pastré; les gros bonnets de la Compagnie offrirent à cette occasion dans un des hangars du port de la Joliette un déjeuner tout provençal, réfection indispensable au milieu d'une opération aussi fatigante, mais que pour ma part j'eusse préférée plus simple et qui rendit pénible à supporter l'ardeur du soleil pendant le reste de la journée. Commencé à huit heures du matin, l'embarquement de mes 300 chevaux, dura jusqu'à huit heures du soir, et au moment où je

L'EMBARQUEMENT DE MES 300 CHEVAUX DURA JUSQU'A HUIT HEURES DU SOIR. (Page 16.)

me préparais à gagner, pour m'y reposer, la chambre meublée que j'avais louée le matin dans la prévision d'un plus long séjour à Marseille, le colonel Le Beuf m'engagea à donner le bon exemple en allant coucher à bord du bâtiment sur lequel j'étais officiellement embarqué. C'était le *L*..., brick de 280 tonneaux du port de Saint-Waast requis à Toulon, où il venait d'apporter un chargement de houille de Newcastle pour le service de la flotte. Je m'y rendis consciencieusement ; non seulement je n'y trouvai rien de prêt pour me recevoir, mais il n'y avait à bord, outre les canonniers embarqués, qu'un marin de garde ; tous les recoins étaient encombrés de marchandises amassées à la hâte et dont l'arrimage n'avait pu encore être fait. J'essayai de m'étendre dans une sorte de cabine à moitié remplie de salaisons, mais le manque d'air, l'odeur des harengs et de la morue, la fatigue de la journée, l'effet du soleil supporté pendant douze heures, le remords d'estomac causé par le déjeuner provençal, tout cela me donna une sorte de mal de mer au repos, à n'y pas tenir, et j'allai m'étendre au grand air sur la cage à poules, enveloppé dans ma couverture ; je m'y réveillai aux heures naissantes du jour, trempé de rosée et les membres rompus. Telle fut ma première nuit de campagne, car, embarqué le 4 avril au soir, j'étais, à partir de cette date, officiellement en campagne.

En somme, cette nuit passée à bord pour donner le bon exemple n'était que de la pose, car il me fallut bien descendre à terre pour manger quand le jour vint : il n'y avait sur le *L*... rien à se mettre sous la dent, comme on dit vulgairement, et le déjeuner à la provençale était loin....

Ce fut le capitaine du *L*... qui vint me chercher le matin pour aller à Marseille. Rien n'était encore prêt pour le départ, et il avait à faire des emplettes indispensables, entre autres celle de livres de navigation. C'était la première fois qu'il venait dans la Méditerranée, et il avait besoin d'un guide sur cette mer qui lui était complètement inconnue. On lui indiqua un traité en deux volumes du capitaine Baudin, qu'il acheta avec quelques cartes et que je me chargeai d'étudier pour lui épargner de trop longues recherches. Et voici comment se fit notre voyage de Marseille à l'entrée des Dardanelles ; je n'exagère rien; on verra à quels hasards était livrée cette armée qui s'en allait faire par delà les mers les affaires de nos bons alliés les Anglais. Je parcourus le livre de Baudin ; j'y marquai les passages essentiels à connaître pour nous indiquer la direction générale ou plutôt les diverses directions entre lesquelles nous pouvions choisir, j'en fis part à mon capitaine, qui adopta le procédé le plus élémentaire et le plus facile, sinon le plus rapide :

Rester le plus possible en vue et à bonne distance des côtes, reconnaître les points de repère indiqués par Baudin et nous en approcher à la distance indiquée par lui, pour nous en éloigner dans la direction marquée sur la carte ; de plus, aller prendre vue des *dangers* signalés pour être sûr de les éviter. Voilà comment je devins navigateur. Quant au métier de marin, plus difficile à pratiquer, je me contentai d'en juger par ce que je voyais ; j'appris pourtant à *virer de bord*, et cela d'autant plus facilement que mes canonniers concouraient à la manœuvre.

Le matin de notre départ, deux matelots avaient déserté, un autre avait fait défaut, et j'ai toujours soupçonné le capitaine du *L...*, qui avait des goûts d'économie très prononcés, d'avoir médiocrement cherché les déserteurs, se disant qu'après tout cela lui ferait trois hommes de moins à payer et qu'il s'en tirerait avec l'aide des artilleurs.

Le personnel de l'équipage se composait tout bonnement du capitaine, du second, un candidat malheureux au grade de maître au cabotage, d'un maître, de quatre matelots et d'un mousse cumulant les fonctions de marmiton à la cambuse, de valet de chambre dans la cabine, d'apprenti gabier sur les vergues de kakatoès, et du souffre-douleurs partout.... J'ai pu constater que dans tout l'équipage, il n'y avait pas un seul homme méchant, et cependant le pauvre mousse recevait chaque jour un nombre incalculable de coups de pied qui, heureusement, n'atteignaient pas tous le but.... toujours le même : juge un peu s'ils étaient méchants, aurait dit un Marseillais !!... Bref, cet équipage étant notoirement insuffisant, on apprit à mes hommes les mouvements nécessaires pour virer de bord et au commandement de : — *Pare à virer. — Change de bord !* — ils exécutaient la manœuvre avec ensemble ; quelques-uns même, parmi les plus adroits, s'aventuraient sur les haubans.

La messe au camp. (Page 41.)

CHAPITRE II

GALLIPOLI

La traversée. — Le mal de mer. — Une tempête. — Girgenti, la Pantellaria, le cap Bon. — Un palais sur le pont. — L'île de Malte manquée. — Le calme plat. — La salade de pommes de terre. — Les pirates de l'Archipel. — Les Dardanelles. — Arrivée à Gallipoli. — Le port, la ville et le camp. — La « grande rivière ». — Les chapardeurs. — Le général Canrobert. — Le général Bosquet. — Le prince Napoléon. — Le maréchal Saint-Arnaud. — Les généraux Bouat et d'Autemarre. — La messe au camp. — Grande revue. — Le canon-obusier de 12. — Embarquement du matériel. — La marine. — Les boutons de guêtre. — Contre-ordre. — Préparatifs de départ. — *Papavoine* et *Caroline*. — Le vétérinaire et le docteur. — Les lignes de Boulaïr.

Nous quittâmes le port de la Joliette le 6 avril dans la journée, non sans jeter, du moins en ce qui me concerne, un regard mélancolique vers la côte dont nous

nous éloignions poussés par une bonne brise : mélancolie que l'on trouvera justifiée si l'on pense à ma position. J'étais embarqué pour vingt à trente jours sur une sorte de coquille de noix, où j'avais pour tout logement une armoire dans laquelle les pavillons de signaux, étendus sur la planche du fond, me servaient de lit, tandis que mes pieds s'appuyaient à deux ou trois barils de harengs et de morue; pour toute société, le capitaine et son second, vigoureux marins dont la science se bornait à la pratique de leur métier; pour toute bibliothèque, un exemplaire d'*Athalie*, que je sus bientôt par cœur, les *Confessions* de Jean-Jacques Rousseau, dont je commençai par admirer le style et dont, à une seconde lecture, le cynisme m'inspira une horreur indicible; pour toute distraction, le vol des goélands ou les bonds des marsouins émergeant de la vague sur les flancs et en avant de notre brick.

Suivant notre système, nous nous gardâmes bien de passer par les bouches de Bonifacio et nous longeâmes la côte occidentale de la Sardaigne, après celle de la Corse, pour nous diriger ensuite vers le cap Bon, comme si nous allions à Tunis..... Je ne me doutais guère qu'en suivant cette route, nous étions abrités contre une brise qui soulevait sur la Méditerranée un commencement de tempête. Il fallut bien m'en apercevoir aux angoisses qui agitèrent mon cœur lorsque nous eûmes dépassé le rideau qui nous protégeait contre la violence des vagues et nous préservait de l'horrible mal de mer. J'en avais, comme tout le monde, fort entendu parler, et je m'étais apitoyé sur le sort de Desaix qui, pendant sa traversée pour rentrer en France, était en proie à d'horribles convulsions, réduit à ne pouvoir prononcer un mot. Je pus bientôt m'apitoyer aussi sur moi-même... Et ma situation était encore pire que celle du conquérant de la Haute-Égypte, car je n'avais personne à qui me plaindre; mais je ne tardai pas à être guéri de mes vulgaires et sottes souffrances par un sentiment bien autrement puissant que les étreintes du mal de mer, celui du danger que nous courions.

La tempête était déchaînée dans toute son horreur; mon pâle métier de navigateur sur carte était fini, tous les mâts descendus sauf ceux de hunes, toutes les voiles carguées à l'exception d'une seule, un grand, moyen ou petit foc, je n'en sais plus rien; le malheureux *L...*, chassé par le vent, courait les bordées les plus fantastiques: nous avions été poussés, vers la côte de Sicile, assez près de terre pour pouvoir distinguer un groupe de maisons blanches qui, d'après Baudin et nos cartes, nous représentait Girgenti, près de l'ancienne Agrigente, dont nous aperçûmes également les ruines, sinon à première vue, du moins après plus ample examen, car nous eûmes l'occasion de prolonger notre inspection des côtes, fort troublée d'ailleurs par la tempête; nous avions, paraît-il, le vent debout et nous courions au plus près de manière à reculer le moins possible. Notre première bordée nous mena devant l'île de la Pantellaria ou Pantellerie, espèce de gros pain de sucre, large et court, que certains érudits ont prétendu avoir été jadis l'île de Calypso. Ces érudits ont probablement tort, l'île de Calypso n'ayant existé que dans l'imagination d'Homère; mais mon imagination personnelle, tout inférieure qu'elle fût à celle de l'auteur de l'*Odyssée*, se plut à peupler ce pain de sucre de nymphes gracieuses, et il me sembla voir sur ce rivage où mes yeux attentifs ne reconnaissaient cependant aucune plage abordable, la belle Eucharis me faire signe d'accourir; mais, chassé par la tempête, le navire fuyait, et la cantinière, épouse très illégitime et fort peu séduisante du maréchal ferrant, représentait seule à bord le sexe auquel avaient appartenu Eucharis et Calypso. La vitesse était effrayante et le tangage horrible; à peine avions-nous perdu des yeux la masse sombre de la Pantellaria que, devant nous, les découpures du cap Bon se profilaient sur le ciel gris et de nouveau nous virions de bord, courant vers la Pantellaria et de là vers Girgenti. Nous fîmes ainsi la navette pendant plusieurs jours sans que le capitaine du *L*... quittât un seul instant la roue du gouvernail. Habit bas pour avoir la liberté des mouvements, tête nue, les cheveux soulevés par le vent, ne prenant pas d'autre nourriture que par instants un bol de vin chaud apporté par le mousse, ce petit marin normand était splendide à voir. Pour moi, ne pouvant rester dans mon armoire où d'atroces craquements semblaient à chaque instant m'annoncer la perte du brick brisé par les lames, et dans laquelle haches, marteaux, scies et outils de tout genre bondissaient et retombaient sur mon lit, j'étais monté sur le pont, et pour jouir sans crainte du spectacle effrayant de la tempête, je m'étais fait amarrer à quelque hauban..... Cela dura, je crois, cinq ou six jours, au bout desquels, rejetés d'une vingtaine de lieues marines en arrière, nous fîmes le point et, larguant une ou deux voiles, nous essayâmes de reprendre notre route. Le vent était toujours contraire; la cabine n'était pas tenable; on me construisit un palais sur le pont à l'endroit le moins balancé et j'y établis ma demeure; les murs de ce palais étaient formés par des bottes de foin pressé, le toit par une voile posée sur une vergue en guise de poutre faîtière. D'autres voiles pliées me servaient de chaises longues pour le jour, de lit pour la nuit. C'était délicieux ! Depuis plus de quinze jours, cependant, nous étions en mer, nous avions consommé la moitié de notre provision d'eau sans avoir fait la moitié du chemin, bien loin de là ! et j'éprouvais un indicible besoin de poser le pied sur un sol fixe, pour me distraire du roulis et du tangage : j'avais lu de Malte une description engageante et qui me donnait envie de voir cette île; il fut donc convenu avec mon capitaine que nous relâcherions au port de Malte; mais voilà que le lendemain matin à notre réveil nous reconnaissons une terre à bâbord. Hélas! c'était l'île de Malte et pour y relâcher il aurait fallu revenir en arrière... nous aurions dû, paraît-il, avoir cette terre à tribord!... Et voilà comment je ne vis pas Malte pour cette fois, mais comment j'appris, de manière à ne pas l'oublier, que la cité de la Valette, sa capitale et son port, se trouve sur la côte nord de l'île. Nous avions enfilé le canal qui sépare Malte de l'Afrique au lieu de passer entre Malte et la Sicile... Bref, cette île curieuse ne nous apparut que pour nous infliger le supplice de Tantale, auquel succéda le supplice vingt fois pire du calme plat...

Qu'on se figure une vaste nappe d'huile, non pas immobile, mais s'abaissant et s'élevant tour à tour en une seule masse : sur cette nappe se trouve le bâtiment qui n'avance pas, mais qui, soulevé à la surface huileuse, se balance et balance ses passagers de la façon la plus énervante. Autour de lui l'horizon semble décrire un cercle, et si dans le rayon de la vue se trouve un autre navire, on le voit marcher dans un sens et peu à peu se diriger en sens inverse : c'est le mouvement apparent des astronomes, dans lequel aussi la terre est censée rester immobile et voir les autres astres du ciel tourner autour de son axe; en fait, l'horizon ne change pas, mais le navire pivote sur lui-même : c'est de toute façon un supplice odieux, surtout quand on est embarqué depuis vingt jours avec une provision d'eau pour trente-quatre chevaux pendant trente jours et qu'on craint d'avoir usé sa provision avant d'être arrivé à destination. Un orage assez violent mit fin à cette désagréable situation. Le vent se leva, et comme pour nous dédommager de toutes nos traverses, il nous poussa très rapidement vers le but.

Nous déployâmes force toile et sans le moindre roulis nous parvînmes promptement en face de l'île de Cérigo.

C'était un matin ; quand le soir vint, nous étions engagés dans les détours de l'Archipel, à travers lesquels nous avancions avec de singulières précautions.

Un peu avant notre départ de Marseille, on avait appris que deux ou trois petits navires chargés d'objets d'approvisionnements pour l'armée avaient été capturés dans ces parages par des pirates grecs, et on l'ignorait ce qui était advenu de leurs équipages. On nous avait donc recommandé la plus grande attention et l'on nous avait distribué des cartouches pour nous mettre à même de nous défendre en cas d'agression. L'idée du danger que nous pouvions courir surexcitait vivement le capitaine du *L*..., et il fallut, pour franchir pendant la nuit les passes de l'Archipel, nous organiser militairement. Notre force montait à trente hommes, dont douze servants armés de mousquetons et dix-huit conducteurs munis de pistolets, le tout commandé par un brigadier. Pour calmer les appréhensions de mon capitaine, je répartis la moitié de cette petite armée à l'avant et sur les côtés, l'autre moitié constituant une solide réserve à l'arrière. La nuit était très sombre, la mer assez forte, le vent très favorable et notre marche très rapide. Un marin réputé pour avoir la vue très perçante, placé en vigie, devait nous avertir de tout ce qu'il verrait. Tout à coup une barque plate et longue, très chargée de monde, autant qu'il était possible d'en juger, nous apparut, marchant, très rapidement aussi, à notre rencontre : elle ne portait aucune lumière et les gens qui la montaient poussaient des cris stridents, sans doute pour nous avertir de leur présence. Le capitaine du *L*... ne douta pas un instant que ce ne fussent d'affreux pirates, et il prescrivit au timonier de donner un coup de barre pour leur passer dessus et les couler. Nous courûmes aussi vite que possible à l'arrière pour juger de l'effet de cette manœuvre hardie. Nous ne vîmes absolument rien, et le capitaine fut persuadé qu'il avait coulé bas un repaire flottant de pirates. A notre arrivée à Gallipoli, il me pria même de faire un rapport sur cet exploit, et comme je m'y refusai formellement, lui exprimant même la crainte qu'il eût passé sur le corps de quelques braves pêcheurs, nous nous quittâmes assez froidement... Je ne puis cependant songer à lui sans éprouver une vive admiration pour son infatigable activité, pour sa science pratique et surtout pour son attitude pendant la tempête.

Ce bon capitaine avait, du reste, un peu trop spéculé sur la complaisance de nos estomacs. Chargé de nourrir à forfait un détachement de trente hommes et un capitaine d'artillerie, il avait pensé que le jeûne serait très avantageux, sinon pour la santé de ses hôtes, tout au moins pour sa caisse, et il se fit à lui-même ce raisonnement très simple : Ce qu'on mange à mon bord étant très mauvais, moins les passagers en mangeront et mieux cela vaudra pour eux... Préoccupé de tout autre chose, je prêtais cependant peu d'attention à ce que je considérais comme un mal nécessaire et transitoire, lorsqu'une certaine nuit que je me promenais sur le pont, j'entendis, entre trois ou quatre de mes canonniers, une conversation tenue bien évidemment à mon intention. J'appris ainsi des détails vraiment répugnants sur la propreté du mousse qui, chargé des doubles fonctions de valet de chambre et de cusinier, établissait une confusion terrible entre les ustensiles et vases de diverses natures confiés à ses soins. L'idée de toucher à un mets quelconque ayant passé par ses mains me devint odieuse, et à partir de ce moment, c'est-à-dire pendant les dix derniers jours de la traversée, je vécus uniquement à déjeuner et à dîner de salade de pommes de terre, pelées et accommodées par moi-même. Cette nourriture peu variée n'avait, du reste, rien de désagréable, mais dix jours d'un pareil régime c'est beaucoup.

Nous avions cependant filé avec une vitesse remarquable, nous avions même dépassé en route un vapeur de l'État, le *Sphinx*, vieux bateau à roues datant, paraît-il, de l'origine de la navigation à vapeur, et le 30 avril à midi, c'est-à-dire vingt-six jours après notre embarquement, nous entrions fièrement dans le détroit des Dardanelles où je repris la direction facile de la marche. Voici donc comment on procédait à bord du brick le *L*... pour franchir ce détroit célèbre dans l'histoire.

Le Baudin avait été mis de côté et nous suivions les indications d'un guide plus détaillé, accompagné de notes spéciales telles que celles-ci : mettre le cap sur la deuxième embrasure à partir de la droite de la grande batterie située à gauche du minaret; à deux encâblures de cette batterie virer de bord, mettre le cap sur le minaret de la petite mosquée à droite de la batterie et à une encâblure, etc... Assis sur la cage à poules derrière le timonier, je lui indiquais la direction et je faisais signe au capitaine lorsqu'il s'agissait de changer de bord. Dans ces mouvements nous approchions assez du rivage pour distinguer parfaitement la population qui nous contemplait et les artilleurs des batteries qui nous saluaient; nous échangions même des roulements de tambour et des sonneries de trompettes. Plusieurs bâtiments pareils au nôtre nous précédaient, d'autres nous suivaient; le spectacle ainsi que le temps était splendide. L'idée de quitter bientôt notre demeure flottante, et oserais-je l'ajouter au risque de passer pour un gourmand, d'échanger la salade de pommes de terre pour une nourriture plus variée, mais surtout l'espoir de trouver à Gallipoli des lettres et des nouvelles de France dont nous étions sevrés depuis près d'un mois, nous rendait tous joyeux. Cette journée peut être marquée d'un trait comme une des plus agréables que j'aie passées.

Cependant la brise tombait, nous ne marchions plus qu'à grand'peine et lorsque, vers les six heures du soir, nous atteignîmes la petite ville de Lampsaki sur la côte d'Asie, le calme plat nous y enchaîna de nouveau. Il eût été par trop ridicule cependant d'aller mouiller sur la côte d'Asie quand nous étions attendus en face. On mit à la mer deux embarcations qui, menées à la rame par les marins du bord assistés de quelques canonniers, nous remorquèrent jusque dans la rade de Gallipoli. Il était près de minuit quand nous y mouillâmes presque au milieu des bâtiments de l'escadre de l'amiral Bruat. Dans mon impatience de voir la terre sur laquelle nous devions débarquer, je passai la nuit sur le pont et je ne saurais dire avec quelle joie, aux premières lueurs de l'aube, j'entendis de toutes parts trompettes, clairons et tambours annoncer à l'envi le réveil de l'armée... Puis le jour parut et nous fit découvrir devant nous la petite ville de Gallipoli dressant au-dessus des flots un amphithéâtre de maisons de bois multicolores serrées les unes contre les autres, à gauche de la ville une rangée de cinquante à soixante moulins à vent et, au delà de ces moulins, d'innombrables files de tentes.

Dès que cela fut possible, je descendis à terre, et, grâce à des raisons toutes particulières, j'obtins la permission de faire immédiatement débarquer mes trois chevaux... je pus jouir alors en toute liberté du spectacle qui s'offrit à mes yeux : un port ou plutôt une darse étroite où se pressaient des barques de toutes dimensions avec leurs équipages levantins ; à partir de cette darse, des rues qui grimpaient, étageant en amphithéâtre leurs maisons bleues, violettes, jaunes, roses, dominées à ma gauche par les minarets pointus de trois ou quatre mosquées, à ma droite par une vieille tour presque ruinée, dernier reste d'un ancien château féodal ; sur le port et dans les rues une foule bigarrée, compacte, dont rien ne saurait donner une juste idée ; des portefaix turcs, des nègres, des femmes voilées ressemblant à des fantômes, des marins, des soldats anglais en habit rouge à la démarche empesée, des highlanders écossais, sortes d'hercules aux jambes nues, dans leur costume national, des zouaves, des turcos, des chasseurs à pied, des fantassins se croisant en tous sens; des officiers anglais montés sur des petits chevaux du pays, coiffés de leurs casquettes du matin, vêtus de spencers étroits, la musette en sautoir, une badine à la main, fendant avec peine les flots de cette mer humaine qui ne s'ouvrait même pas pour donner passage aux *arabas*, lourds chariots aux roues pleines et grinçantes, traînés avec peine par deux paires de bœufs : et quel bruit! Des cris en turc, en arabe, en français, en italien, en grec, en hindou, en anglais, les rencontres subites d'amis qui ne s'étaient pas vus depuis de longues années et qui venaient, les uns de Bombay, les autres de Gibraltar ou de Malte, ceux-ci de Tlemcen ou de Laghouat, ceux-là de Brest ou de Strasbourg.

Mais je ne m'arrêtai pas à contempler ce tableau; monté sur ma jument favorite *Gemma* et suivi de mon ordonnance qui menait mes deux autres montures, je gravis une des rues les plus escarpées, encombrée d'indigènes et de soldats, et parvenu dans la haute ville je trouvai des ruelles moins animées où pourrissaient sur le sol des charognes de toute espèce (chevaux, chiens et chats), l'air en était empesté. Enfin j'arrivai dans la campagne, je passai en revue les cinquante moulins à vent qui semblaient attendre l'attaque furieuse d'un nouveau Don Quichotte, et je me trouvai à la droite du camp de l'artillerie. Toutes les batteries, au nombre de quinze, étaient installées sur une seule ligne longeant le détroit des Dardanelles, que le plateau sur lequel elles campaient dominait de quarante ou cinquante mètres et dont elles étaient séparées par les tentes des Anglais. Mais ces quinze batteries n'existaient pour ainsi dire qu'à l'état embryonnaire. Embarquées en détail comme la nôtre, elles arrivaient petit à petit par détachements

ARRIVÉE A GALLIPOLI. Page 31.)

peu nombreux et avaient à peine assez de chevaux pour atteler chacune deux pièces au lieu de six et sans aucune voiture de réserve. La cavalerie était aussi peu avancée que l'artillerie. Le maréchal de Saint-Arnaud, commandant en chef de l'armée d'Orient, dans sa correspondance avec le ministre de la guerre, en témoignait un étonnement naïf. Il s'était figuré sans doute qu'en mettant l'infanterie sur des bâtiments à vapeur, on ferait arriver la cavalerie et l'artillerie dispersées sur des coquilles de noix.

Je retrouvai avec plaisir ma batterie, mon capitaine commandant et son lieutenant en second arrivés depuis longtemps avec nos canons. Quant au lieutenant en premier, il fumait tranquillement sa pipe dans un village de la côte d'Asie. Voici ce qui lui était arrivé : le même jour où le *L...* se présentait vers midi à l'entrée du détroit des Dardanelles, la *Belle-Louise* qui transportait M. Rey n'atteignait cette entrée que vers quatre heures ; elle fut donc prise par le calme vers six heures entre l'entrée du détroit et les Dardanelles d'Asie. Il fallut bon gré mal gré mouiller près d'une bourgade qui s'étalait coquettement à cent mètres environ de la côte, mais qui offrait fort peu de ressources ; passant la journée à terre devant un café turc, regagnant la *Belle-Louise* pour les repas et pour la nuit, M. Rey attendit pendant dix sept jours un vent plus propice. Les quatre cinquièmes des bateaux sur lesquels j'avais embarqué mes chevaux à Marseille se trouvaient dans le même cas, et la batterie qui avait commencé son mouvement à Marseille le 2 avril ne fut constituée à Gallipoli que le 20 mai.

Le camp d'ailleurs ne brillait pas par l'activité. Dressé pour des batteries complètes, il semblait morne et désert avec les deux tiers de ses tentes vides ; pas un seul officier supérieur, pas un seul officier de l'état-major de l'artillerie n'y était installé. Tous avaient jugé à propos de se caser plus commodément dans les maisons de Gallipoli : ils en furent chassés dès la première nuit par des myriades de petites bêtes dévorantes ou rebutantes, mais aucun d'eux n'eut l'idée de regagner le camp où il aurait manqué de tout, et ils dressèrent leurs tentes dans les jardins et dans les cours de ces habitations minées par les insectes. A part le pittoresque de la vue, l'emplacement du camp, choisi par un colonel du génie attaché à l'ambassade du général Baraguey d'Hilliers, laissait grandement à désirer ; à peine y avait-il assez d'eau pour donner à boire à tous les hommes ; malgré les nombreuses norias qu'on établit de toutes parts, il fallut exécuter chaque jour une promenade de dix ou douze kilomètres pour aller faire boire nos chevaux à la « grande rivière », petit cours d'eau célèbre dans l'histoire sous le nom d'*Aigos-Potamos* par la victoire des Thraces sur les Scythes.

Encore fallut-il protéger les fontaines dans les alentours du camp contre l'indiscipline des troupes, les faire garder par des postes, interdire expressément d'y laver du linge et faire battre la campagne par des patrouilles à cheval pour donner la chasse aux maraudeurs ; car cette belle armée d'Orient, qui, peu nombreuse à sa première formation, se composait en majorité de troupes d'élite, portait en elle le principe funeste de l'indiscipline qui devait faire tant de progrès jusqu'à la guerre de 1870. La maraude y était en honneur, au mot *voler* on avait substitué le terme militaire de *chaparder*, inventé en Algérie, et la chapardise s'y pratiquait sans avoir trop à craindre des rigueurs du commandement, plein d'indulgence pour les troupes d'Afrique. Les habitants de Gallipoli jugèrent à propos d'envoyer leurs femmes en Asie pour les soustraire à la galanterie un peu trop expansive de nos chapardeurs.

L'armée cependant se complétait tous les jours. En l'absence du maréchal de Saint-Arnaud retenu en France par les derniers arrangements relatifs à l'expédition, elle était provisoirement sous les ordres de son chef futur, le général Canrobert, commandant alors la 1re division. J'ai contracté, depuis lors, tant de respect et d'estime, j'oserais même dire tant d'affection pour ce glorieux soldat, que je ne saurais exprimer en quelques lignes mon admiration pour lui. On pouvait peut-être lui reprocher un peu de faiblesse paternelle pour les zouaves dont il avait été le colonel adoré. Les brigadiers de la 1re division étaient Espinasse, connu pour la bravoure qu'il avait déployée en mainte occasion autant que par sa participation au coup d'État du 2 décembre 1851 (tué à la bataille de Magenta dans la campagne de 1859), et Vinoy, rude et brave soldat qui, en 1871, succéda au général Trochu comme gouverneur de Paris. Parmi les colonels de cette division figuraient Bourbaki, du 1er zouaves, de Failly du 20e de ligne, de Lavarande du 7e, Vergé du 27e.

Le général Bosquet commandant la 2e division, la nôtre, inspirait la confiance à première vue. Nature vigoureuse, méridionale, exubérante, il avait dans ses allures quelque chose de théâtral. Avec sa grande taille, sa forte corpulence et ses traits accentués il était beau à voir monté sur son *Bayard*, grand cheval barbe, de robe isabelle, à l'encolure épaisse, blessé dans plusieurs combats et connu dans toute l'Algérie, des Arabes comme des Français. Le général Bosquet, intelligent et brave, doué de talents militaires incontestables, pratiquait largement l'hospitalité vis-à-vis des officiers de sa division et disposait aussi largement des hommes de troupe pour son service personnel; son cuisinier était de première force et sa table excellente.

Le commandant de la 3e division était le prince Napoléon. Ses allures peu militaires et l'affectation qu'il mettait à paraître ennuyé inspirait à l'armée une médiocre estime: il savait être, quand il le voulait, extrêmement aimable. Les deux brigades de sa division étaient commandées par le général de Monet, devenu plus tard général de division, et Thomas, qui fut blessé grièvement à la bataille de l'Alma. Parmi les colonels figurait le futur général Clerc. Quant au commandant de la 4e division, le général Forey, il ne se trouvait pas encore à Gallipoli, étant resté, je crois, au Pirée ; je ne vis pas davantage ses deux brigadiers, le général de Lourmel, tué plus tard devant Sébastopol à la sortie du 5 novembre 1854, et le général d'Aurelle de Paladines, futur vainqueur de Coulmiers.

Enfin le général en chef, qui ne tarda pas à nous rejoindre, était le maréchal de Saint-Arnaud, illustre par sa mort bien plus encore que par sa vie. La tristesse glorieuse de ses derniers moments, le souvenir de ce général d'une armée victorieuse souffrant déjà des dernières atteintes du mal, montant à cheval et y restant par la force de sa volonté, puis forcé dans son triomphe de résigner son commandement pour aller mourir du choléra en pleine mer, ont couronné pour ainsi dire la mémoire de Saint-Arnaud d'une auréole à part et fait oublier les débuts accidentés de sa carrière. Au point de vue des talents militaires, il serait difficile de le juger ; il aurait fallu, comme on dit vulgairement, voir la suite. C'était en tous cas un homme de manières distinguées, ayant de l'élégance, de l'affabilité et du commandement. Les lettres de lui qui ont été publiées sont pour la plupart admirables.

Je reviens à notre division. Le chef d'état-major était le colonel de Cissey, resté célèbre par son rôle de général commandant une division à l'armée de Metz en 1870 et comme ministre de la guerre de 1871 à 1876. Son air froid et de mine quelque peu renfrognée ne laissait guère deviner la nature inflammable qui l'exposa à devenir la proie de deux ou trois intrigantes ; au-dessous de lui figurait dans l'état-major de la division le commandant Raoult, qui exerça les fonctions de major de tranchées au siège de Sébastopol et fut glorieusement tué à Frœschwiller ; les aides de camp et officiers d'ordonnance du général Bosquet étaient le commandant Lallemand, qui est devenu un de nos meilleurs commandants de corps d'armée ; les capitaines Hartung, aujourd'hui général de division en retraite ; Fay, écrivain militaire des plus distingués et commandant le 11e corps d'armée. On voit que cet état-major était bien composé. Il est à remarquer que, en dehors du prince Napoléon, les trois divisionnaires de l'armée d'Orient à ses débuts sont devenus maréchaux de France : Canrobert, Bosquet, Forey.

Les deux brigadiers de notre division étaient les généraux Bouat et d'Autemarre. Le premier, mort en 1859, au début de la campagne d'Italie, était un rude et brave soldat quelque peu butor ; il avait débuté à sa sortie de Saint-Cyr par la campagne de 1823 en Espagne et en avait gardé certaines traditions qui rendaient sa conversation intéressante ; c'était un chaînon qui nous rattachait à la grande armée dont il aimait à nous donner les pratiques comme exemple à suivre ; fantassin dans l'âme, il ne pardonnait guère qu'à l'artillerie de ne pas faire partie de l'infanterie et affichait une antipathie profonde pour le génie, plus encore pour la cavalerie qu'il jugeait indigne d'être comparée à celle qu'il avait connue autrefois. Malgré son amour exclusif pour l'infanterie, il conduisait assez mal une colonne, marchant en tête au pas allongé de son grand cheval anglais, sans s'inquiéter de savoir s'il était suivi, faisant faire peu de haltes et des haltes de très courte durée. Parvenu à l'étape, il s'arrêtait pour voir défiler la colonne, apostrophant tout le monde parce que les distances n'avaient pas été bien conservées, et ne descendant de cheval que lorsque la dernière voiture était casée au bivouac ; alors seulement il rentrait sous sa tente et quittait son grand chapeau ferré avec lequel, à l'encontre des autres généraux, il marchait toujours. Bien différent de lui était le général d'Autemarre, chasseur enragé, d'ordinaire calme et taciturne et gardant au feu un sang-froid superbe ; celui-là, au contraire, s'entendait très bien à ménager ses troupes dans les marches. Son système était le suivant : allure lente au départ, haltes fréquentes pendant la première moitié de l'étape, puis une grande halte assez longue pour permettre aux soldats, après avoir fait et pris le café, de goûter les douceurs d'une petite sieste, puis, à la reprise de la marche, une allure plus rapide et des haltes très rares. Sa brigade, composée du 3e zouaves, du régiment de tirailleurs algériens et du 50e de ligne, toutes vieilles troupes d'Afrique, arrivait au bivouac plus rapidement et avec moins de fatigue que la brigade Bouat, qui comprenait le 3e bataillon de chasseurs à pied, commandant Duplessis, le 7e léger, colonel Jannin, tous les deux devenus généraux de division, et le 6e de ligne, colonel Garderens de Boisse, célèbre pour avoir planté le drapeau tricolore sur la brèche de Constantine, et renommé pour son caractère au moins original.

L'artillerie, comprenant ma batterie, 4e du 13e régiment, et la 3e batterie du 12e, capitaine Robinot-Marcy, devenu plus tard général de brigade, était commandée par le chef d'escadron B..., brillant officier, peu aimé de ses camarades et encore moins de ses inférieurs ; j'ai parlé du capitaine de ma batterie ; le lieutenant en premier M. Rey, brave et excellent Alsacien, mais d'un caractère fort peu gai, est mort lieutenant-colonel ; le lieutenant en second était M. des Essarts, aujourd'hui général de division.

Je remplissais en permanence les fonctions d'adjudant-major au camp près de Gallipoli, ce qui en l'absence de tout officier supérieur m'investissait d'une sorte de commandement assez délicat à exercer, puisque je n'avais ni l'autorité du grade ni celle de l'ancienneté, mais le bon vouloir de tout le monde facilita ma tâche, et à une seule exception près, tous les capitaines de batterie furent charmants pour moi. En dehors de ma besogne qui n'était pas une sinécure, tant s'en faut, les distractions ne me manquaient pas, et je ne me lassais jamais de contempler le tableau pittoresque qui s'offrait à moi quand j'étais assis sur le seuil de ma tente. Le dimanche on célébrait en plein air une messe militaire. Je retrouve dans une lettre tout intime, écrite de Gallipoli le 3 juin, l'impression que me causa une de ces cérémonies. « Je me suis interrompu ce matin, disais-je, pour aller à la messe malgré la chaleur et la poussière. Cette messe se disait à un quart de lieue du camp, à l'entrée de la ville. Figurez-vous un autel formé par des tambours recouverts d'une grande pièce de drap rouge : autour de l'autel les sapeurs d'un régiment d'infanterie, derrière l'autel la musique du régiment, vis-à-vis une foule de généraux, d'officiers et de soldats de toutes armes. Mettez tout cela sur un rocher au-dessus de la mer de Marmara dont la surface bleue n'est limitée que par l'horizon, près d'un cimetière turc, à deux pas d'un couvent de derviches, en face des camps anglais et français, et dites-moi si ce n'était pas imposant. »

Bientôt le maréchal de Saint-Arnaud, qui venait enfin de nous rejoindre, nous offrit un spectacle d'un autre genre en passant sur la plage la revue de toutes les troupes ; leur aspect et leur attitude ne laissaient rien à désirer. Quelques jours après nous exécutâmes sur le même terrain plusieurs exercices de tir pour nous familiariser avec notre nouveau matériel. Nous n'avions jamais, en effet, tiré avec le canon-obusier de 12. Il serait bien peu intéressant aujourd'hui de revenir sur l'importance des modifications apportées alors à l'artillerie de campagne, et dont la principale consistait dans l'adoption d'une pièce pouvant lancer des obus et des boulets, remplaçant par conséquent les canons et les obusiers. On a fait depuis lors bien d'autres progrès. Nous fûmes heureux cependant de constater la justesse du canon-obusier de 12.

C'est à un de ces exercices de tir que le général Bosquet me parlant de mon père, sous les ordres duquel il avait été autrefois, me dit avec emphase : « Votre père a vu de grandes choses sous le premier empereur, vous en verrez d'aussi grandes sous le second. »

Hélas ! nos pères avaient vu en 1814 et en 1815 de grands désastres, nous en avons vu d'aussi grands en 1870.

Il était temps de songer à quitter Gallipoli, et à cette occasion nous vîmes recommencer la série des ordres et des contre-ordres. Notre division dut d'abord s'embarquer pour Varna, tandis que la 1re et la 2e division se rendraient à Constantinople par la route de terre ; je fus chargé de diriger l'embarquement de tout le matériel de la 2e division et d'une réserve considérable de munitions d'artillerie et d'infanterie. Cet embarquement ne laissa pas que d'être laborieux en raison du peu de ressources dont nous disposions. Le colonel Le Beuf avait été remplacé par le général Thiry dans le commandement de l'artillerie, devenu plus important, et avait pris les fonctions de chef d'état-major. Ses boutades violentes l'avaient brouillé avec les chefs de l'intendance et de la marine. Nous avions pour opérer notre embarquement une cale fort commode construite par les pontonniers à la pointe nord de Gallipoli, mais les hommes et les embarcations nous faisaient défaut ; un heureux hasard me fit obtenir les uns et les autres au prix d'une verte semonce du fougueux chef d'état-major de l'artillerie. J'étais un jour occupé sur la cale d'embarquement à faire démonter des voitures pour charger le seul chaland dont nous pussions disposer, lorsque plusieurs embarcations de navires de guerre accostèrent au bout de la jetée, amenant l'amiral Bruat et un certain nombre d'officiers de marine. Après avoir gravi le sentier qui, serpentant sur le rocher, conduisait à Gallipoli par la voie la plus courte, ils reparurent au bout de quelques minutes, précédés cette fois par le maréchal de Saint-Arnaud qu'accompagnait un nombreux état-major. Pâle et évidemment rongé par la souffrance, il ne semblait marcher que par la force de sa volonté. Il s'arrêta devant moi et avec une grande politesse me demanda ce que je faisais là. « J'embarque, lui dis-je, le matériel de la 2e division. — Et celà marche-t-il bien ? Il est urgent que ce soit bientôt fini. — Cela marcherait mieux, monsieur le maréchal, si j'avais les travailleurs et surtout les embarcations nécessaires. — Mais n'avez-vous pas les corvées de l'escadre? » Au lieu de répondre à cette question, je m'inclinai en gardant un silence significatif, et le maréchal se tournant vers l'amiral lui dit d'un ton courtois mais nuancé d'autorité : « Voyez à cela, je vous prie, amiral, vous savez ce qui a été convenu, et je désire que le concours de la marine soit absolu. » Là-dessus il me salua et fut s'embarquer dans le canot de l'amiral. Dès l'après-midi nous avions tout ce qu'il nous fallait, mais pendant que le maréchal parlait, le chef d'état-major de l'artillerie, dont la tête signalée par une belle et longue moustache dominait tout le groupe, fronçait les sourcils d'une manière effrayante et en passant devant moi il me montra le poing... « Vous me le payerez! dit-il. Comment, c'est vous qui allez dire à un maréchal de France que les choses ne marchent pas bien! Rappelez-vous qu'un capitaine et surtout un capitaine d'artillerie doit toujours trouver que tout va bien. » N'est-ce pas là, seize ans à l'avance, le fameux mot : « Il ne nous manque pas un bouton de guêtre? » Je dois ajouter d'ailleurs que le colonel Le Beuf ni alors ni plus tard ne me fit payer ce qu'il appelait ma maladresse et qu'au contraire il se montra des plus bienveillants pour moi.

Cependant les événements marchaient en Turquie. Du Danube on apprenait que Silistrie tenait toujours, mais qu'il était temps d'aller au secours d'Omer-Pacha. D'autre part, on recevait de la mer Noire la nouvelle du bombardement d'Odessa, d'où un des vapeurs de l'escadre, le *Vauban*, arrivait avec le feu mis par un obus dans sa soute au charbon. Quelques pièces de campagne tirant de la plage avaient suffi pour tenir notre escadre en respect. Quoi qu'il en soit, je ne sais quelles considérations amenèrent le général en chef à changer d'idée et à décider, à notre grande joie, que la 2e division serait dirigée par terre sur Andrinople, tandis que la 1re serait embarquée pour Varna. Comme notre matériel était déjà à bord, on l'affecta aux batteries de cette division et on nous donna le leur, que nous trouvâmes abandonné dans un champ où elles l'avaient laissé en recevant dare dare l'ordre de s'embarquer pendant la nuit. Parlez donc après cela d'inventaire, de prise en charge et de visite contradictoire!...

En présence de tant d'ordres, de contre-ordres et de désordre, quand on songe que cette précipitation n'est motivée par rien, quand on voit chacun tirer à soi: l'intendance se prendre de querelle avec l'artillerie, l'artillerie discuter avec le génie, le génie se faire honnir par l'infanterie, on se dit qu'il a fallu des troupes bien solides, un ennemi peu préparé et une chance énorme pour se tirer glorieusement de cette bagarre; on se dit aussi, hélas! que la défaite n'a rien eu d'étonnant le jour où nous nous sommes trouvés en face d'une organisation redoutable.

Quant au contre-ordre qui nous faisait prendre la route de terre, nous l'accueillîmes avec joie. Traverser par étapes un pays aussi peu visité par les voyageurs que l'était alors l'intérieur de la Turquie, c'était pour nous une véritable bonne fortune, et nous fûmes bientôt prêts à partir. Nous avions déjà d'ailleurs complété nos équipages depuis une quinzaine de jours, en achetant à des gens du pays des mulets destinés à porter nos bagages personnels ; car il n'était pas question alors de voitures à bagages. Il nous fallait quatre mulets et même cinq en comptant celui du vétérinaire. Ce fut toute une affaire que cet achat de mulets par l'entremise d'un interprète. Les paysans sont partout les mêmes, nous le vîmes bien aux lenteurs de la négociation du marché. Nous ne nous en tirâmes pas trop mal. Parmi les bêtes que nous achetâmes, deux devinrent bien vite populaires dans la batterie sous les noms de *Papavoine* et de *Caroline*. Le premier était le mulet du capitaine-commandant, un grand mulet gris, entêté, toujours enclin à reculer et à ruer ; il était, au jour de l'achat, criblé d'écorchures et de cicatrices, traces des coups de bâton et de couteau que lui avaient prodigués ses anciens maîtres, et qui lui valurent, par antiphrase, le surnom de *Papavoine*. Au contraire, *Caroline*, ma mule, était la plus charmante, la plus intelligente, je serais tenté de dire la plus spirituelle des mules, se sauvant tous les matins pour se donner de l'exercice en courant de droite et de gauche à toute vitesse, ne se laissant jamais prendre, mais revenant d'elle-même, au départ, tendre son dos au bât, en ayant l'air de dire : « C'est parce que je le veux bien. » Après quelques jours de pansage elle eut la robe baie la plus douce et la mieux lustrée qui se puisse imaginer. Caroline était l'idole de la batterie ; pas un canonnier qui n'eût pour elle une caresse et un morceau de pain. Elle devint dans mes affections la rivale de Gemma, jolie jument du Morvan que j'avais amenée de Paris où elle avait été admirablement dressée par un invalide, ancien sous-officier de cavalerie. On verra quel fut le sort de Gemma ; quant à Caroline, il fallut me séparer d'elle lorsque nous quittâmes la Crimée et la vendre à la remonte ; je l'avais payée 130 francs, la commission de remonte m'en donna 300 francs, j'en aurais donné le double pour la conserver, quelque légère que fût ma bourse de capitaine. Pauvre Caroline! si choyée, si gâtée, si familière, si caressante avec nous, dans quelles mains sera-t-elle tombée?

Ce fut le 3 juin que l'ordre de départ pour Andrinople nous fut enfin donné. Le général Bosquet, avec le 3e bataillon de chasseurs, était déjà parti le 2. La brigade de chasseurs d'Afrique, commandée par le général d'Allonville, quitta le camp le 4. La brigade d'Autemarre, avec la batterie Robinot-Marcy et le commandant B..., dont nous nous trouvâmes heureusement débarrassés, partit le 6. Enfin, notre batterie et la 3e batterie du 15e régiment d'artillerie à cheval, commandée par l'excellent garçon qui s'appelait Armand, devaient aller le 8 coucher au camp de Boulaïr, situé à trois lieues de Gallipoli, là même où l'on avait construit les fortifications destinées à faire de la presqu'île une place de refuge, pour s'y mettre sous les ordres du général Bouat, avec la brigade duquel nous devions voyager jusqu'à Andrinople. Le vétérinaire affecté à l'artillerie de la division marchait avec la première colonne, nous avions avec nous le docteur.

Cette répartition nous donna souvent à rire, car notre batterie avec son médecin laissa au moins en route 12 ou 15 malades et arriva à conserver tous ses chevaux dans un état parfait, tandis que l'autre batterie pourvue d'un vétérinaire ne perdit pas un homme mais, échelonna sur la route les cadavres de cinq ou six de ses chevaux dont l'odeur de charogne nous la fit suivre à la piste. Je n'entends d'ailleurs tirer aucune conséquence de ce fait évidemment dû au hasard.

L'ordre donné le 3 juin n'eut enfin pas de contre-partie. Le jeudi matin 8 juin, nous quittâmes le camp de Gallipoli, après avoir été passés en revue par le général Thiry et le colonel Le Beuf. A dix heures et demie, nous franchissions les lignes de Boulaïr et nous installions nos tentes auprès de celles du général Bouat, qui nous reçut de la façon la plus aimable : il avait connu Armand au siège de Rome en 1849, et se trouvait être un peu mon parent ou plutôt mon allié. J'ai déjà dit qu'il n'éprouvait pas d'ailleurs pour l'artillerie l'espèce d'antipathie que lui inspiraient le génie et la cavalerie ; nos relations personnelles furent toujours excellentes.

Un incendie à Andrinople. (Page 63.)

CHAPITRE III

ANDRINOPLE

En marche sur Andrinople. — Nos étapes. — Le golfe de Saros, le Kouroudagh. — Keschan. — Grecs et Grecques. — La tête de colonne. — L'ambulance. — La cantinière du train. — Ouzoun-Kupri. — La Maritza. — Un orage. — Entrée dans Andrinople. — L'île du Sérail. — La grande caserne. — Police d'Andrinople. — Rustem-Pacha. — Le général Prim et le général Bosquet à la messe. — Une représentation de Karagheuz. — Le pain de munition. — La mosquée du sultan Sélim. — Un incendie. — Le bazar. — Entrée des cuirassiers. — Une excursion. — Le harem ambulant. — Les bohémiens. — Village chrétien. — Le Beïram. — La source du Sanctuaire. — La maison d'un banquier.

La brigade Bouat, avec laquelle nos deux batteries devaient se rendre à Andrinople, comprenait, ainsi que je l'ai déjà dit, le 3e bataillon de chasseurs à pied, le 6e de ligne, le 7e léger; mais les chasseurs étaient partis en avant, le 7e léger releva, après un jour de marche, le 3e zouaves laissé en arrière, par la brigade d'Autemarre, pour travailler à la route, en sorte que notre colonne comprit en réalité : le 3e zouaves, le 6e de ligne, la batterie montée du 13e d'artillerie, la batterie à cheval du 15e, avec une ambulance et un petit convoi, le tout formant un effectif de 5,000 hommes et 6 à 700 chevaux. La route ne donna lieu à aucun incident remarquable. Le seul mauvais pas à franchir était la pente rapide du Kouroudagh, hauteur dont le pied est baigné par les eaux du golfe de Saros et où il n'y avait qu'un chemin détestable. Notre matériel de campagne s'en tira parfaitement, mais il fallut doubler les attelages et pousser aux roues. Les soldats du 3e zouaves nous rendirent ce service. La pente était si raide à certains endroits et les tournants du chemin si brusques qu'on était obligé d'avancer par efforts successifs en calant les roues à chaque coup de collier. Il nous fallut neuf heures environ pour gravir ainsi une côte qui s'élevait à l'altitude de 726 mètres, et deux heures pour redescendre la pente opposée, ce qui nous fit une étape de plus de onze heures avec une fatigue continue.

Le pays que nous traversâmes de Boulaïr à Andrinople était généralement riant et agréable, la route facile, puisque nous avions un temps sec et beau, mais par la pluie et le mauvais temps nous nous y serions certainement embourbés. Ce qui rendait notre marche plus pénible, c'est que notre bivouac était généralement installé dans les prairies humides ou même marécageuses et qu'après avoir subi, pendant la nuit, une humidité glaciale, nous étions, dès six heures du matin, exposés à l'ardeur d'un soleil intolérable. Nous essuyâmes pendant les deux derniers jours de violents orages, alors que nous suivions la rive gauche de la Maritza (1), le plus grand

(1) L'Hébrus des anciens, sur les bords duquel Orphée fut, suivant la mythologie, mis en pièces par les Ménades.

cours d'eau de la Turquie d'Europe, large plutôt que bien profond. Nous fîmes la route de Boulaïr à Andrinople en huit ou plutôt en sept étapes, car la huitième était à peine de 4 ou 5 kilomètres; nos bivouacs successifs nous furent désignés sous les noms suivants : 1° Talcadéré; 2° Beylickdéré (déré veut dire ruisseau); 3° Keschan; 4° Cadikeui (vieux village); 5° Ouzoun-Kupri (long pont); 6° Echilécuré (au bord de la Maritza); 7° Cantatarkeui (de même); 8° Andrinople ou plutôt la plaine située au-dessous d'Andrinople, entre la hauteur sur laquelle s'élève cette ville et la Toundja, rivière profonde et peu rapide, affluent principal de la Maritza. De tous ces endroits, deux seulement étaient des villes, Keschan et Ouzoun-Kupri; encore la dernière ne se trouvait-elle pas sur nos cartes, quoique ce fût une position assez importante au nœud des routes de Gallipoli et de Constantinople à Andrinople. C'est maintenant une station du chemin de fer qui relie les deux principales villes de la Turquie d'Europe. Andrinople, peuplée de 110,000 habitants, chef-lieu des vilayets de Roumélie et résidence du pacha, avait été pendant longtemps la capitale de l'empire turc avant la prise de Constantinople; elle présentait encore en 1854 un cachet turc très prononcé. On nous avait fait bivouaquer à très petite distance pour nous permettre une toilette complète avant d'y faire notre entrée. Nous traversâmes la ville dans toute sa longueur au milieu d'une foule pressée, curieuse et sympathique, pour aller nous installer dans un camp où nous retrouvâmes les chasseurs d'Afrique, le général Bosquet, la brigade d'Autemarre, la batterie Marcy et aussi, hélas! le commandant B... Avant de parler de notre séjour à Andrinople, je crois devoir encore citer ici quelques fragments de ma correspondance d'alors, qui dans son caractère absolument intime traduisait fidèlement les impressions que j'avais éprouvées pendant la route. En date: « Au bivouac de Keschan, 11 juin, dix heures et demie du matin.

« Nous avons eu avant-hier une assez forte journée; partis de Boulaïr à trois heures et demie du matin, nous ne sommes arrivés au bivouac de Talcadéré qu'à midi et demi; nous avons traversé un joli pays en contournant le golfe de Saros et passant auprès de Cavach (marqué sur la carte Cadechis). Nous avons campé dans une grande plaine au milieu de pâturages entrecoupés de petits buissons, tout près de la mer et au pied de hautes montagnes. J'avais dans ma tente comme un tapis de fine verdure, tout embaumé de serpolet, et je m'y serais trouvé admirablement si nous avions pu manger et boire d'une façon passable ; mais pas moyen de se procurer d'autre breuvage qu'un affreux vin musqué, et notre cuisinier est impossible. Heureusement, j'avais pu me procurer le matin une bonne tasse de lait, car les vaches ne manquent pas dans ce pays, non plus que les chèvres, les moutons et les volailles. Les environs de Gallipoli sont épuisés par le séjour prolongé de 40 ou 50,000 hommes. Ici tout est en abondance. Une poule coûte 4 piastres (16 sols); une oie, 30 sols. La journée d'hier a été des plus rudes. A cinq heures, après avoir laissé filer l'infanterie, nous nous sommes mis en mouvement, et à cinq heures et demie nous étions au pied de la côte, où était installé le 3e zouaves. Ce n'est qu'à deux heures et demie qu'après avoir amené toutes mes voitures au sommet, j'ai pu redescendre l'autre pente; je suis arrivé à quatre heures passées au bivouac de Beylickdéré, où l'infanterie était installée depuis le matin et où un capitaine du 6e de ligne m'a fait la charité de m'inviter à dîner. Festin splendide, composé d'une soupe julienne, d'une omelette et d'une poule au riz... Aujourd'hui, nous étions à cheval à quatre heures moins un quart; c'était partir un peu tard, car dès six heures nous cuisions sous un soleil ardent. Joli pays d'ailleurs, frais vallons avec de beaux villages, un peu espacés il est vrai, un ruisseau, des arbres, des champs de lin aux charmantes petites fleurs bleues. A l'entrée des villages, nous trouvions les paysans rangés pour nous voir passer et nous offrir leurs poules, qui ne coûtaient plus que deux piastres et demie (50 centimes). Après avoir franchi un ravin très tourmenté, où coule d'ordinaire un torrent pour le moment à sec, nous sommes entrés dans la ville de Keschan, un peu plus petite que Gallipoli, mais mieux bâtie et aux rues plus larges. La population est presque exclusivement grecque. Tout le monde était sur les portes ou aux fenêtres, les femmes à visage découvert ; nous en avons remarqué de vraiment belles et de fort bien habillées avec des vestes brodées d'or. Elles ont des figures longues et ovales, des yeux noirs très allongés en amande, mais de grandes bouches et d'assez grosses lèvres.

« Quant aux hommes, ils sont généralement bien mis, remarquables surtout par la blancheur éblouissante de leurs bas et par leurs larges pantalons serrés et arrêtés à mi-jambe. Les enfants, qui se pressaient au milieu de notre colonne, étaient pour la plupart plus propres et mieux vêtus que nos petits campagnards. En somme, cette population paraît aisée.

« Jeudi 15 juin, huit heures du matin, au bivouac de Cantatarkeui, tout au bord de la Maritza et en vue des minarets d'Andrinople.

« Nous avions mangé notre pain blanc le premier. En quittant Keschan et après une étape assez dure, nous sommes allés bivouaquer dans un pré à Cadikeui. Pays toujours très joli, frais vallons, ruisseau, bosquets d'arbrisseaux, bivouac des officiers installé sous un arbre où nous avons été dévorés par des insectes de toute sorte ; la nuit a été si fraîche que la moitié au moins des hommes de la brigade ont été pris de la diarrhée. On peut se figurer ce que ce doit être de coucher dans ces conditions dans un pré où l'herbe est très haute et ne demanderait qu'à être fauchée. Nous étions arrivés éreintés, le général n'ayant pas jugé à propos de faire de haltes; la moitié au moins du 6e de ligne était restée en arrière et nous a rejoints par petits paquets pendant toute la soirée. »

Rien de plus singulier d'ailleurs que notre tête de colonne, le général sur son grand cheval anglais, ayant à sa droite le capitaine de gendarmerie prévôt de la division, son inséparable, et à sa gauche, montant en amazone, une cantinière dont le mari, musicien au 6e régiment, cheminait à pied derrière son épouse en soufflant philosophiquement dans son trombone. Plus drôle encore était la tête de colonne de l'ambulance, formée ordinairement par le médecin-major, l'officier comptable et l'aumônier, tous trois en grandes bottes, le burnous blanc flottant sur les épaules, mais augmentée souvent d'une quatrième personne, grande et belle gaillarde, enlevée autrefois par les Arabes dans une surprise de Biskra, gardée prisonnière par eux pendant quelque temps et maintenant cantinière du détachement du train des équipages venu d'Algérie avec l'ambulance de la division. Celle-là montait hardiment à cheval, galopait volontiers sur le flanc de la colonne et ranimait gratis d'un verre d'eau-de-vie le traînard tombé de fatigue sur le bord du chemin. C'est, je crois, la seule créature de son espèce que j'ai vue pratiquer d'habitude cette charité militaire, attribuée à ses pareilles par la légende. Aussi n'a-t-elle pas fait fortune de son métier, mais après la prise de Sébastopol je l'ai aperçue au grand théâtre de Péra, assistant à une première représentation d'*Il Trovatore* : elle était entretenue, me dit-on, par un riche banquier italien, mais mise avec beaucoup de luxe, elle n'avait plus ce cachet qui la rendait si originale dans notre marche à travers la Turquie.

Je reviens à ma correspondance.

« Sous les murs d'Andrinople, samedi matin, 17. Le mardi 13 nous sommes allés à Ouzoun-Kupri, toujours dans un joli pays ; Ouzoun-Kupri est une petite ville qui ne se trouve même pas sur notre carte. Nous y avons vu un des ouvrages les plus curieux de la Turquie, un pont de 175 arches jeté sur une prairie où coule l'Erghené, affluent de la Maritza. Ce pont passe pour avoir été construit il y a quatre cents ans par Soliman II, un des premiers sultans de Constantinople.

« Le lendemain matin nous avons traversé le grand pont et après avoir franchi quelques hauteurs, nous sommes descendus dans la vallée de la Maritza, où, près du village d'Echilécuré, on nous a donné pour bivouac la grève au bord de l'eau ; nous étions dans le sable. Là, nous avons joui d'un magnifique orage. J'étais étendu sur mon lit, à moitié endormi, quand un vent violent m'éveilla et je vis un nuage noir qui marchait sur nous à toute vitesse ; je n'eus que le temps de sauter à terre et de m'envelopper dans une couverture. En un clin d'œil la toile de ma tente, qui n'est pas doublée, a été traversée, mon lit et toutes mes affaires inondés ; on ne voyait plus à deux pas de soi, et l'eau ruisselait sur le sable qu'on ne distinguait plus de la rivière. Je me cramponnais au grand piquet de ma tente pour l'empêcher d'être enlevée, tandis qu'au dehors le fidèle Martin (mon ordonnance) frappait à tour de bras sur la tête des petits piquets pour les enfoncer dans le sable. Quand la pluie eut cessé, le spectacle était curieux : les toiles de tentes submergées, les chevaux dans l'eau, les feux de cuisine éteints. La foudre avait frappé un tas de harnais près de coffres chargés de munitions et l'avait en partie brûlé. Nous avons passé la soirée à nous sécher autour d'un grand feu de bivouac. Un bon point à l'intendance qui a pu nous faire une distribution de bois. Le lendemain matin à peine étions-nous en route qu'un autre orage est survenu : il a duré une demi-heure, ce qui a largement suffi pour nous tremper de nouveau. Arrivés au bivouac, nous avions étendu nos effets sur l'herbe pour les sécher, lorsque en un coup de vent le ciel bleu devient noir comme de l'encre, la grêle s'avance au galop comme une charge de cavalerie, et pendant qu'on ramassait mes vêtements, je n'ai que le temps de me sauver sous ma tente avec un cavas (gendarme turc) qui venait réclamer un mouton volé par un canonnier.

« Hier matin vendredi, n'ayant que peu de chemin à faire, nous avons pris tout le temps de nous faire beaux. A sept heures et demie nous étions en route et à huit heures nous entrions dans Andrinople, où sur une longueur de plus d'une lieue nous avons suivi une rue bordée de boutiques, dans laquelle se pressait une foule compacte d'hommes, de femmes et d'enfants. Ici où les Russes sont venus en 1829 et où on craignait de les voir revenir, nous sommes accueillis comme des sauveurs. La plus grande politesse qu'on nous a faite est de laisser les femmes se ranger sur notre passage. Il est vrai qu'elles étaient sévèrement voilées ; nous avons néanmoins pu entrevoir de beaux yeux noirs brillants de curiosité. Les rues sont larges mais mal pavées, il y a quelques jolies maisons bleues, roses et violettes au milieu de masures. Les boutiques semblent bien assorties, surtout en chaussures de maroquin et vêtements de soie. Toute la ville est entourée de champs de roses et de mûriers. L'infanterie est installée dans une île formée par deux bras de la Toundja, couverte de grands et beaux arbres. Les soldats y sont bien pour le jour, mais trop fraîchement pour la nuit. Nous autres artilleurs, nous occupons la plaine entre la ville et cette île, grillés du soleil mais moins mangés des moustiques et mieux garantis de l'humidité de la nuit. La cavalerie est de l'autre côté de la Toundja ; le général est logé au milieu de l'île, dans l'ancien palais qu'on nomme Eski-Seraï. Cette île du Sérail est vraiment amusante à voir : il s'y installe une foule de marchands du pays vendant du tabac, des pâtisseries (atroces !), des bon-

bons, de la crème, de la limonade glacée et jusqu'à des glaces à 10 centimes, glaces à la neige, car les Balkans, à quelques lieues d'ici, ont leurs cimes toutes blanches. »

Arrivés à Andrinople le 16 juin, nous devions n'y prendre que deux ou trois jours de repos; nous y restâmes cependant jusqu'au 27 juin, soit en tout onze jours par une chaleur torride; tout ce temps fut employé, nous dit-on, à préparer le service des vivres et des fourrages sur la route que nous devions suivre pour nous rendre à Varna. Nous fûmes rejoints successivement par le 7e léger, par les dragons et les cuirassiers, plusieurs batteries et une grande partie des parcs d'artillerie. Nos grandes distractions étaient les promenades en ville et les excursions à cheval; je dois dire cependant que la température poussait à la paresse : il n'était guère possible d'aller en ville qu'après le coucher du soleil, et la plupart des officiers dormaient ou plutôt cuisaient sous la tente. Le lieutenant Pellé, de la batterie Marcy, et moi nous n'avons jamais manqué un seul jour de faire notre promenade à cheval pendant quatre à cinq heures, au soleil ou sous l'ombre des allées d'arbres, quand nous en trouvions. Notre activité, jointe à la précaution de ne jamais porter que de la laine comme les gens du pays et de proscrire absolument le pantalon de coutil, nous préserva des maladies (fièvres, coliques, etc...) auxquelles n'échappa, pour ainsi dire, aucun de nos camarades.

Nos troupes firent sensation à Andrinople : les cuirassiers produisirent l'effet de géants, la batterie de montagne, avec ses mulets deux fois hauts et forts comme les mulets du pays, eut le plus grand succès. Il restait peu de soldats turcs à Andrinople, et ils appartenaient sans doute à des dépôts, toute l'armée étant sur le Danube. Ces hommes avaient assez bonne mine, quoique leurs vêtements fussent généralement vieux, mais les officiers étaient fort mal; ils paraissaient ne jouir d'aucune considération dans le public et être traités assez brutalement par les autorités. J'en ai vu bâtonner par les cavas turcs parce que, assis devant un café, ils ne se levaient pas assez vite pour le passage du pacha de Roumélie. Ces troupes étaient logées dans une immense caserne située au milieu de l'île du Sérail.

Elles n'en occupaient qu'une partie et on avait installé un hôpital dans la partie restée libre. Qu'on se figure une vaste cour quadrangulaire, entourée sur ses quatre côtés de bâtiments à un rez-de-chaussée et à deux étages. Tout le long de ce rectangle et à chaque étage (y compris le rez-de-chaussée) régnait une galerie large, autant que je puis me le rappeler, de cinq à six mètres, par laquelle on pouvait faire à couvert tout le tour de la caserne et où donnaient les portes des chambres, éclairées et aérées sur la campagne par leur face opposée. Aux quatre coins se trouvaient des latrines, n'ayant qu'une porte dans l'angle rentrant sur la galerie et de nombreuses baies ouvertes sur les côtés extérieurs du saillant. Par suite de cette disposition l'odeur ne se faisait pas sentir à l'intérieur, et les hommes pouvaient par tous les temps se rendre là sans prendre froid comme dans nos quartiers. Bref, cette caserne me parut bien entendue, tout au moins pour un pays chaud, mais je ne m'y connais sans doute pas, puisqu'on n'a jamais rien fait de semblable en France. Peut-être cela coûterait il trop cher.

La police était bien faite à Andrinople ; Rustem-Pacha était très dur, et ses cavas très redoutés. Ce grand chef se montra fort aimable et nous donna une soirée où, pour rafraîchissements, on nous servit des glaces, de la limonade et du thé de feuilles de roses. J'ai entendu dire depuis que notre ami avait été destitué et envoyé aux galères pour malversations. Cela me fit de la peine, car il avait la mine d'un brave Turc ; il est vrai que plus tard, par un de ces revirements si fréquents en Orient, il fut, dit-on, rétabli et nommé pacha de Syrie et d'Anatolie. Il me fut donné alors de voir un autre personnage plus célèbre, et qu'on ne se serait pas attendu à trouver là. Je veux parler du général Prim, venu en Turquie pour je ne sais plus quelle mission. Il était splendide de tenue et de pose, et le général Bosquet lui-même pouvait à peine à ce point de vue rivaliser avec lui. Prim était accompagné de plusieurs officiers espagnols de différentes armes, tous très beaux hommes ayant des uniformes et des épaulettes flamblant neuf. En outre, il traînait avec lui une escorte de huit à dix carabiniers, grands et vigoureux gaillards, au costume original, aux longs et épais favoris noirs, avec anneaux d'or aux oreilles, col rabattu comme celui de nos marins, veste brodée entr'ouverte sur un gilet éblouissant de boutons, ceinture rouge et jaune coquettement nouée sur le côté, culottes larges et courtes, et pour arme, un petit mousqueton très court, de fort gros calibre, sorte de tromblon. Certes, à la messe du dimanche, quand les sapeurs du 3e zouaves d'un côté, les carabiniers de Prim de l'autre, entouraient l'autel placé sur un des côtés du rectangle dont les troupes occupaient les trois autres côtés, les cuirassiers brillant sur la face opposée à l'autel; quand Prim et Bosquet, côte à côte, venaient prendre place au bruit des tambours, des fanfares et des musiques, suivis de leurs états-majors, et lorsqu'à l'élévation notre batterie, placée derrière les cuirassiers, faisait résonner son canon, il eût été difficile d'imaginer un spectacle plus grandiose et plus imposant.

Une représentation d'un tout autre genre à laquelle certain soir nous poussa la curiosité, mais qui me paraît assez difficile à décrire, est celle de Karagheuz. Karagheuz est, comme tout le monde le sait, le Polichinelle turc; sa licence, quand elle n'est pas corrigée par la censure, dépasse les bornes du cynisme le moins imaginable. C'était pendant les fêtes du Beïram : notre interprète et guide nous conduisit dans une maison qui extérieurement ne portait aucun signe particulier, et qui à l'intérieur était littéralement bondée d'une foule énorme d'hommes et d'enfants..... grouillant au sein d'une demi-obscurité. Sur un des petits côtés de la salle rectangulaire était la scène, c'est-à-dire un rectangle d'étoffe blanche d'assez faibles dimensions, éclairé par derrière; en face et à droite, le public entassé sur des gradins, à gauche le café; aussitôt que nous entrâmes, plusieurs individus, qui semblaient occuper un certain rang dans cette société, se précipitèrent au-devant de nous, nous firent asseoir sur les gradins les plus élevés ; on nous apporta des pipes au bout d'ambre et du café, et le spectacle continua; nous ne voyions que trop bien ce que Karagheuz montrait et faisait, nous fûmes bientôt fatigués de ses agissements dont la monotonie égalait l'obscénité, mais nous ne comprenions rien à ce qu'il disait et nous le demandâmes à notre interprète. « Je n'ose vraiment pas vous le traduire, nous répondit-il, mais ce que vous voyez n'est rien à côté de ce que vous entendriez si vous pouviez le comprendre. » Et c'étaient des éclats de rire, des bravos ardents, des trépignements de joie à chaque nouvelle victime de la férocité de Karagheuz. Les enfants surtout exultaient; il est impossible d'imaginer une préparation plus pratique à la vie du harem. Il paraît d'ailleurs que la jeunesse féminine participe à cette éducation, car l'illustre Karagheuz va donner des représentations à domicile, tout comme chez nous la lanterne magique.

Pendant notre séjour à Andrinople, l'administration voulut utiliser les fours de campagne construits par le génie, pour nous distribuer du pain frais, mais ces fours étaient humides et donnèrent du pain moisi. Les états-majors avaient seuls du bon pain, cuit dans les fours des boulangers de la ville. Certain soir, je dînais chez le général Bouat, qui, pour salle à manger, avait un délicieux kiosque au milieu du parc d'Eski-Seraï ; on s'extasia sur la qualité du pain, et le général en fit son compliment au sous-intendant qui dînait avec nous ; j'eus alors la fâcheuse idée d'exprimer le regret que le pain donné à la troupe ne fût pas de même qualité ; le sous-intendant se récria, le général s'emporta et le commandant du 3e bataillon de chasseurs à pied, qui m'avait d'abord encouragé du regard, n'osa pas me soutenir. On cria haro sur moi, artilleur, toujours mécontent et je fus aplati : mais à peine sorti de table, je courus à ma batterie, j'en ramenai deux hommes de corvée, portant dans un sac une vingtaine de pains de la distribution du jour, encore un peu chauds, on en ouvrit trois ou quatre, ils étaient vert foncé, un superbe vert-de-gris. Alors, ce fut parmi les officiers présents à qui appuierait mon dire ; le général et le sous-intendant durent se rendre à l'évidence, mais aucun d'eux ne me pardonna cette aventure. Il est si doux et si commode de penser que tout va bien ! (Théorie du bouton de guêtre.)

Voici du reste quelques nouveaux extraits de ma correspondance d'alors.

« 18 *juin*. — Ce matin je suis allé en ville et j'ai visité la mosquée du sultan Sélim. Elle est immense, toutes les cours sont dallées en marbre blanc, avec des fontaines et des cloîtres à colonnades. La mosquée est au milieu de la grande cour ; c'est un vaste dôme très élevé soutenu par des colonnes et dominé par quatre minarets élancés, véritable dentelle de pierres.

« Pendant que nous nous promenions dans les jardins, on est venu nous dire qu'il était défendu d'entrer dans la mosquée sans se déchausser ; nous avons fait signe que cela nous était difficile, l'iman (chef des prêtres) s'est écrié alors « Bono ! » et nous a laissés entrer avec nos grandes bottes. Bono est ici le fond de la langue : *Bono Francese*, nous disent toutes les vieilles femmes que nous rencontrons; quant aux jeunes, nous n'en voyons plus depuis le jour de notre entrée triomphale où elles faisaient tableau sur notre passage ; on les a renfermées. Les boutiques sont tenues en grande partie par des Italiens ou des Espagnols, dont les femmes sont assises à la turque sur les comptoirs, en grande toilette et des fleurs dans les cheveux ; je ne sais pas si c'est avec l'intention de nous faire honneur ou simplement à cause de la saison, mais partout on ne voit que des lis, c'est la fleur du moment. »

« 22 *juin*. — Bien qu'en somme la ville ne soit pas belle, nous la trouvons curieuse à voir, ne fût-ce que pour étudier les mœurs de la population. En voilà une qu'on mène rudement! Le pacha dispose d'une centaine de cavas, espèce de gendarmes ou de sergents de ville habillés à leur fantaisie et portant à la ceinture tout un arsenal de poignards, de sabres courts et de longs pistolets. Ces gaillards tiennent en respect tous les malfaiteurs qui seraient tentés de troubler la paix de la ville d'Andrinople. L'autre jour, dans la cour de la résidence du pacha, nous avons vu un pauvre paysan qui avait été pris à vendre du lait étendu d'eau ; on lui avait renversé et cassé sa cruche. Pour lui, les cavas l'avaient couché à terre et bâtonné en lui frappant la figure avec leurs talons de bottes. Une autre fois nous voyions dans les rues une sorte de panique ou de déroute générale. Nous crûmes à un incendie : pas du tout; c'est le pacha qui rentrait. On savait que sur son passage il y avait à recevoir plus de coups que de pièces de monnaie. A propos d'incendie, nous en avons vu un l'autre jour près de notre camp. Nous allions nous coucher, quand une lueur vive nous éclaira tout à coup et nous vîmes les flammes monter vers le ciel. Immédiatement tous nos canonniers furent sur pied et nous courûmes vers le feu ; on nous refusa l'entrée de la maison qui brûlait, nous enfonçâmes la porte et nous entrâmes : il n'y avait plus personne; les habitants avaient fait filer leurs femmes et s'étaient tous sauvés, laissant le feu poursuivre son œuvre. N'ayant pas d'eau, nous nous contentâmes de démolir la maison voisine également abandonnée, ce qui fut bientôt fait, et quand tout fut fini, arriva le chef de la police avec une dizaine de cavas, munis de gaffes et de crocs, pour travailler comme nous. Car c'est leur seule tactique, en cas d'incendie : faire la part du feu. Et pour cette besogne ils arrivent toujours en retard. Des Turcs qui dorment, des Grecs qui mentent, voilà le pays !

« Le bazar où nous avons été plusieurs fois est assez curieux comme coup d'œil. Figurez-vous une galerie large comme le passage Jouffroy et longue comme la rue de la Paix, bordée de comptoirs sur lesquels les marchands sont assis à la turque, fumant gravement leurs pipes ou humant du café dans des tasses microscopiques, et au milieu de cette galerie une foule bigarrée, composée surtout de femmes. On n'y trouve guère que des marchandises anglaises, françaises ou autrichiennes, sauf les chaussures et les étoffes brodées. Les marchands surfont d'une façon remarquable. Il ne faut pas craindre de leur offrir le demi-quart de ce qu'ils demandent. Le bonheur des femmes qui affluent dans ce bazar est de nous regarder faire nos emplettes et de nous indiquer avec le doigt le nombre de piastres qu'il faut donner. Les passementiers et surtout les brodeurs en or sont ici d'une habileté remarquable. Je les regarde quelquefois broder des vestes de femmes, et j'admire la rapidité avec laquelle, sans aucun dessin tracé à l'avance, ils couvrent l'étoffe des arabesques les plus compliquées. A en juger par ce que nous leur voyons produire, il doit y avoir un grand luxe de vêtements dans les intérieurs riches. Dehors, les femmes sont enveloppées comme des paquets; on ne leur voit que les yeux et le bout du nez, leur voile est replié sur le bas de la figure en cinq ou six épaisseurs, mais du haut de nos grands chevaux, nous avons parfois jeté un coup d'œil par des fenêtres qu'on ne supposait pas accessibles aux regards des passants et nous avons aperçu de bien jolis costumes, corsages courts brodés, larges pantalons serrés à la cheville, etc. Les juives sont souvent fort belles, mais coiffées d'une espèce de boule recouverte d'un long voile de laine blanche, qui tombe jusqu'à terre si ridiculement qu'on ne peut les regarder sans rire. Les Grecques et les Arméniennes sont charmantes et bien mises. Hier il est arrivé à Andrinople un régiment de dragons, un régiment de cuirassiers et une batterie à cheval. Il y avait énormément de monde pour les voir passer; j'ai pu avec un de mes camarades me tenir auprès d'une boutique, devant laquelle des femmes grecques étaient assises sur des gradins en amphithéâtre : quelques-unes étaient très jolies, avec des cheveux noirs en bandeaux descendant sur le cou et une calotte de velours blanc inclinée sur le côté de la tête, d'autres avaient simplement sur leurs cheveux une couronne d'œillets rouges; les fleurs doivent être bien communes dans les jardins, car les femmes et les hommes (je parle des Grecs) en sont couverts; du reste, il y a autour de la ville d'énormes champs de roses. »

« *Samedi 24 juin.* — Je suis monté à cheval avec Pellé, le lieutenant en première de la batterie Marcy. Nous avons suivi le quartier bas de la ville, habité surtout par les Grecs, qui se livrent à l'élevage des vers à soie, la grande industrie du pays, puis nous avons traversé la Toundja et la Maritza près de leur confluent. Les deux ponts, mais surtout celui de la Maritza, sont très beaux. Ce dernier est remarquable par un pavillon qui en occupe le milieu et qui, avec l'énorme étoile dont il est surmonté, a un cachet tout oriental; de cet endroit, la vue d'Andrinople est vraiment superbe. La grande mosquée de Sélim apparaît dans toute sa hauteur, comme le vaste sommet d'un amphithéâtre de maisons vertes,

IL FALLUT DOUBLER LES ATTELAGES ET POUSSER AUX ROUES. (Page 50.)

roses et bleues, entremêlées de verdure et du milieu desquelles semblent s'élancer vers le ciel les quatre grands minarets.

« Sur ce pont étroit et long, marchait devant nous un arabas recouvert en arc de cercle et fermé par des rideaux qu'entr'ouvraient de temps en temps de petites mains aux doigts jaunis par le henné. Nous apercevions alors pour un instant tout un harem paresseusement étendu sur des coussins, d'où partaient des éclats de rire joyeux, des baisers envoyés du bout des doigts. A ce bruit, le conducteur des bœufs qui traînaient l'arabas, et que le peu de largeur de la chaussée obligeait à marcher en avant, se retournait furieux, portant la main aux pistolets de sa ceinture; le rideau retombait prestement, toute la bande faisait semblant de dormir, et bientôt la petite scène recommençait, scène bien innocente, car, une fois la rivière franchie, la voiture s'arrêta jusqu'à ce que nous l'eussions dépassée et emporta loin de nous le harem ambulant.

« Nous prîmes alors le galop pour gravir une petite éminence et tout à coup nous tombons dans un campement de bohémiens tel qu'on n'en voit plus en France. Ils étaient au moins deux cents, dont beaucoup de femmes et d'enfants, tous presque entièrement nus, étalant aux feux du soleil le plus ardent des corps aux formes souples, à la peau noire et bronzée. Immédiatement nous sommes enveloppés, et plusieurs femmes ont déjà saisi les brides de nos chevaux en nous tendant la main. Nous nous débarrassons de cette foule pittoresque et grouillante en leur lançant les sous que nous avons, et frappant d'un vigoureux coup de cravache la croupe de nos chevaux en les enlevant en même temps pour les faire cabrer et partir au galop. Nous revenons ainsi au bord de la Maritza, dont nous remontons la rive par un petit chemin délicieusement ombragé et très bien entretenu, une véritable allée de jardin anglais. En cet endroit de son cours, la Maritza est un peu plus large que la Moselle à Metz. Ses eaux sont d'une assez vilaine couleur brune, occasionnée sans doute par les derniers orages, mais les bords en sont ravissants ; c'est un fouillis d'arbres dans lequel se cachent des maisons isolées et de nombreux moulins. Au bout d'une demi-heure, nous sommes arrivés à un village qui, au lieu d'une mosquée, possède deux églises catholiques : l'une grecque, l'autre romaine. C'est là que tous les consuls ont leurs maisons de campagne. La population y est absorbée par l'élevage des vers à soie et le filage des cocons. Sur toutes les portes, de jeunes femmes ou filles étaient occupées à préparer des feuilles de mûrier ; il y en avait, dans le nombre, de fort jolies, trois surtout qui nous regardèrent d'une fenêtre en écartant le rideau et se mirent à rire comme des folles en nous voyant lever la tête vers elles. »

« 26 *juillet.* — Nous sommes retournés plusieurs fois voir la mosquée de Sélim, une fois entre autres le soir. Elle était, à cause des fêtes du Beïram (on appelle ainsi les réjouissances qui terminent le *rhamadan* ou grand jeûne), splendidement illuminée et présentait un spectacle grandiose ; mais ce qui est remarquable, c'est la limpidité et la fraîcheur des eaux qui jaillissent de toutes parts dans le jardin. Une des sources les plus abondantes sort de terre sous le tabernacle même ; pour boire, il suffit de se mettre à genoux et de se baisser : l'eau vous entre dans la bouche sans que les lèvres subissent le contact d'aucun tuyau. L'iman qui nous avait conduits là nous a courtoisement invités à boire. Puis, l'opération terminée, il m'a dit : « Vous êtes certain maintenant de revenir quarante-sept fois à la Sainte Mosquée. » Quarante-sept fois, c'est beaucoup ; aussi, j'y retourne tant que je le puis pendant que je suis là, sauf à me réserver un chiffre suffisant pour assurer mon retour après notre rencontre avec les Russes. J'écris au bruit du canon. C'est aujourd'hui le dernier jour du Beïram, et le pacha nous a demandé de tirer une salve de 81 coups de canon, en nous fournissant la poudre. Hier matin, notre batterie tirait le canon pour la messe célébrée encore une fois en grande pompe dans Eski-Seraï. Les généraux Bosquet et d'Allonville étaient partis depuis quelques jours déjà; c'est le général Bouat qui présidait la cérémonie, après laquelle il a fait entrer dans son kiosque toutes les dames qui composent la société chrétienne d'Andrinople et que nous appelons les piqueuses de bottines à cause de leur élégance un peu primitive ; il leur a offert des rafraîchissements et leur a fait jouer la polka par la musique du 6e de ligne.

« Un de mes bons amis, le capitaine Michel (tué depuis en Crimée), membre de la commission chargée d'installer les troupes autour d'Andrinople, avait profité de la circonstance pour s'installer lui-même beaucoup plus agréablement qu'au camp. Il est logé à Andrinople même, dans la maison d'un usurier arménien, banquier du pacha. J'ai été le voir, et j'ai visité la maison avec curiosité. Toutes les pièces sont boisées et peintes de couleurs éclatantes, bleu ou jaune ; partout des lustres et des glaces de Venise ainsi que de superbes tapis, mais pas de meubles. Tout autour de chaque chambre règne un long divan, large de près de deux mètres, avec un tas de coussins. C'est là qu'on se repose le jour et qu'on dort la nuit. Le salon dans lequel nous avons dîné, toujours assis sur le divan en question, a dix fenêtres, mais d'épais volets le garantissent du soleil, et il règne partout une fraîcheur délicieuse; il faut même faire attention à ne pas y entrer quand on a très chaud.

« Les Turcs éclairés nous voient ici d'assez bon œil : ils espèrent qu'après les avoir défendus contre les Russes, nous les aiderons à se civiliser. Les fanatiques, ceux qui n'ont pas voulu adopter le costume européen (fez, tunique et pantalon) et ont conservé le vieux costume (pelisse et turban), nous regardent d'un œil farouche comme des infidèles, mais nous supportent pour le moment par crainte des Russes. Les Bulgares, les catholiques nous reçoivent avec enthousiasme; quant aux Grecs, ils sont heureux d'empocher notre argent, mais ils soupirent après l'arrivée des Russes, nous souhaitant d'être battus à plate couture et enrageant d'entendre résonner le canon pour nos messes à la romaine. Tels qu'ils sont d'ailleurs, ni les Turcs, ni les Grecs ne sont capables de gouverner ce pays. Nous pouvons empêcher les Russes de s'y établir aujourd'hui. Ils y viendront forcément tôt ou tard, et je conçois qu'ils en aient envie. »

Nous avions à franchir le Kamtchick. (Page 74.)

CHAPITRE IV

VARNA

Organisation des colonnes. — Étapes. — Les populations. — Le Kamtchick. — Les bachi-bouzoucks et le mudir. — Les conducteurs d'arabas. — Méthode de marche. — Villages bulgares. — Bivouac de Roussou-Kessé. — Marche de nuit. — Aïdos. — Les femmes effarouchées. — Les Balkans. — Le Nadir-Déré. — La mare aux sangsues. — Varna. — Les trois armées. — Situation militaire. — Plateau d'Yenikeui. — Les camps. — Ferrage des chevaux de l'infanterie. — Difficultés. — Nécessité d'une réglementation. — Préjugés contre l'artillerie. — Les bachi-bouzoucks. — La Pucelle d'Alep. — Excursion manquée.

Cependant l'ordre nous était arrivé de quitter Andrinople pour nous rendre à Varna où étaient déjà réunies l'armée anglaise tout entière, transportée par mer, et nos 1re, 3e et 4e divisions, avec une partie de l'artillerie de réserve, venues par la même voie de Gallipoli, de

Constantinople et du Pirée. Le général Bosquet ouvrit la marche avec quelques compagnies de zouaves; puis la brigade de chasseurs d'Afrique avec la 3e batterie du 15e, notre ancienne compagne de voyage, puis le 3e zouaves et la batterie Marcy avec le commandant B....., puis le 50e de ligne; le général Bouat avec notre batterie et le 6e de ligne, enfin les tirailleurs algériens, le 3e bataillon de chasseurs à pied et le 7e léger, suivis des batteries à cheval et de montagne de la réserve. On avait ainsi multiplié les colonnes pour diviser les effectifs et diminuer les difficultés de l'administration dans la tâche de nous faire vivre. Nous quittâmes notre camp le 27 juin et fîmes la route en deux temps, coupés par un séjour. Nos bivouacs successifs furent, le 27 juin, Seraï-Karakeui; le 28, Karabounar-Tchifflick; le 29, Oumour-Faki; le 30, Karabounar-Keui; le 1er juillet, Roussou-Kessé; le 2 et le 3, Aïdos, au pied des Balkans; le 4, Nadir-Déré; le 5, Koperan; le 6, Achivady; le 7, Dervichiovan; le 8, Varna, ou plutôt, comme on le verra, les hauteurs qui dominent cette ville du côté sud. Nous partions pleins d'enthousiasme et, comme spécimen des idées qui nous berçaient, voici ce que j'écrivais le 24 juin :

« On nous dit que les Autrichiens vont se mettre avec nous! en ce cas la guerre ne sera pas longue. Qui sait? nous allons peut-être revenir par le Danube, Vienne et la Bavière, pour rentrer en France par le pont de Kehl! Quel rêve!... »

— Oui, quel rêve! et comme nous étions loin de prévoir notre long séjour sous les murs de Sébastopol! La route d'Andrinople à Varna était bien plus accidentée que celle de Gallipoli à Andrinople, mais elle ne nous présenta pas, pour le passage de notre matériel, de difficultés comparables à celles du franchissement du Kouroudagh, cette hauteur qui borde le golfe de Saros. Dans les Balkans, que nous eûmes à traverser à partir d'Aïdos, les plus mauvais passages ne nous arrêtèrent pas, et moyennant du temps et de la patience, nous vînmes à bout de tout. Il n'en fut pas de même des voitures du train des équipages qui marchaient avec notre colonne. Les roues de ces voitures avaient une *écuanteur* insuffisante, autrement dit, elles étaient trop plates, et elles se brisèrent comme du verre dans les mauvais chemins. Comme le détachement du train n'avait pas de roues de rechange, on voulut recourir aux nôtres, mais les moyeux en étaient plus courts que ceux des roues du train. Il fallut employer aussi nos essieux de rechange, et, en définitive, laisser en arrière plusieurs voitures que l'on remplaça par de mauvais arabas : ce petit fait prouve combien en toute chose l'unité de direction est indispensable... Si, comme aujourd'hui, tout le matériel avait été construit par le même service, ces inconvénients ne se seraient pas présentés.

D'Andrinople à Aïdos le pays était beau, occupé en grande partie par de vastes forêts, la route était facile. D'Aïdos à Varna, nous franchîmes quatre chaînons successifs des Balkans. Ce ne sont pas, à ce point, là où elles se rapprochent de la mer, des montagnes bien élevées... Les villes près lesquelles nous campions successivement présentaient l'aspect le plus riant. La population semblait de moins en moins bienveillante pour nous, à mesure que nous nous approchions des armées réunies entre Varna et Schoumla. Pour tous ces pauvres diables, nous étions des soldats, c'est-à-dire des gens réquisitionnant ou prenant tout ce qui leur était nécessaire. Pourtant, nous autres Français, nous payions largement ce que nous nous faisions donner de plus ou moins bon gré. Mais les Turcs n'agissaient pas de même, aussi les pauvres Bulgares en avaient-ils grand'peur. C'était du reste une population douce, fort craintive, fort malmenée par le peu de Turcs vivant au milieu d'elle, et par les bandits d'Asie qui, sous le nom de *bachi-bouzoucks*, servaient de cavalerie légère à l'armée d'Omer-Pacha. Ceux-ci exerçaient leurs brigandages dans un rayon fort étendu. Il suffira d'un seul exemple pour montrer la façon dont le pays était traité.

Nous avions à franchir, l'avant-dernier jour de notre route, une rivière peu large mais fort encaissée et assez profonde, le Kamtchick, connu par la bataille livrée en 1829 sur ses bords, bataille qui décida du sort d'Andrinople et de l'issue de la guerre entre la Russie et la Turquie. On y avait fait établir un pont de chevalets par la compagnie de pontonniers et la moitié de cette compagnie était restée sur les lieux pour la garde du pont, sous le commandement du capitaine en second. Pendant qu'elle était là, le mudir (magistrat analogue à notre maire) d'un village voisin fut enlevé par les bachi-bouzoucks et sa famille fut prévenue que, pour le racheter, il fallait déposer une certaine somme dans un lieu convenu où le prisonnier leur serait remis en échange de l'argent.

Ces gens implorèrent alors la protection du capitaine de pontonniers, qui envoya vingt-cinq de ses hommes, armés, se mettre en embuscade autour du lieu fixé, afin de pincer les bachi-bouzoucks et de reprendre le mudir sans bourse délier. Mais les bandits ne vinrent pas au rendez-vous, et le lendemain on trouva le cadavre du mudir assassiné devant sa porte.

Plus nous approchions de l'armée, plus il nous était difficile de garder avec nous des guides et des conducteurs d'arabas. Ces derniers, quoique assez grassement payés (5 francs par jour), aimaient mieux nous abandonner leurs voitures et même leurs bœufs, que de nous suivre jusqu'à Varna, d'où ils craignaient d'être envoyés plus loin encore. Nous étions obligés, presque chaque matin, d'exécuter une véritable razzia afin de capturer les attelages et les conducteurs nécessaires pour traîner les arabas chargés de vivres. Quant aux guides, on les faisait coucher dans la tente des hommes de garde d'où ils trouvaient encore moyen de s'échapper.

Nous n'avions aucune idée, dans nos marches, du *point initial*, des *haltes horaires* et autres dispositions aujourd'hui réglementaires. Quand la tête de colonne s'arrêtait, les distances se serraient, et la queue de la colonne continuait à marcher; la tête se remettait en marche avant même que toute la colonne fût arrêtée. Au départ, toutes les troupes devaient être prêtes en même temps, et il arrivait souvent à l'artillerie de rester à cheval trois quarts d'heure avant de se mettre en mouvement; quelquefois même la première halte se faisait avant que le parc fût complètement rompu. Je me souviens encore de ce qui nous arriva un matin dans les Balkans. La journée de la veille avait été rude dans ces chemins de montagnes, à peine praticables pour notre matériel; nous avions eu une longue côte à monter pour redescendre sur l'autre versant en ne cessant d'enrayer, des ravins à franchir, des pentes si raides à gravir, qu'il fallait pousser à bras les affûts et les caissons. Les hommes, fatigués, s'étaient, presque en arrivant et sans manger, endormis d'un lourd sommeil. Notre bivouac était établi, sur un fin gazon, à cinq cents mètres environ de l'infanterie, dont nous étions séparés par un épais bouquet de bois. Personne le matin, même le trompette de garde, n'entendit la diane. C'est moi qui m'éveillai le premier, au bruit des tambours, des clairons et des musiques, battant et jouant la marche de la division. Heureusement l'infanterie ne pouvait démarrer de son bivouac sans passer sur un pont très étroit, où deux hommes seulement marchaient de front. Je fis sonner le réveil : en un clin d'œil les hommes furent levés, les tentes-abris repliées, les chevaux harnachés et attelés. Bref, nous rejoignîmes l'infanterie avant qu'elle eut fini de franchir le ponceau, à côté duquel nous passâmes à gué la petite rivière qui bordait le camp.

Voici encore quelques fragments de ma correspondance (lettres écrites pendant la marche d'Andrinople à Varna) :

« *Bivouac d'Aïdos. Lundi 4 juillet.* — Il serait difficile d'imaginer un pays plus désert que celui que nous venons de traverser. Nulle ressource d'aucun genre. Les quatre premières journées de marche, depuis Andrinople, ont été terribles pour nos chevaux et nos voitures : indéfiniment monter et descendre ! Avec cela, de fortes étapes, mais le pays est des plus pittoresques. Entre Seraï-Karakeuï et Karabounar-Tchifflick, nous avons fait une grande halte délicieuse sous une futaie de hêtres énormes. A partir de là, nous sommes entrés dans une série de montagnes couvertes de broussailles et absolument dénuées de villages, puis après Oumour-Faki nous avons marché plusieurs heures dans une forêt magnifique où les arbres tombaient de vieillesse. Cette forêt n'est interrompue que par quelques vallons où coulent des ruisseaux, qui l'hiver, par les grandes eaux, doivent arrêter toute communication, attendu qu'il n'y a pas le moindre pont pour les franchir. Un de ces petits ruisseaux, le Faki-Déré, que nous avons traversé sept ou huit fois à gué, ressemble tout à fait au Rupt-de-Mad (1) ; du moins, les vallées se ressemblent, mais non les villages. Ceux-ci ne se composaient que de huttes en clayonnage, d'où nous ne voyions sortir aucun être vivant. Le matin, quand nous quittions notre bivouac, quelques femmes et quelques enfants s'aventuraient à la lisière du village voisin, comme pour bien s'assurer que nous les débarrassions de notre pré-

(1) Ruisseau de Lorraine qui prend sa source un peu au nord de Commercy et passe à Thiaucourt, d'où il va se jeter dans la Moselle, à Arnaville, au-dessus de Novéant.

sence; mais si un cavalier s'avisait de faire mine de rebrousser chemin, tout ce monde prenait la volée comme une bande d'oiseaux effarouchés... Nous venons de parcourir plus de trente-cinq lieues depuis Andrinople. Nous n'avons trouvé ni un œuf, ni un légume, ni une goutte de lait, ni entendu une parole de qui que ce soit. Notre dernière étape, pour arriver à Aïdos, devant être un peu longue, le général a eu l'idée de nous la faire couper en deux par une marche de nuit; nous étions arrivés à Roussou-Kessé par une chaleur torride, et nous y avions campé en plein soleil. J'y aurais été certainement grillé si le général ne m'avait donné l'hospitalité sous les grands hêtres à l'ombre desquels étaient installées sa tente et celles de son état-major, car jamais la devise : *Ego nominor leo*, n'a été si bien pratiquée que par lui. A cinq heures et demie, il nous a fait remonter à cheval et nous sommes partis à la recherche d'un bon bivouac que nous avons trouvé seulement à onze heures du soir, après avoir suivi difficilement notre route en franchissant plusieurs gués par une nuit des plus sombres. Comme nous arrivions sur l'emplacement choisi, un village brûlait et vous pouvez penser quelle flamme donnaient ces huttes en clayonnages couvertes en chaume. La colline opposée, sur laquelle était déjà campée notre infanterie, était brillamment éclairée : rien de fantastique comme ce camp et ces soldats illuminés dans la nuit noire par une lueur aux reflets rougeâtres. Mais quelle excellente eau fraîche et quelle jouissance de s'en abreuver après la chaleur du jour! A quatre heures du matin nous étions déjà en route. Le pays que nous avons alors traversé était un peu plus habité, et la terre y est d'une extrême fertilité; c'est du vrai terreau de couche. Eh bien ! un dixième à peine est en culture, le reste est couvert de chardons.

«... On est tout étonné de voir sortir de ces huttes des gaillards de bonne mine dont les chemises à larges manches sont d'une blancheur éblouissante. Les femmes sont fort bien vêtues. Presque toutes sont occupées à tisser de la laine sur de petits métiers à main. Elles ne se dérangent pas quand nous les regardons faire. Ce sont des Bulgares catholiques. Depuis quatre jours nous n'avons pas vu de villages turcs; dans chaque village il y a un Turc qui gouverne en maître absolu avec l'aide de deux ou trois cavas aux ceintures bourrées de pistolets et de poignards.

« Nos soldats, ceux du 6e de ligne surtout, à qui on a eu l'idée singulière de faire une distribution de souliers neufs la veille du départ de Boulaïr, sont exténués; les marches de nuit sont acceptables avec de vieilles troupes qu'on veut faire arriver vite pour prendre part à une bataille, mais couper ainsi les étapes sans nécessité avec des soldats qui n'ont aucune habitude de la marche, c'est leur imposer une fatigue bien inutile.

« Aïdos, où nous sommes depuis hier matin, est une petite ville turque dont le coup d'œil extérieur est fort joli. C'est une vraie forêt d'arbres fruitiers, dominée par de hauts minarets. En dedans, ce n'est plus qu'un ramassis de ruelles étroites et tortueuses. La ville est située à l'entrée d'une gorge resserrée par où nous allons pénétrer dans les Balkans et au fond de laquelle nous sommes campés. Ce matin, j'avais eu l'idée d'aller me promener dans un profond ravin qui s'ouvre à gauche de notre camp; j'y ai suivi les bords d'un ruisseau très encaissé entre de hautes roches escarpées; ce ravin est rempli de sources fraîches et abondantes. J'espérais voir les habitants et surtout les habitantes d'Aïdos à l'arrivée de notre quatrième colonne, composée du 3e bataillon de chasseurs et du 7e léger. Je n'y ai vu que des hommes et quelques vieilles bonnes femmes, mais en revenant par mes roches du matin je suis tombé tout à coup sur une vingtaine de femmes semblables à des fantômes dans leurs longs vêtements et qui, assises sur les pierres, contemplaient silencieusement notre camp. Je ne songeais guère à les inquiéter, lorsqu'elles se sont mises à courir, ont descendu la pente escarpée comme une bande de chamois effarouchés par la présence d'un chasseur, puis ont traversé le ruisseau non sans se mouiller les jambes. Voilà l'effet que nous produisons ici sur le beau sexe. »

« *Bivouac de Koperan, mardi 4 juillet.* — Je me suis assis, pour écrire sur ma couverture de poil de chèvre, au pied d'un grand et gros charme, sur un coteau, d'où je domine notre camp, le village de Koperan et la vallée du Nadir-Déré. Nous voilà cette fois en pleins Balkans : nous en avons franchi un chaînon ce matin, et nous en avons un second devant nous que nous franchirons demain. Ces montagnes ne sont pas si élevées que je l'aurais cru sur leur réputation. » (Je jugeais les Balkans comme si on voulait se faire une idée des Pyrénées en les franchissant au sud de Bayonne.) « J'aurais cru le pays plus pittoresque. Il n'y a pas de gorges resserrées, pas de cascades, pas de sapins. C'est une alternative de hauteurs couvertes, de beaux bois et de larges vallées où il ne manque que des villages plus nombreux pour faire croire qu'on est dans le Jura. Nous avons cependant traversé aujourd'hui quatre grands villages, et nous en avons aperçu d'autres sur la rive opposée du Nadir-Déré.

« Ils sont tous entourés d'une grande haie en fascinage ; chaque habitation est encerclée de même : ce qui fait comme une sorte de fortification, car ces haies sont hautes comme nos murs de jardin. Nous avons rencontré force gibier, surtout des cailles et des faisans, et les chasseurs de la colonne s'en sont donné à cœur joie. »

« *Au Kamtchick, jeudi 6 juillet.* — Nous avons eu hier et aujourd'hui deux journées des plus fatigantes : en arrivant ce matin sur la hauteur qui domine la vallée dans laquelle nous sommes campés, nous avons aperçu tout à coup la mer sillonnée de navires qui se rendent à

Varna. Nous voilà sur les bords de la mer Noire!

« Le Kamtchick, que nous avons traversé avant de dresser nos tentes, est une rivière large et profonde sur laquelle les pontonniers ont jeté un pont de bateaux. J'ai su par eux que personne n'avait encore quitté Varna pour se porter en avant, et que cette ville où nous espérions nous ravitailler offre peu de ressources. Hier nous passions dans le bois à côté d'une mare d'eau verdâtre. Sur un poteau était inscrite l'indication suivante : « L'eau « de la mare est passable, mais comme elle est remplie de « sangsues, il faut avoir soin, avant de s'en servir, de la « filtrer dans son mouchoir... » Merci! »

« *Camp de Yenikeui, à 8 kilomètres de Varna, 13 juillet.* — J'ai fermé ma dernière lettre au Kamtchick. C'était à tout prendre un fort vilain bivouac où nous avons été dévorés par des moustiques. Pour ma part, quand je me suis levé à quatre heures du matin, j'avais les yeux tout enflés. Le général m'envoyait en avant avec un guide, une compagnie de grenadiers et deux voitures d'outils pour faire arranger le chemin qu'on lui avait dit être fort mauvais et que je n'ai jamais trouvé aussi bon. J'ai fait là une étape agréable dans un pays délicieux. Bois, ravins, fontaines, rien ne manquait au coup d'œil. Arrivés à 8 kilomètres de Varna, nous avons trouvé l'ordre de nous arrêter et de bivouaquer, afin de couper en deux une étape trop longue. Nous nous sommes installés sur la hauteur, d'où nous avions à nos pieds la ville de Varna resserrée entre la mer et une sorte de lac, d'un côté le port avec sa forêt de mâts, de l'autre la plaine avec ses files de tentes vertes, grises ou blanches, alignées jusqu'à perte de vue! En face de nous, au delà de la ville et des camps, une série de hauteurs tapissées de vignes. Comme nous étions arrivés de bonne heure au bivouac, je suis descendu à Varna avec M. des Essarts. Avant d'entrer en ville, nous avons traversé le camp de l'artillerie anglaise; leurs chevaux sont bien autrement beaux que

LES BACHI-BOUZOUCKS. (Page 91.)

les nôtres. Quant au tohu-bohu de Varna, Gallipoli n'était rien à côté. Il y a là, tant Anglais que Français et Turcs, près de 90,000 hommes. Les portes de la ville sont gardées par des soldats des trois armées, et, au premier moment, on est fort étonné de se voir porter les armes en même temps par un Écossais aux jambes nues, un Turc coiffé de son fez rouge et un troupier français. Mais on se fait vite à tout cela. Ce qui a touché le capitaine et le lieutenant en premier plus que nos descriptions, c'est le vin de France et les pommes de terre que nous rapportions de notre excursion à Varna. Samedi matin, nous sommes venus camper à Yenikeui, après avoir contourné Varna sans rien en apercevoir, tant le brouillard était épais. Nous nous sommes croisés avec deux batteries anglaises d'artillerie à cheval; cette artillerie a décidément de splendides attelages, comparables à ceux des voitures de luxe qui parcourent les allées à la mode du bois de Boulogne, mais peut-être ne résisteraient-ils pas si bien à la fatigue que les nôtres. L'armée anglaise perd beaucoup de monde, et les soldats ont le mal du pays. Nous sommes installés (du moins les quatre divisions d'infanterie, car la cavalerie et la réserve d'artillerie sont dans la plaine) sur un plateau au nord et à 10 kilomètres de Varna. Nous y avons bien meilleur air que si nous étions campés au fond de la vallée. Il n'y a pas d'arbres là où nous sommes, mais la forêt est proche, une immense forêt où l'on va couper du bois à discrétion pour faire des gourbis qui abritent nos tentes. »

Nous avions été prévenus pendant la route que nous ne resterions pas longtemps à Varna, et que l'armée n'attendait que nous pour se porter au secours des Turcs. Mais pendant que nous marchions, il s'était passé du nouveau.

Les Russes, arrêtés par une résistance énergique, avaient levé le siège de Silistrie. Les Autrichiens se décidaient, disait-on, à se mettre de la partie, et se chargeaient de chasser les Russes des provinces danubiennes, en sorte que nous étions menacés de rester indéfiniment sous les murs de Varna, ce qui ne m'amusait pas beaucoup. « Je n'ai pas quitté mon cher petit monde, disais-je, pour venir dormir tout un été sous quatre pieds de toile au milieu d'un champ de Bulgarie. Mais voici que le vent a tourné de nouveau : tout est au départ. Un colonel autrichien est venu, à ce que l'on prétend, s'entendre sur la marche simultanée des armées française, anglaise, autrichienne et turque. On dit que nous allons, en passant par Paravadi et Schoumla, nous diriger vers le Danube et le traverser entre Rustuck et Giurgewo, pour nous porter sur l'armée russe. Les farceurs se réjouissaient déjà de cette destination, car on lit dans des livres de géographie et de voyages que Buckarest est la ville la plus dissolue du globe, et cela leur promet quelques moments agréables à passer. »

Tout cela n'était que paroles en l'air. En effet, arrivé à Varna le 7 juillet, je ne devais en partir que le 2 octobre, après avoir toutefois poussé une malheureuse pointe d'une dizaine de jours dans la Dobrutscha et avoir eu, pour toute distraction, à étudier les progrès du choléra.

Mon séjour à Varna, prolongé, par le fait, pendant près de trois mois, du 7 juillet au 2 octobre, se compose de deux périodes bien distinctes, séparées par la triste excursion de la Dobrutscha. Jusqu'au 23 juillet, nous vécûmes occupés de projets, de nouvelles vraies ou fausses, visitant avec curiosité un pays nouveau pour nous, ainsi que les camps de trois armées alliées aussi dissemblables entre elles qu'il est permis de l'imaginer. En revenant le 16 août de notre excursion vers le Danube, pour laquelle nous étions partis, croyant trouver les Russes et où nous n'avions rencontré que le choléra, nous eûmes pour nous occuper l'incendie de Varna, les préparatifs de l'expédition de Crimée et les ravages d'une cruelle épidémie. Pour moi et pour plusieurs de mes camarades qui, comme moi, étaient capitaines en second, il y eut en plus le déboire de voir partir nos batteries pour la Crimée et de rester avec les réserves dans un pays empesté où nous n'avions pour toute distraction que la vue des cimetières peuplés de nos morts; mais au début tout était brillant. Pour la première fois depuis le départ de France, l'armée se trouvait réunie, et près d'elle se trouvaient rassemblées également les armées anglaise et turque.

Nos quatre divisions d'infanterie occupaient, comme je l'ai déjà dit, les plateaux, à 8 ou 10 kilomètres de Varna, et s'y trouvaient disposées en ordre inverse. La quatrième occupait la droite du côté de la mer, et la première se trouvait derrière la deuxième, un peu à gauche, sur le plateau de Franka.

Nos matinées étaient prises par des manœuvres qui avaient surtout pour objet d'occuper les troupes et de les tenir en haleine. Nos journées, malgré la chaleur, étaient employées en excursions à Varna ou dans les camps de la cavalerie et de l'artillerie de réserve situés près de la ville. La route qui nous y conduisait offrait à la descente de si magnifiques perspectives sur la mer, le port, la ville, les camps, le lac, les Balkans, qu'on ne se serait, je crois, jamais lassé de les contempler, et puis, quoi qu'on nous eût dit, Varna était bien autrement approvisionnée que Gallipoli, et c'était un plaisir d'aller y remonter notre ménage de campagne en vivres frais, en boissons rendues indispensables par une chaleur excessive, et, par-dessus le marché, de nous y tenir au courant de toutes les nouvelles qui circulaient dans les états-majors. Rien ne peut donner une idée du tohubohu qui régnait dans les rues de la ville et des difficultés qu'on éprouvait à s'y frayer un chemin au milieu des piétons, des cavaliers et des voitures du pays. Et quelle alternative de boue infecte et de poussière étouffante! Pour être moins animés, nos camps du plateau n'en présentaient pas moins un spectacle digne de nous charmer pendant quelques jours. Le nôtre, celui de la 2e division, était admirablement placé. En avant du village de Yenikeui, situé sur un point culminant et remarquable par une vieille tour en ruines, se développait sur une pente légèrement inclinée le campement de l'état-major, un vrai monde, tant, par suite des mauvaises habitudes rapportées d'Afrique, il y avait d'ordonnances, de plantons et d'accessoires de toute sorte. En bas de ce campement régnait une sorte de vallon s'inclinant en pente douce vers la mer et au fond duquel se trouvaient des sources d'une abondance et d'une fraîcheur incomparables, puis le terrain remontait en sens inverse et sur cette pente ascendante s'étendaient en files bien alignées les tentes des deux brigades entre lesquelles était placée l'artillerie, juste en face et en vue de la tente du général de division, pour notre malheur, hélas! car le général Bosquet ne perdait ainsi aucun de nos mouvements, et nous avions, quoiqu'il fût ancien officier d'artillerie, le don de l'agacer au suprême degré. Une chose surtout l'exaspérait, et cela, je l'avoue avec quelque raison, c'était le bruit presque continu des sonneries de nos trompettes. Chacune de nos batteries avait son refrain distinctif qui allongeait la sonnerie en la précédant et, comme disait très bien le général, nous ne pouvions pas remuer deux hommes sans une fanfare d'une demi-minute. Le plus simple eût été de lui donner satisfaction à cet égard, mais notre commandant avait l'esprit taquin, et il semblait vouloir se venger des enlevées que lui prodiguait le général en le laissant agacer par les trompettes. On eût dit à voir notre général de division, dans ses rapports avec nous, qu'il cherchait à se faire pardonner son origine en se montrant susceptible et presque dur vis-à-vis de ceux qui auraient pu se dire ses anciens camarades. Peut-être aussi pensait-il que nous ne le *gobions* pas aussi bien que les autres, c'est-à-dire que nous ne nous laissions pas autant prendre à sa pose.

La guerre et les périls partagés n'avaient pas encore adouci les frottements produits par le contact des officiers des différentes armes, habitués dans leurs garnisons à un particularisme regrettable, et il en résultait parfois des incidents fâcheux.

On n'avait, par exemple, rien prévu pour le ferrage des chevaux d'officiers de l'état-major et de l'infanterie, chevaux qui devenaient de plus en plus nombreux, car beaucoup d'officiers, sous différents prétextes, achetaient à bon marché de petits chevaux turcs pour faire leur service. Les capitaines de zouaves et de tirailleurs algériens étaient d'ailleurs montés de droit. A tous ces chevaux de selle venaient encore s'ajouter les attelages des voitures à bagages. Aujourd'hui ces détails sont parfaitement réglés. Les chevaux des quartiers généraux, des divisions ainsi que ceux des compagnies divisionnaires du génie et des troupes d'infanterie sont ferrés par des aides maréchaux ferrants attachés à cet effet aux batteries de la division. Ces chevaux sont munis des approvisionnements nécessaires en fers et en clous. En outre, chaque régiment d'infanterie comprend dans ses cadres un caporal maître maréchal ferrant et un aide maréchal qui porte dans des sacoches les outils et les clous nécessaires pour réparer la ferrure à froid... mais alors tout cela était abandonné à la grâce de Dieu, et on crut avoir tout fait en prescrivant que les chevaux de la 1re brigade seraient ferrés dans la batterie du 12e, ceux de la 2e brigade dans la batterie du 13e. Au bout de quelques jours on s'aperçut que les approvisionnements de fers et de clous allaient grand train, et que, d'ailleurs, les fers destinés à nos forts chevaux convenaient fort peu aux petits chevaux dont s'étaient pourvus les officiers d'infanterie. En outre, le nombre des animaux ainsi affectés à chaque batterie était supérieur à celui des chevaux de la batterie elle-même ; tout le temps des maréchaux se trouvait absorbé par eux, et nos chevaux n'étaient plus ferrés. On ne voulut pas tenir compte de ces difficultés. Un ou deux colonels dont les chevaux avaient attendu un certain temps à la forge ou même avaient été renvoyés parce qu'il n'y avait pas moyen de les ferrer pour le moment, crièrent très fort contre l'artillerie, émettant la prétention d'être servis les premiers et de trouver dans nos approvisionnements les fers qui convenaient aux pieds de leurs chevaux ; il y en eut même un qui s'écria qu'après tout il était plus urgent de mettre en état de marcher le cheval d'un officier supérieur d'infanterie, que les attelages destinés à traîner des canons, dont il était facile de se passer. (Comme nous sommes loin de là aujourd'hui !)

Le général de division commença par donner raison aux plaignants, tonna contre nous et apostropha rudement notre commandant qui, il faut lui rendre cette justice, ne se laissa pas démonter ; il prouva au général l'injustice de ces criailleries et finit par obtenir un ordre en vertu duquel les officiers d'infanterie durent fournir, à nos maréchaux, les fers et les clous. En outre, un nombre limité d'heures par jour fut affecté au ferrage des chevaux étrangers aux batteries, et l'ordre dans lequel ces chevaux seraient ferrés fut fixé par l'autorité supérieure. Il resta de là, pendant quelque temps, un certain ferment d'aigreur contre l'artillerie, entretenu par l'antipathie qu'inspirait généralement le caractère de notre commandant, très habile d'ailleurs et sachant mettre le bon droit de son côté.

Nombre de très bons officiers, formés à la guerre d'Afrique, ne considéraient l'artillerie que comme un embarras. Un officier général de la plus haute valeur répondit un jour à l'officier qui venait de la part du commandant de l'artillerie demander sur quel emplacement il devait établir son bivouac : « Où vous voudrez, pourvu que je ne vous voie pas !... » Tout cela devait disparaître heureusement au premier coup de canon. Le soir de la bataille de l'Alma, le général dont je parle ici vint trouver mon capitaine-commandant et lui dit : « Capitaine, permettez-moi de vous serrer la main. Vous êtes de braves gens, et je vois bien que vous êtes bons à quelque chose. » Depuis lors, ce général devenu divisionnaire se montra toujours excellent pour son artillerie, la protégeant avec énergie contre les fatigues qu'on voulait lui imposer, pour des corvées étrangères à son service.

Quant à notre général de division, sa rudesse vis-à-vis de nous était évidemment affectée, et il n'est pas le seul que j'aie vu en agir ainsi parmi les généraux sortis de l'artillerie et pourvus de grands commandements. Ils voulaient évidemment réagir contre les tendances qui les accusaient de particularisme. La guerre, l'institution des corps d'armée, la répartition des emplois, le contact des troupes dans les grandes manœuvres ont déjà bien modifié cet état de choses fâcheux, mais il y a encore quelque chose à faire de ce côté : en mêlant davantage les différentes armes dans les habitudes de la vie militaire.

Je reviens au général Bosquet et à ses hautes qualités militaires. Au moment de la formation de l'armée de Crimée, le maréchal Vaillant, alors ministre de la guerre, disait à une personne de qui je tiens ses propres paroles : « Il y a dans cette armée un homme qui m'inspire la plus grande confiance, c'est le général Bosquet. » Une intelligence vive et éclairée, un coup d'œil prompt et sûr, une bravoure incomparable, une grande vigueur physique, un ton de commandement qui lui assurait une obéissance absolue et une grande confiance en lui-même, qu'il savait imposer à tout le monde autour de lui, voilà tout ce qui caractérisait Bosquet. Peut-être manquait-il un peu de cette qualité indispensable à l'homme de guerre, et qui, après Masséna, Lannes et Davout, fit le principal mérite du vainqueur de Sébastopol, l'indomptable ténacité. En outre, il se montrait parfois peu sévère dans le choix de ses familiers, en dehors de son état-major, parfaitement composé ; il se montrait aussi par trop large dans l'affectation des soldats à son service personnel; en somme, il tenait de la famille des Luxembourg, des Vendôme, des Villars, des Maurice de Saxe, des Masséna, plutôt que de celle des Turenne, des Catinat, des Desaix.

On commençait, cependant, à parler de la nécessité de se porter en avant. La formation du corps des bachibouzoucks ou, pour employer le langage officiel, des *spahis d'Orient*, vint donner à ces bruits une sorte de consistance. Le sultan ayant fait appel aux fidèles musulmans, on avait vu accourir du fond de la Turquie d'Asie une foule de cavaliers ressemblant à des brigands plutôt qu'à des soldats, attirés par l'appât des aventures et l'espoir du pillage, plutôt que poussés par la foi religieuse. Ne recevant aucune solde, ils parcouraient le pays en le rançonnant, l'exploitant et le ravageant, comme nous l'avons vu à propos du mudir de Dervichiovan. Le maréchal de Saint-Arnaud voulut utiliser ces irréguliers; il demanda à en former dix régiments d'un effectif total de 4,000 hommes, auxquels on donna un turban rouge, un fusil et une solde ; leur organisation fut confiée à Yusuf, et ils furent répartis en trois brigades, commandées par les chefs d'escadrons du Preuil, Abd-del-Al et Magnan. Au-dessous de ces chefs estimables on forma des cadres français avec des officiers de grades inférieurs qui n'étaient pas, il faut bien le dire, la fleur du panier. Quant aux cadres indigènes, certains escadrons étaient commandés par des femmes. Le maréchal croyait à la possibilité d'utiliser ces irréguliers, le général Yusuf voyait en eux, paraît-il, la fleur de la noblesse féodale de l'Orient, une sorte de chevalerie. Voici les réflexions que leur vue m'inspirait et que j'extrais de ma correspondance intime :

« *Yenikeui, le* 23 *juillet.* — En allant à la remonte j'ai vu les bachi-bouzoucks, grands gaillards à figure basanée, vêtus chacun à sa fantaisie, la ceinture bourrée de pistolets et de poignards, montés sur de petits chevaux secs et vigoureux. Ce sont de vrais bandits, mais nécessaires ou du moins très utiles pour contre-battre les nombreux Cosaques de l'armée russe qui dévastaient le pays et ne nous laissaient rien. »

« *Du lundi* 18. — J'ai vu passer un corps d'environ 1,200 bachi-bouzoucks qui venaient du Danube. Ils portaient en tête de leurs escadrons d'énormes drapeaux verts (la couleur du Prophète) criblés de balles. Plusieurs avaient leurs vêtements entr'ouverts sur la poitrine, et leurs manches retroussées pour montrer leurs blessures, des costumes en haillons, mais bigarrés de toutes les couleurs ; les uns armés de longues lances, les autres d'interminables fusils, tous avec six ou sept pistolets à la ceinture. Ils portaient autour du corps une corde terminée par un crochet. Est-ce pour attacher leurs chevaux au bivouac ou pour harponner leurs ennemis dans la lutte corps à corps? c'est ce quej'ignore. »

« *Bazardjick, lundi* 25 *juillet.* — Nous avons rencontré une bande de bachi-bouzoucks avec le timbalier en tête, je vous recommande sa coiffure : un bonnet pointu, recouvert de morceaux de miroirs cassés, à peu près comme un miroir à alouettes, autour duquel pendaient, fixées à la pointe, une dizaine de queues de renards, tout le costume à l'avenant. En tête d'un escadron était une femme, peu jeune il est vrai, mais intrépide amazone et surnommée la Pucelle d'Alep. On avait fait de cette bande le 7e régiment de nos spahis d'Orient, mais au bout de trois jours ils ont déserté, soit qu'ils n'aient pas voulu se plier au peu de discipline qu'on voulait leur imposer, soit qu'ils aient refusé de servir en mercenaires, préférant piller, violer et tuer. »

Occupés de tout cela, nous ne voyions pas venir le choléra, que nous savions sévir sur les troupes de la 5e division au Pirée et à Gallipoli. J'écrivais cependant le 18 juillet :

« Hier matin je suis allé à Varna pour affaires de service: l'orage de la veille avait tellement détrempé les chemins et la poussière des rues que la pauvre Gemma, empêtrée dans la boue, ne pouvait pas avancer; le temps était horriblement lourd et il pleuvait à chaque instant. C'est à quoi il faut nous résigner. Aussi la colique fait des progrès, et l'on peut dire que l'armée est prise par le ventre. »

Du reste, selon l'habitude que j'avais contractée à Andrinople et dans laquelle m'avait entretenu notre longue marche à travers la Roumélie et la Bulgarie, je ne me laissais pas prendre par les dangers de l'inaction, et c'était chaque jour une nouvelle excursion. « Les flottes anglaise et française, écrivais-je encore le 18 juillet, sont mouillées à cinq heures au nord de Varna dans la rade de Baltchick. M. des Essarts, qui a un frère lieutenant de vaisseau à bord du *Jean-Bart*, voulait aller dîner avec lui. Nous partîmes jeudi matin, sabre au côté, les pistolets dans les fontes, le manteau et la couverture roulés pour pouvoir au besoin dormir à la belle étoile. Deux ordonnances à cheval nous suivaient le mousqueton en bandoulière; nous avions l'air de quelque chose. Nous voilà donc en route, nous guidant sur le soleil et sur la mer, que des éclaircies de la forêt nous permettent de voir de temps à autre. Le chemin était affreux; nous suivions parfois tout simplement le lit d'un ruisseau sous des branches tellement basses qu'il fallait nous coucher sur l'encolure de nos chevaux et qu'à chaque instant nous avions la figure égratignée par les épines; nous atteignîmes un cavalier turc et nous le prîmes pour guide. Enfin, après trois heures d'une course au clocher à travers les passages les plus pittoresques, les plus sauvages et les plus difficiles, nous arrivâmes à un village au bord de la mer et de là nous aperçûmes la flotte de l'autre côté de la rade, dont il aurait fallu faire le tour pour l'atteindre. Il était déjà trois heures de l'après-midi, nos chevaux étaient fatigués ; pas moyen de continuer notre route. Nous nous bornâmes à admirer les alentours du village admirablement cultivés, et nous nous décidâmes à battre en retraite. Un boulanger turc nous vendit un pain un peu moins grossier que ceux que nous avions vus jusque-là et nous remplaçâmes par un repas frugal, au bord d'un ruisseau dont l'eau était très fraîche, le dîner du *Jean-Bart* aperçu de trop loin. Nous risquions de nous égarer tout à fait pour le retour, quand nous avons retrouvé notre chemin du matin en reconnaissant une grande mare, où dormait un troupeau de buffles enfoncés jusqu'au cou dans l'eau vaseuse d'où émergeaient seulement leurs museaux farouches et leurs larges fronts encornés. Nous avons cependant dévié un peu de notre route, ce qui nous a permis de voir de nombreux villages, dont un très grand et mieux bâti que les autres. »

En général ce pays-ci, la Bulgarie, est plus peuplé que la Roumélie, et les villages y sont plus grands et plus rapprochés les uns des autres ; la terre y est surtout bien mieux cultivée. Ce qui est remarquable, c'est la fraîcheur et l'abondance des eaux. La source de notre camp suffit à 20,000 hommes et 1,000 chevaux, et il y en a comme cela une vingtaine sur le plateau.

Fâcheuse rencontre. (Page 103.)

CHAPITRE V

LA DOBRUTSCHA

Ordre de départ. — La 1re division. — Les ravages de la guerre. — Une ville ruinée. — Bazardjick. — Un avant-poste de lanciers turcs. — Reproches immérités. — Marche sur Mangalia. — L'eau des puits. — Le 50e de ligne. — Dénuement du pays. — Les insectes. — Kartalia. — Le *couroutchou*. — Une dure journée. — L'ambulance. — Mort d'un sous-officier. — Kavarna. — Désertion des bachi-bouzoucks. — Fâcheuse rencontre. — Kavarna. — Les espions russes. — Les lièvres. — Coup d'œil de la flotte. — Baltchick. — Retour à Yenikeui. — La générale. — L'incendie de Varna. — Les magasins à poudre. — Sang-froid du général Thiry. — Admirable conduite des artilleurs. — Visite à Varna. — Préparatifs de l'expédition de Crimée. — Rentrée de la 1re division. — La musique. — Le port. — Les prisonniers russes. — Les soldats turcs à la manœuvre. — Embarquement de ma batterie. — Le camp sous Varna. — Les réserves. — Le lard et les marmites turques. — Les femmes anglaises. — Un déjeuner au restaurant. — Le cimetière. — Le choléra. — Une revue à

Varna. — Nouvelles du débarquement à Oldford. — L'*Orénoque*. — Je m'embarque à mon tour. — La traversée. — Les côtes de Crimée.

Enfin, les ordres pour la marche en avant furent donnés à notre grande joie. La 1re division, qui devait se rendre à Kartalia, partit le 22 juillet, sous les ordres du général Espinasse. En voyant défiler, sur la route qui longeait la gauche de notre camp, ces beaux régiments si bien commandés, j'éprouvai un véritable sentiment d'admiration. Quel contraste avec le retour des mêmes troupes décimées par le choléra un mois plus tard !... Mais alors on voyait tout en beau, et je me rappelle encore les rêves de gloire dont m'entretenait, pendant que je l'accompagnais à cheval, un colonel que j'avais connu autrefois à Metz, et qui, plein d'enthousiasme alors, ne prévoyait guère le rôle qu'il devait jouer plus tard dans les désastres de 1870.

Le lendemain 23, ce fut notre tour de partir à six heures du matin ; toute la 2e division se dirigea, pour prendre la gauche de la 1re, vers la petite ville de Bazardjick. Notre bivouac fut installé ce jour-là vers midi et demi près du village de Sarikeui, après une marche assez pénible à travers un pays entremêlé de bois et de terres cultivées. Rien encore des ravages de la guerre. Il n'en fut pas de même le lendemain, quand, après avoir marché quelque temps au milieu d'un brouillard épais, nous débouchâmes dans une plaine où s'étaient succédé à plusieurs reprises les Cosaques et les bachi-bouzoucks. Les villages dévastés et les maisons incendiées témoignaient assez de leur passage et, dût-on me traiter de philosophe rêveur, indigne du nom de soldat, j'avoue que j'éprouvai un certain serrement de cœur à ce premier aspect des effets de la guerre sur les paisibles campagnes. Bien d'autres sans doute ont ressenti cela au début et s'y sont faits avec le temps et l'habitude, mais je ne pus me défendre d'une impression douloureuse. Ce fut bien pis lorsque, une fois notre bivouac installé près de Bazardjick, nous pûmes aller visiter cette ville. Voici ce que j'écrivais le 24 juillet, de retour au bivouac : « Je ne suis pas encore endurci, et cela m'a fait mal à voir : la moitié de la ville est démolie et complètement rasée, le reste a été affreusement pillé. On voit que le mal a été fait à plaisir ; tout est haché ; nous sommes entrés dans quelques maisons qui se ressemblaient toutes ; l'habitation des femmes est séparée des pièces où l'on reçoit, et généralement dans une seconde cour où l'on ne peut pénétrer qu'en traversant la première. Il ne reste pas cent habitants sur quinze cents. La vue d'un vieillard qui pleurait assis sur une pierre au seuil de sa maison dévastée, excita l'indignation de nos soldats, qui n'en cherchaient pas moins sous les décombres ce qui pouvait leur être utile. Ils n'ont guère rapporté que des boulets de petit calibre qu'ils savent adroitement utiliser en guise de moulins à café, afin d'écraser les grains de moka dans la gamelle. Notre aimable commandant voulait nous faire camper dans un bas-fond empestant le marécage. Heureusement le général Bosquet a vu cela, il nous a fait laisser notre parc dans ce fond pour nous installer, hommes et chevaux, sur la hauteur, où nous nous chauffons ce soir autour d'un excellent feu de bivouac. Ma tente est à vingt pas en avant d'un campement de lanciers turcs, un demi-escadron placé en avant-poste. Ce sont de bien plus beaux soldats que nous aurions pu le croire ; leur petit camp est très bien installé, leurs chevaux bien soignés et leur tenue propre, quoique leurs tuniques soient vieilles et râpées. Les flammes de leurs lances sont roulées dans des espèces d'étuis à parapluie bouclés sur la hampe. »

Ces braves Turcs nous valurent le lendemain matin, au moment où nous quittions le bivouac de Bazardjick, une violente et fort injuste semonce du général de division. Le demi-escadron de lanciers avait été relevé pendant la nuit, et cette opération ne s'était pas faite dans un silence militaire; arrivants et partants se livraient à de longues et bruyantes conversations. Les chevaux hennissaient, les cavaliers criaient et les chiens aboyaient. Bref, c'était un tapage à ne pas fermer l'œil, et comme on n'est pas très bien sous la petite tente quand on n'y dort pas, nous étions fatigués le matin, en montant à cheval.

Nous attendions avec nos pièces attelées le moment de prendre notre place dans la colonne. Soudain le général parut avec son état-major et son escorte de hussards. Il s'arrêta vis-à-vis du parc des deux batteries, et d'une voix haute et forte : « Je ne souffrirai pas, s'écria-t-il, que vous vous comportiez encore comme vous l'avez fait cette nuit. Il ne faut pas que des bougres (il s'est même servi d'un terme plus énergique et plus insultant) qui cheminent tranquillement le c... sur la selle, empêchent de dormir de braves gens qui ont marché toute la journée. N'y revenez plus ! » Je ne sais si quelqu'un lui dit plus tard qu'il s'était trompé et qu'il avait pris les victimes pour les coupables, mais sur le terrain personne ne s'en avisa, et l'on aurait entendu voler une mouche lorsque le général s'éloigna. Toutefois, nous n'étions pas contents, mais que lui importait? C'est au plus grand nombre, autrement dit à l'infanterie, qu'il voulait plaire, c'est là qu'il cherchait la popularité.

Le mouvement en avant commençait à se dessiner ; la 1re division s'étant portée à Kustendgé, on nous envoyait à Mangalia pour l'appuyer. Cette marche de deux jours de Bazardjick à Mangalia est restée dans mes souvenirs comme particulièrement pénible. Nous cheminions sous un soleil ardent et sans route tracée, à travers une plaine semée de hautes herbes dans lesquelles nos fantassins disparaissaient par moments jusqu'aux épaules. Le sol était crevassé par la chaleur, et la marche de notre colonne soulevait une poussière noirâtre qui nous donnait à tous un teint cadavérique. Nous ne trouvions d'eau pour nous et nos chevaux que dans des puits munis de grandes roues à l'aide desquelles on faisait monter péniblement une eau trouble et souvent infecte. Une fois même, après que plusieurs de nos hommes eurent bu à l'un de ces puits, il leur arriva d'amener avec le seau un bras humain dans un état de putréfaction assez avancé. Ce spectacle nous ôta l'envie de boire, mais non pas le besoin. C'est là que nous pûmes juger de la force de résistance des troupes qui se trouvaient en campagne depuis plusieurs années déjà. Le 50e de ligne, placé à notre gauche pour flanquer la colonne, fit une marche de quatorze heures sans trouver une goutte d'eau ; sur 2,400 hommes présents, il en manquait 12 à l'appel, lors de l'arrivée au bivouac, et ils rejoignirent dans la soirée. Ce régiment avait fait partie, en 1849, de l'expédition contre Rome ; de là, il avait été envoyé en Afrique, d'où il était venu en Turquie. On nous fit camper à Mangalia, non pas au bord de la mer, mais auprès d'un étang d'eau à moitié douce, dans lequel nos hommes purent au moins laver leur linge, et où, comme beaucoup d'autres, j'eus le plaisir de prendre un bain nécessité par la poussière noire dont nous étions couverts des pieds à la tête. Voici ce que j'écrivais de Mangalia, le 28 juillet :

« Ce pays ne serait pas tenable, si nous n'étions pas maîtres de la mer. Je ne t'ai pas assez dit combien c'est horrible et laid. En 1829, les Russes ont marché sur Varna sous la protection de leur flotte. Cette fois ils n'ont pas le même avantage, et ils ont perdu beaucoup de monde dans ces parages.

« Pour nous, nous avons appuyé d'abord à gauche pour nous relier avec l'armée turque, mais le pays est sans ressources. Il reste bien quelques poules dans le petit nombre des maisons qui n'ont pas été brûlées par les Cosaques et par les bachi-bouzoucks, mais on refuse de nous les vendre. Pour ces sauvages-là, nous ne sommes pas des *alliés*, mais des soldats ; ce mot dit tout pour des gens pillés par des Russes après avoir été ruinés par les Turcs. Avant-hier, notre cuisinier voyant des poules devant une maison, voulut y entrer pour en acheter ; immédiatement deux hommes l'empoignent et lui présentent la gueule de leurs pistolets en lui criant *horda* (en bon français : fiche ton camp). Il n'a pu se dégager de leurs mains qu'à grand'peine. Mangalia est un triste port de mer presque entièrement détruit par les Russes, qui l'occupaient il y a peu de jours. Je me sens tout heureux de m'être lavé et savonné sur les bords de l'étang où nous sommes installés, mais quelle nuit ! La toile de nos tentes était noircie par une énorme quantité de petits insectes longs d'un centimètre, et dont je ne saurais pas bien définir le genre et l'espèce, mais qui vous laissent une ampoule partout où ils vous touchent la peau. Pour garantir au moins ma figure, j'avais mis mon caban et rabattu mon capuchon jusque sur mon nez. Encore bien heureux, dans de pareils endroits, de ne pas coucher avec des crapauds ou des serpents ! Ce matin, en mettant ma botte, j'ai senti quelque chose de mou sous mon pied, et en me déchaussant, j'ai pu jeter à terre deux énormes *scolopendres*, autrement dit mille pattes, longs de quinze ou dix-huit centimètres et larges d'un centimètre environ. Pouah !... »

Nous étions, nous dit-on, destinés à rester jusqu'à nouvel ordre à Mangalia et on nous avait distribué des vivres pour huit jours. Nous devions donc nous attendre, d'après le régime habituel des contre-ordres, à partir de là au plus vite. En effet, le lendemain 28, comme je commandais un grand fourrage à quelque distance du camp pour les chevaux des deux batteries, fourrage opéré militairement sous la protection d'une ligne de tirailleurs, le pistolet au poing, on m'envoya dire subitement de rejoindre le camp, parce que la batterie du 12e allait partir avec la brigade d'Autemarre pour Kustendgé, afin d'appuyer la 1re division aux prises avec les Russes. Bruit faux, bien entendu : il n'y avait eu qu'un engagement de peu d'importance entre les Cosaques et les bachi-bouzoucks commandés par le capitaine du Preuil. Le 1er régiment de zouaves, placé en avant de la 1re division, n'était pas même arrivé à temps pour voir l'ennemi. D'ailleurs un nouveau contre-ordre ne tarda pas à nous parvenir. Le choléra s'était brusquement déclaré avec une terrible intensité parmi les bachi-bouzoucks et les régiments de la 1re division. Il fallut rétrograder, et nous quittâmes Mangalia avec la brigade Bouat pour aller nous établir à Kartalia. Nous y passâmes une rude journée. Certes, les pertes de la 2e division ne sauraient être comparées à celles de la 1re division, qui fut si cruellement décimée, mais si la maladie avait continué pendant plusieurs jours, telle qu'elle sévit sur nous dans cette journée du 30, nous eussions été plus éprouvés que nos camarades de la 1re division. Sur 12,000 hommes présents, 2 à 300 périrent au bivouac de Kartalia : l'imprévoyance avait été poussée si loin dans les préparatifs de cette guerre d'Orient que notre ambulance manquait de tout. « Nous ne pouvions, me disait un médecin, offrir aux malades qui nous arrivaient que des consolations et des lavements d'eau claire. » Ces pauvres diables étaient frappés avec la rapidité de la foudre : je vois encore un maréchal des logis de la 4e batterie du 12e régiment, buvant et riant avec ses camarades devant la cantine, quand il poussa tout à coup un cri perçant : il était pris de coliques intolérables; on le transporte à l'ambulance à l'aide d'une couverture sur laquelle il se tordait en hurlant; un quart d'heure après il était mort.

Ce n'était pas, nous expliqua-t-on, le choléra asiatique, mais bien le *vouroutchou*, espèce de choléra particulier à la vallée du bas Danube. Qu'importe le nom ? La maladie n'avait rien de gai, et le lendemain, quand nous quittâmes Kartalia pour rétrograder sur Kavarna, la colonne, marchant toujours à travers les hautes herbes, présentait un singulier aspect. Aussitôt qu'on faisait une halte, et on y était obligé à chaque instant, on voyait une masse d'hommes s'élancer à droite et à gauche, former une double haie bien alignée, et disparaître dans les hautes herbes pour se mettre en position. Nous étions à chaque instant dépassés par les bachi-bouzoucks, fuyant par bande de cinq ou six, s'arrêtant aussi pour mettre pied à terre et ne se relevant pas toujours. Je crois qu'il en est resté plus d'un dans ces herbes infectes; nos hommes y seraient aussi restés si l'on n'y avait veillé.

A Kavarna, le nombre des fuyards était devenu si considérable et le désordre tel qu'il fallut aviser. Le général Yusuf envoya, le 6 août, un officier d'ordonnance vers le général Bouat pour le prier de faire arrêter tous ceux des bachi-bouzoucks qu'on rencontrerait, parce qu'ils s'étaient débandés pour piller dans les environs. On en amena, en effet, une centaine à notre camp. Le général leur fit mettre pied à terre et envoya chercher une compagnie du 7e léger qui, devant eux, chargea ses armes et les entoura. Au premier moment, ils ne paraissaient pas trop rassurés, mais quand ils virent qu'on ne les fusillait pas, ils s'assirent tous en rond, tenant par la bride leurs chevaux, qui formaient un grand cercle autour d'eux, et là, toujours entourés par nos fantassins, ils se mirent à causer tranquillement et à fumer leurs pipes.

On leur signifia de déposer leurs armes et on les dirigea sur Varna, escortés par quelques hussards. Nous avions en effet avec nous un escadron de hussards montés, comme je crois l'avoir dit, sur de petits chevaux du pays. C'étaient, en somme, de fort médiocres cavaliers, sachant à peine seller leurs chevaux, quoique pour la plupart ils fussent à la fin de leur deuxième année de service, et fort embarrassés de leurs fusils en bandoulière. Ces mêmes hussards devaient s'illustrer quinze mois plus tard à Kanghil, mais les méthodes d'instruction d'alors n'étaient pas expéditives et il fallait au moins deux ans pour dégrossir un cavalier. La réduction de la durée du service à trois ans a modifié tout cela. Quant aux bachi-bouzoucks, ils étaient plus effrayants d'aspect que redoutables en réalité. La vue de leurs camarades tombés en aussi grand nombre dans les hautes herbes de la Dobrutscha pour s'y tordre et expirer en proie aux souffrances du vouroutchou, les avait démoralisés. Pendant notre séjour à Kavarna, j'étais allé en reconnaissance dans un vallon voisin à la recherche d'un cours d'eau où il fût possible de mener boire nos chevaux ; j'étais monté sur Gemma, sans armes, une canne à la main, et suivi à quinze pas de mon fidèle Martin, encore moins armé que moi, puisqu'il n'avait pas même un bâton. Je rencontrai sur ma gauche un profond précipice ; à peine le sentier laissait-il place pour deux chevaux, lorsque à un détour je me trouve brusquement face à face avec un bachi-bouzouck à la mine farouche et à la ceinture bondée de pistolets et de poignards, suivi de cinq à six bandits de son espèce, tous montés sur de petits chevaux d'Asie, beaucoup plus habitués à marcher sur de pareils chemins que ma jument française. Le cavalier de tête fit mine de longer la muraille de rochers en appuyant à gauche pour me laisser sur le bord du précipice, où le moindre faux pas pouvait me faire dégringoler au fond du ravin, mais j'appuyai brusquement à droite et, prenant ma canne de la main gauche, je fis au bachi-bouzouck un signe impérieux pour qu'il eût à me livrer passage, ce qu'il fit aussitôt avec empressement, suivi par les cinq autres cavaliers. Avec ces gens-là, il faut toujours prendre un ton impérieux et un air de commandement, sans quoi ils vous fouleraient aux pieds.

Nous faillîmes mourir de faim à Kavarna. Les hommes étaient censés porter sur eux une réserve de deux jours de vivres, mais, sans doute pour ne pas être trop chargés en marchant, ils avaient consommé la plus grande partie de cette réserve, et nous n'avions aucun magasin à notre portée. Heureusement plusieurs bâtiments de l'escadre croisaient entre Varna et le Danube, et après un échange assez actif de signaux nous fûmes finalement ravitaillés par eux.

« Nous sommes bien ici, écrivais-je le 4 août, nous sommes campés sur un plateau très élevé, dont le sol est en friche et d'où nous avons une vue superbe sur la mer. Il y a là des plaines à faire manœuvrer 500,000 hommes. A droite du camp est un ravin, au fond duquel coule un ruisseau alimenté par des sources d'eau très pure et très bonne. Ce ravin, très profond et très étroit, mène à la mer, dont le bord est marqué par sept ou huit maisons, pour le moment abandonnées, auxquelles on a donné le nom pompeux de *la Marine*. C'est là le port de Kavarna. Quant à la ville, elle est située à la naissance du ravin, un peu à droite de notre camp. Elle est elle-même entourée de ravins et dans une position des plus pittoresques. Les maisons en pierre et recouvertes de tuiles ont un aspect assez propre, mais tout s'est fermé à notre approche, et il faudrait prendre la ville d'assaut pour avoir des poules et des œufs qui s'y trouvent pourtant en abondance. Les Russes pas plus que les Turcs n'étant venus ici, je m'étonne que nos généraux et les autorités du pays ne mettent pas bon ordre à cet état de choses en forçant ces gens-là à nous vendre des denrées qu'ils nous feraient d'ailleurs payer très cher. Mais nous sommes trop bons enfants, d'autant que ces paysans sont au fond dévoués à la Russie : nous sommes entourés d'espions russes. Le jour qui a précédé notre arrivée, il en avait débarqué plusieurs à *la Marine :* notre présence les a forcés de laisser là leurs barques et de s'en aller par terre. Ils s'habillent en Bulgares, voire même en Turcs, et passent inaperçus au milieu de nous. Aussi les Russes sont-ils informés de tous nos mouvements, tandis que nous restons sur leur compte dans l'ignorance la plus complète. On ne peut rien imaginer de plus tourmenté et de plus sauvage que ce pays. Hier, en me promenant à travers les vignes, j'ai traversé successivement trois ravins et suis arrivé à un quatrième, dont les pentes étaient encore plus abruptes et plus escarpées. Descendu au fond à grand'peine, je n'y ai plus vu que le ciel, les roches et un gros buffle qui, plongé jusqu'au cou dans une flaque d'eau, me regardait d'un air stupide. Je n'ai pas rencontré de loups. Il y en a cependant une telle quantité que la nuit nos factionnaires sont obligés de tirer sur eux. Et les lièvres ! La corvée de bois en a rapporté hier une vingtaine, tués par les soldats à coups de bâton. J'ai gravi péniblement l'autre flanc du ravin et, parvenu au sommet, je me suis trouvé tout à coup au bord de la mer, sur des falaises d'au moins quarante mètres de hauteur, au pied desquelles les vagues battaient avec une telle force, qu'on tremblait presque de les voir s'effondrer. Et quel coup d'œil !... Devant moi, l'immense rade de Baltchick avec les flottes anglaise, française et turque, cinquante bâtiments de guerre ; puis Varna et les côtes au delà, jusqu'à l'horizon. Tout autour de moi, car j'étais sur une sorte de promontoire, la mer, sillonnée, dans toutes les directions et à toutes les distances, de navires à voiles ou à vapeur.

« La brigade d'Autemarre nous rejoignit le 5 août devant Kavarna, et le 6 notre batterie partait avec cette brigade pour aller coucher à Baltchick. Nous devions n'avoir à faire qu'une courte étape, mais qu'elle nous parut longue ! Toujours le même pays nu et désolé ; la plaine à perte de vue sans autre chose que des chardons et des herbes coupantes. Les hommes étaient si affaiblis par la diarrhée qu'ils pouvaient à peine se traîner. Nous ne voyions toujours pas de Russes, puisque nous leur tournions le dos, et nous n'avions à lutter que contre la maladie. Quel vilain commerce ! Il paraît cependant qu'on va en voir des Russes ; mais comme dit la chanson, ce ne sera pas pour mon fichu nez. On prépare en ce moment une grande expédition, de nombreuses troupes vont s'embarquer, mais je ne sais pas pour quelle destination... On le dit cependant tout bas, regardez sur la carte en haut, il y a un petit plan (celui de Sébastopol). C'est là, à ce qu'on assure, le but de l'expédition. Vous devez penser si je regrette de ne pas en être. Chaque batterie n'emmène que six pièces et six caissons. Le surplus des voitures, hommes et chevaux, reste à Varna sous les ordres du capitaine en second. Ainsi je manquerai la plus belle occasion de toute la guerre, peut-être la seule, car nous ne rejoindrons l'armée que lorsque le coup aura réussi. »

Nous arrivâmes donc à Baltchick, où nous aperçûmes enfin cette flotte que nous voulions tant voir, mais il était trop tard pour y aller faire une visite. Nous espérions nous rattraper le lendemain. Comme d'habitude, l'ordre nous arriva à deux heures du matin de partir immédiatement pour Yenikeui, et nous ne vîmes qu'un brouillard épais, qui trempa tous nos effets sous la tente, et rendit bien des hommes malades ; nous étions pourtant à près de 100 mètres au-dessus de la mer. On ne peut se figurer combien le lendemain nous avons été heureux de revoir de la verdure, des arbres, un ruisseau, des bois, des montagnes. L'étape a été très rude ; nous descendîmes par des chemins si mauvais qu'à chaque instant nous redoutions quelque accident. Eh bien ! malgré tout, nous étions gais, tant est grande sur les dispositions morales l'influence des objets extérieurs. Nous qui depuis dix-huit jours séjournions en plein soleil au milieu des chardons, pouvant à peine trouver de l'eau, et quelle eau !... nous déjeunâmes ce jour-là à l'ombre de grands arbres, à quelques pas d'une source délicieuse, ne voyant de tous côtés que des vallons et de la verdure. En quittant ce lieu de délices, nous eûmes à gravir sur une longueur de deux kilomètres la côte la plus rapide qui se puisse imaginer ; nos chevaux s'en tirèrent bien ; mais quoique nous eussions l'idée de pousser jusqu'à Yenikeui, le général nous fit prendre notre bivouac à cinq heures du soir. Nous étions à cheval depuis deux heures du matin. Le lendemain, nous n'avions plus que quelques kilomètres à faire, nous étions rentrés à sept heures du matin à notre camp de Yenikeui. J'ai voulu aller immédiatement aux nouvelles et je n'appris pas grand'chose. On était fort occupé aux préparatifs de l'expédition de Crimée, mais quoique ce fût le secret de la comédie, on y mettait du mystère.

« En attendant, nous fûmes réveillés le 10 au soir par une rude alerte. Je m'étais couché à huit heures et demie et m'étais endormi en lisant le journal, quand tout à coup j'entends sonner la générale (c'est la seule fois pendant ma longue carrière que j'ai eu l'occasion de l'entendre). Je saute à bas de mon lit de camp, je m'habille à la hâte, et je sors de ma tente... « C'est la ville de Varna qui « brûle, » entends-je crier. En effet, nous voyions au-dessus de la crête du plateau une lueur immense et vive, en même temps que nous sentions une forte odeur de brûlé. Presque toute la division part pour Varna, et moi, comme capitaine en second, je reste à la garde du camp. Après avoir pris les mesures nécessaires, je me jetai sur mon lit tout habillé. Le capitaine Fiévet ne rentra avec les hommes qu'à cinq heures et demie du matin. Ils étaient tous exténués. C'était, nous dirent-ils, un spectacle affreux et beau tout à la fois. La moitié de la ville était brûlée : tout le quartier du port. C'est là qu'habitaient les marchands européens, au milieu de magasins d'épicerie, de vins, de spiritueux.... On marchait sur des tonneaux de rhum défoncés, le vin coulait dans les rues; beaucoup de nos malheureux soldats, privés de tout depuis si longtemps, s'en étaient gorgés. C'est une terrible chose que les hommes déchaînés... Le feu avait pris dans le voisinage du magasin à poudre. On ne s'occupa que de préserver ce magasin, et l'on fit fort bien, car, s'il avait sauté, celui des Anglais placé à côté sautait aussi et toute la ville avec toute la troupe qui était là. Les magasins de campement furent entièrement brûlés, 5,000 matelas débarqués de l'avant-veille pour l'hôpital. Heureusement celui-ci était loin du feu. Heureusement aussi les vivres et le fourrage qui étaient dans le port n'avaient pu être débarqués. Voilà bien des pauvres marchands ruinés sans retour! »

Je m'étonne, en relisant mes lettres d'alors, de n'y pas trouver mention de la superbe attitude du général Thiry et des troupes de l'artillerie pendant ce terrible incendie de Varna. On peut lire dans la correspondance du maréchal de Saint-Arnaud de très belles phrases sur le danger que courut le magasin à poudre et la noble résolution du maréchal : « Dieu m'a inspiré, écrivait-il, j'ai résisté, j'ai lutté, j'ai envoyé mes adieux à tous et j'ai attendu le saut... » La vérité est qu'à plusieurs reprises le maréchal désespéra de sauver le magasin, que voulant prévenir l'épouvantable désastre qui résulterait d'une telle explosion, il donna l'ordre de sonner la retraite et qu'à chaque fois le général Thiry le supplia de ne pas abandonner la partie. Les hommes de l'artillerie, assis sur la toiture du magasin à poudre qui n'était pas même voûté, y étendaient des couvertures mouillées et restèrent là toute la nuit plus exposés que sur n'importe quel champ de bataille, éteignant à l'instant toute flammèche qui tombait au milieu d'eux. Une forte coupure provoquée par la démolition des maisons voisines éloigna l'incendie, qu'enfin le vent changeant de direction écarta pour toujours de cet endroit si dangereux.

« Le feu brûle toujours à Varna, écrivais-je le même jour à neuf heures du soir, mais comme on a démoli force maisons, il n'y a plus rien à craindre. C'est la 3e division qui est maintenant en ville occupée à ramasser tout ce qu'on a pu sauver. On dira bien sûr que c'est elle qui a éteint le feu, car c'est la division du prince, et à en croire les journaux c'est toujours elle qui a tout fait. » Ce jour-là, j'allai à Varna, et pour la première fois je vis les ravages de l'incendie. Les décombres fumaient encore et étaient gardés par des soldats avec des pompes. Le magasin à poudre était encore couvert de toiles mouillées... La moitié de la ville était rasée, et j'ai pu voir combien près du magasin s'était arrêté le feu. Le port était encombré de blé, d'orge, de foin pressé et de munitions. C'était un brouhaha à ne pas s'y reconnaître. La mer était atrocement mauvaise : on avait commencé à débarquer une batterie qui arrivait de France, le premier chaland sombra, et deux chevaux furent noyés, heureusement pas d'hommes. Les vagues étaient effrayantes. Le matériel de notre batterie était définitivement embarqué à bord d'une frégate turque, d'un nom si bizarre que je ne puis jamais me le rappeler. On prétendait qu'il venait d'arriver un aide de camp d'Omer-Pacha, annonçant que la Prusse s'était ouvertement déclarée pour la Russie et contre nous. S'il en est ainsi, disions-nous, on va avoir une belle guerre en Europe; quelle chance! faire la guerre dans un pays où il y a des routes, des maisons, du vin et des femmes! Mais c'est le paradis à côté de la vie que nous menons!...

Toute cette seconde partie du séjour à Varna présente d'ailleurs un intérêt médiocre : assister aux préparatifs d'une expédition dont je ne devais pas faire partie, dont tout le monde parlait, et au progrès du choléra dont on s'efforçait de ne rien dire, voilà toutes mes distractions; journées brûlantes et nuits glacées, il n'en fallait pas davantage pour alimenter le fléau; « à cinq heures du matin, écrivais-je le 21 août, un brouillard glacé, à six heures un ciel de feu!... »

La 1re division rentra cependant de la Dobrutscha dix ou douze jours après nous. « En revenant de la messe, écrivais-je le dimanche 21 août, nous avons rencontré dix-huit musiciens d'un régiment de la 1re division qui s'en allaient au-devant de leur régiment. « Nous sortons « de l'ambulance, nous ont-ils dit, nous allons en avant « pour que la musique puisse jouer en rentrant au camp, « car là-bas ils ne sont plus que quinze sur pied. » J'ai voulu voir le plus tôt possible mes camarades, et je suis monté à cheval pour aller à leur rencontre. La 1re division qui comprenait 12,000 hommes n'en a plus que 4,000 sur pied. Elle en a perdu autant, le reste est malade. La nôtre, quoique ayant marché beaucoup aussi, n'a relativement presque pas souffert. Dans ma batterie, par exemple, il n'est mort que 6 hommes à ma connaissance, mais nous en avons 52 à l'hôpital et rien ne dit qu'ils soient encore tous vivants. »

« *Yenikeui, 27 août.* — Hier j'ai passé toute ma journée à Varna au milieu d'une foule énorme. Des convois de 50 arabas à la file, des bandes de mulets chargés, des fantassins, des artilleurs français, anglais, turcs, les uns à pied, les autres à cheval. Le port surtout était très animé : ici on embarquait les chevaux de notre artillerie; là-bas, la cavalerie anglaise; d'un autre côté, débarquaient les troupes de la 5e division, qui arrivaient de Gallipoli et sont destinées à garder Varna. J'ai vu défiler une colonne de prisonniers russes, provenant du dernier combat d'Omer-Pacha à Giurgewo; ils étaient environ cent, conduits par des soldats turcs. C'étaient de fort beaux hommes paraissant contents plutôt qu'affligés. La colonne s'est arrêtée près d'une fontaine, on leur a donné à chacun un pain, et les Turcs leur ont apporté à boire. Ces soldats turcs avec leurs figures bronzées et leurs habits déchirés et râpés ont l'air de gaillards à bien se battre. La division qui doit s'embarquer pour la Crimée et qui est campée près de Varna est composée d'hommes ayant assisté à tous les combats livrés par Omer-Pacha ; ils manœuvrent bien, leur artillerie surtout. L'autre jour nous voyions un vieux commandant d'infanterie à l'exercice avec son bataillon. Quand un peloton n'évoluait pas à son gré, il lui jetait des pierres. Les hommes baissaient la tête ou tendaient le dos, et continuaient tranquillement leur exercice. »

Enfin, ma batterie s'embarqua le 27 août sur sa frégate turque, et je demeurai seul à Varna avec ma réserve. Ce même jour, je descendis dans la plaine, au pied des collines couvertes de vignes, dans un champ en chaume. J'avais au moins changé de place, et au lieu des tentes du général Bosquet que j'étais las de contempler, je voyais Varna, la rade, le lac, les montagnes. Mais il faisait là un vent du diable, et le terrain était formé d'un sable si fin qu'il s'introduisait partout : mes effets en étaient couverts, il criait sous mes dents, et il brûlait mes yeux. Et puis, voir partir les autres et rester là à garder les chevaux éclopés! J'envoyai des vivres au capitaine Fiévet à bord de la frégate turque. Ces mâtins de Turcs ne voulaient pas laisser cuire le lard dans les marmites du bord. Il fallut aller trouver leur amiral qui donna l'ordre de laisser cuire tout ce qu'on voudrait. Je vis embarquer la division turque dont les soldats poussaient de joyeux hurrahs, puis une division anglaise avec de nombreuses femmes; rien de drôle comme ces femmes en chapeaux à fleurs et en mantelets de soie, le tout vieux et sale, avec leurs mentons de cheval. Les Anglais ne peuvent se passer de femmes, il leur faut absolument quatre cantinières par compagnie. Par là-dessus, j'allai déjeuner au Restaurant Français avec de Vassart, le jeune (tué devant Sébastopol, le 17 octobre, à l'ouverture du feu). C'était dans une espèce de ferme sous une galerie régnant tout autour de la maison ; la boutique était tenue par deux femmes, l'une longue et plate, douée d'une voix de contrebasse, l'autre courte et ronde avec un soprano suraigu, faisant à elles deux l'office de 24 cantinières anglaises ; nous eûmes là chacun deux œufs sur le plat, une côtelette aux pommes de terre, un morceau de gigot froid et une demi-tasse de café, tout cela pour la bagatelle de 10 francs par tête : on voit que la vie est chère en campagne... Pendant qu'on embarquait les troupes de la 1re division, un vapeur turc, manœuvrant de travers, a abordé un chaland sur lequel il y avait 25 zouaves et le coula. Ces pauvres diables sont tombés à l'eau avec leurs sacs et leurs fusils, il y en eut cinq de noyés. Décidément la 1re division n'avait pas de chance, mais malgré soi on s'endurcit le cœur, et les sensations s'émoussent.

Toutes les réserves des batteries du corps expéditionnaire avaient été réunies dans le même camp près de Varna, et nous passions là nos journées comme nous pouvions. De temps en temps l'enterrement de quelque officier mort du choléra nous appelait dans un vaste cimetière où les tertres funèbres s'alignaient en rangs serrés faciles à compter : tant de rangs, tant de tombes, total 5,000, 6,000, que sais-je ? C'était effrayant, mais nous vivions au jour le jour sans y penser, attendant avec impatience le moment de nous embarquer : « Je monte à cheval, écrivais-je le 7 septembre, et j'ai fait de bien jolies promenades. Avant-hier surtout, au bord de la mer, je suis allé sans le savoir à un village où se sont réfugiés, fuyant les armées, les habitants riches de Varna. C'est charmant. Au fond d'une vallée pleine de vignes et d'arbres fruitiers, au-dessus d'un rocher que vient battre la mer, les maisons sont en pierres bien blanches et cou-

PRÉSERVATION DU MAGASIN A POUDRE PENDANT L'INCENDIE DE VARNA. (Page 108.)

vertes en tuiles. J'ai rencontré en chemin force petites voitures à un cheval, dans lesquelles se faisaient traîner de jolies Grecques, le visage découvert. La mer est calme et magnifique ; hier, au clair de lune, ce devait être un spectacle magique pour les heureux embarqués de voir ces 800 bâtiments naviguant de concert. La nuit était si transparente que d'ici nous apercevions les vaisseaux à l'horizon. Le pauvre port de Varna est bien triste maintenant. »

« *Du* 8. — L'état sanitaire de l'armée s'est bien amélioré depuis quelques jours, il n'entre presque plus d'hommes à l'hôpital et au lieu de 14 malades sous la tente que j'avais il y a huit jours, je n'en ai plus que 7. Toutes les troupes sont descendues auprès de Varna, il y a 22,000 hommes rien que d'infanterie française, mais les Anglais sont partis ; ils ont laissé ici le plus grand nombre de leurs femmes ; aussi rien de drôle comme l'aspect de leur camp. J'y suis allé l'autre jour : on n'y rencontre que des dames, car ce sont des dames, elles ne sont pas cantinières et sont venues ici pour suivre leurs maris. Les plus pauvres portent chapeau seulement : tu peux penser que leurs costumes sont un peu sales, n'importe ! Tout est bon à nos officiers qui leur font la cour. L'Angleterre et la France s'entendent si bien ! Vive l'Empereur ! *God save the Queen!* Les musiques anglaises jouent le *beau Dunois*, les nôtres le *God save*. C'est bien le moins que le traité d'alliance soit ratifié par ces dames ; elles ne sont pourtant pas belles avec leurs cheveux filasse, leurs dents ébréchées, leurs chapeaux défoncés et leurs mantelets déchirés. »

« *Du* 11. — Toujours la même vie monotone. Nous nous disions cependant, en nous promenant hier soir, qu'un peintre trouverait cela joli : d'un côté, le soleil couchant et nos tentes, nos chevaux se détachant en noir sur le ciel enflammé ; de l'autre, la mer calme comme un beau lac, à droite et à gauche des montagnes boisées; ici, la musique des hussards jouant une polka; là, une musique d'infanterie s'attaquant à l'ouverture du *Cheval de bronze;* plus loin, une autre musique exécutant des airs de *Lucie*. Vraiment, si l'on pouvait venir de Paris en chemin de fer passer la soirée ici et retourner coucher là-bas, ce serait charmant, mais au bout de plusieurs jours ou plutôt de plusieurs mois cela devient monotone. »

« *Mercredi* 13. — Hier, pour me distraire, j'ai accompagné le général à la revue où paraissaient 12,000 hommes d'infanterie, deux batteries d'artillerie, tout le parc de campagne et un régiment de hussards. Toutes les troupes prêtes à s'embarquer étaient fort belles, mais ce qui m'a le plus amusé, ce sont les deux boulos, deux Turcs qui figuraient au premier rang de l'état-major. *Boulos* est bien le mot propre, car ils étaient tout ronds : l'un est Osman-bey, représentant du sultan auprès des armées alliées; l'autre est le pacha de Varna; le plus mince des deux est le plus gros homme que j'aie vu; des faces de poussifs, des tuniques dorées, des sabres à poignée enrichie de pierreries. Chacun d'eux suivi d'environ une vingtaine d'hommes à pied, entourant son cheval, tenant les étriers, la croupière, portant sa pipe, son parapluie, son portefeuille, tous infortunés obligés de courir, quand par hasard le pacha prend le trot ou le galop, ce qui, heureusement pour eux, n'arrive pas souvent. »

« 6 *août*. — On vient de nous prévenir que le corps expéditionnaire a débarqué en Crimée à vingt lieues au nord de Sébastopol sans rencontrer de résistance.

« Cette nouvelle nous a été apportée par un bateau à vapeur qui est entré cette nuit dans le port en tirant le canon. La 4e division a fait une démonstration du côté de Sébastopol pour occuper les Russes, et pendant ce temps-là, le maréchal débarquait sans coup férir avec les trois autres divisions et 40 canons. D'après les ordres reçus, je vais m'embarquer pour la Crimée avec quelques attelages, il ne restera plus ici qu'un capitaine en second par division, je suis donc bien heureux d'être le plus ancien des deux. »

« *Mardi* 25 *septembre*. — Voilà quatre jours qu'on me dit de me tenir prêt à partir, six jours que l'ordre en est arrivé de Crimée, et depuis ce temps je n'ai pas de nouvelles. Les frégates à vapeur qui doivent nous emmener ne sont même pas ici, et comme tout va de la Crimée à Constantinople, nous ne savons rien ; je suis allé à Varna ce matin malgré le mauvais temps, quel cloaque ! quelle boue ! quelle foule toujours ! Le courrier est arrivé, mais il ne nous apporte que les lettres de Constantinople, celles de France sont allées en Crimée. »

Pendant que j'attendais avec impatience le moment du départ, peu s'en fallut que je fusse condamné à ne pas partir. Le froid, l'humidité, l'ennui d'être sans nouvelles m'avaient rendu sérieusement malade. Lorsque enfin l'*Orénoque*, frégate sur laquelle je devais m'embarquer avec cinq autres capitaines en second et une centaine de chevaux, arriva dans le port, j'étais cloué sous ma tente par un fort accès de dysenterie. Le lieutenant-colonel Lefrançois qui commandait l'artillerie à Varna avait donné au capitaine Lecœuvre de la 4e batterie du 12e l'ordre de partir à ma place, mais celui-ci qui était vraiment un bon camarade fit observer au colonel que j'étais surtout malade d'ennui, que me laisser à Varna serait me tuer, tandis qu'en m'embarquant, j'avais assez de moral pour prendre le dessus et qu'au pis aller on en serait quitte pour me ramener à Constantinople. Je partis donc en remerciant mille fois mon camarade, mais à peine pouvais-je me tenir debout, et il fallut insister auprès du commandant de l'*Orénoque* pour qu'il consentît à me prendre. L'*Orénoque* était une vieille frégate assez bonne marcheuse, installée pour prendre des passagers, mais où cependant je fus très mal. Le médecin du bord me voyant aussi malade avait demandé qu'on voulût bien m'admettre seul dans une cabine d'officier supérieur placée sous la dunette, à hauteur du pont. Le capitaine de frégate commandant en second refusa durement d'accéder à cette demande en se rejetant sur l'étiquette ; on se mit donc avec sept autres officiers dans une cabine du deuxième entrepont où l'on étouffait et où je souffris cruellement. Je me promis alors que si jamais je trouvais l'occasion d'être désagréable à quelque capitaine de frégate, je n'y manquerais pas ; mais je n'ai jamais trouvé cette occasion et il est à croire que je n'en aurais pas profité. C'eût été injuste d'ailleurs, car les autres officiers de l'*Orénoque* furent charmants pour moi en particulier et pour nous tous en général. Le médecin du bord me prodigua les soins les plus attentifs, mais le commandant et son second me rendirent la vie dure : s'inquiétant peu de savoir si j'étais malade, ils s'en prenaient à moi du moindre incident, comme étant le plus ancien des officiers embarqués.

Entre autres détails, le commandant prétendait que c'était de notre faute, c'est-à-dire de la mienne, puisque j'étais le plus ancien officier, si les chevaux frappaient du pied sur le pont, lui rendant le sommeil impossible. Il aurait voulu que je misse un homme auprès de chaque cheval pour l'empêcher de bouger. Enfin, nous arrivâmes en vue des côtes de Crimée, à hauteur d'Eupatoria, le mercredi 4 octobre ; cela me parut une ville assez considérable, puis nous passâmes devant l'embouchure de la Katcha où nous traversâmes les deux flottes, et enfin nous atteignîmes le cap Chersonèse où se trouvait l'escadre de l'amiral Bruat. Pendant la soirée du 6, plusieurs officiers de marine vinrent à bord voir leurs camarades ; ils nous racontèrent le débarquement et la marche de l'armée, mais causèrent surtout des opérations futures. Ils ne parlaient qu'avec le plus vif enthousiasme de l'effet terrible que devaient produire les projectiles lancés par les bâtiments des trois escadres sur les forts de Sébastopol, le jour de l'ouverture du feu, calculant, d'après le nombre des canons et celui des coups tirés par chaque pièce, le poids de fonte qui devait frapper les fortifications. Or, ce poids était tel que les forts devaient forcément s'écrouler. Il fallut bien en rabattre le 17 octobre.

On nous débarqua enfin, et le 7 au matin, après avoir conduit avec mes attelages un convoi de quelques voitures au parc du siège, je rejoignis les batteries de la 2e division qui composait, avec la première et les Turcs, le corps d'observation. Voilà ce que j'écrivais en arrivant : « Figure-toi que c'est notre batterie qui a eu le plus beau rôle à la bataille de l'Alma, on ne parle que d'elle dans toute l'armée. Elle est montée par des chemins les plus difficiles sur un plateau où avec ses six pièces elle a tenu tête à 40. Les canonniers ont été superbes. Le général Bosquet en était enthousiasmé. Il y a eu 5 hommes tués, 8 amputés, 10 autres blessés ; les officiers n'ont pas été touchés ; s'il y avait eu de la cavalerie, la bataille aurait été décisive et nous serions maintenant dans Sébastopol. L'armée a tourné la ville sans être inquiétée. La marine a débarqué de gros canons et des mortiers; dans deux ou trois jours, on commence le siège. »

Le 4e chasseurs d'Afrique à Balaklava. (Page 133.)

DEUXIÈME PARTIE

LES LENTEURS DU SIÈGE

CHAPITRE I

BALAKLAVA ET INKERMANN

Le corps d'observation. — Une reconnaissance périlleuse. — La 4e batterie du 16e régiment. — Mes nouveaux chefs. — Ouverture du feu. — Le 17 octobre. — Émotion. — Bataille de Balaklava. — Une représentation de l'Hippodrome. — La grosse cavalerie anglaise. — La charge de lord Cardigan. — Le 4e chasseurs d'Afrique. — Pourquoi je suis bien informé. — La colonne russe en marche. — Alerte du 5 novembre. — Course au galop. — Le camp des Anglais. — Gemma est tuée. — Inquiétudes de nos chefs. — Après la bataille. — Visite de l'ambulance. — Le colonel Roujoux.

Le corps d'observation était campé un peu en arrière de la crête des monts Sapoune; à droite se trouvait la

1re division, commandée par le général Bouat, depuis que le général Canrobert avait pris le commandement en chef ; à gauche, la 2e division, commandée, de nom, par le général Bosquet, en fait par le général d'Autemarre, parce que notre général de division exerçait le commandement supérieur du corps d'observation. Chaque division était disposée sur deux lignes de brigade, et leurs fronts de bandière étaient légèrement inclinés l'un sur l'autre, de manière à former au centre un angle rentrant très obtus, dont le sommet était occupé par le 1er bataillon de chasseurs à pied, de la 1re division.

En arrière de ce bataillon étaient campées les deux batteries à cheval de la réserve ; plus en arrière encore, le général Bosquet et son état-major, puis l'ambulance et les magasins. Dans chaque division, l'artillerie occupait l'aile extérieure de la première ligne, c'est-à-dire que les deux batteries de la 1re division se trouvaient à l'aile droite de la première ligne du corps, et celles de la 2e division à l'aile gauche. C'est là que je rejoignis ma batterie le samedi 7 octobre.

Quoiqu'on fût en plein automne, le temps était encore assez beau, avec des matinées et des soirées très fraîches. Les troupes avaient la tente-abri, et les officiers leurs petites tentes de marche. Nous vivions donc presque en plein air, et je me rappelle que pendant notre dîner, très frugal d'ailleurs, car pendant plusieurs jours encore après mon arrivée nous n'eûmes ni pain ni vin, nous étions littéralement transis.

Nous ne tardâmes pas à observer qu'en retardant notre repas et en nous mettant à table (1) une heure environ avant la nuit tombée, nous jouissions d'une température beaucoup plus supportable. Et en effet, dans les pre-

(1) Nous avions apporté de Turquie une petite table et des pliants.

mières fraîcheurs de l'automne, c'est aux approches du coucher du soleil que l'on souffre le plus du froid. Notre camp était d'ailleurs fort bien placé en avant de nous, il nous suffisait de faire une centaine de pas pour nous trouver sur la crête et jouir d'une vue splendide sur la plaine qui devait être illustrée par la charge de la cavalerie anglaise et sur la ligne des collines occupées par les redoutes turques ; à notre droite, le col de Balaklava et le village de Kadikeui ; la ville de Balaklava cachée dans une ceinture de rochers, au delà desquels brillaient les flots très bleus de la mer Noire ; en face de nous, les hauteurs boisées qui entourent le village tartare de Kamara ; à gauche, les monts Fédioukine, la Tchernaïa, les hauteurs d'Inkermann et, tout près de nous, la route de Woronzoff, qui, après avoir gravi par ses lacets la hauteur sur laquelle nous nous trouvions, bordait notre camp et le séparait des tentes anglaises. Si nous nous retournions, la vue était plus belle encore peut-être ; nous avions alors à dos les hauteurs d'Inkermann, la route de Woronzoff descendant au moulin, puis s'élevant sur des pentes opposées, pour disparaître à l'horizon, là où cette route commençait à s'incliner vers Sébastopol ; à droite et en face de nous, les grandes tentes de l'armée anglaise, à gauche le plateau occupé par le quartier général, et, pour encadrer le tableau, la mer avec les flottes anglaise et française. C'est sur cette route de Woronzoff dont je viens de parler que j'éprouvai, le jour même de mon arrivée, une assez forte émotion. J'ai déjà dit, je crois, que le commandant de l'artillerie de la 2e division n'était pas caractérisé par la bienveillance : j'en eus une preuve ce jour-là : « Avez-vous vu Sébastopol ? me demanda-t-il après quelques minutes de conversation. — Non, lui répondis-je, puisque je suis à peine débarqué. — Eh bien ! si vous voulez voir parfaitement la ville, allez là-bas, me fit-il en me montrant du doigt un vaste bâtiment qui bordait la route au point même où elle disparaissait à nos yeux (c'était, je le sus plus tard, le bâtiment connu sous le nom de maison de poste), et vous la verrez à merveille. » Sur quoi je fis seller Gemma et enfilai au grand trot la route, suivi à une vingtaine de pas par mon fidèle Martin qui, monté sur ma jument de chasse, portait en sautoir une grande lunette marine ; très belle et très bonne lunette, soit dit en passant, que mon capitaine en premier et moi avions achetée d'un sergent de turcos qui l'avait trouvée lui-même à Laghouat, lors de la prise de cette ville. J'eus bientôt dépassé le moulin et, gravissant le revers opposé à l'allure la plus rapide, je ne remarquai pas les gestes désespérés d'une vingtaine d'Anglais, appuyés contre le mur qui entourait la maison de poste ; je ne vis pas non plus, ou du moins je ne fis pas attention à eux, des riflemen couchés à plat ventre des deux côtés de la route. Dépassant la maison, j'atteins la crête, et me trouve subitement en face d'une ligne de tirailleurs qui me saluent d'une fusillade bien nourrie ; en même temps deux Anglais qui s'étaient avancés en rampant me saisissent par les pieds et me crient : *Down! down!* (littéralement : en bas!). Je ne me fais pas prier et je mets lestement pied à terre : je m'aperçois alors que j'ai dépassé la ligne des avant-postes, en arrière de laquelle mon fidèle Martin s'est sagement arrêté, et, comme pour confirmer le danger que j'ai couru, une lueur brille sur les remparts de la place, un nuage épais de fumée lui succède, un projectile s'enfonce à terre à une cinquantaine de mètres en avant de moi, et la détonation d'un coup de canon de gros calibre est répétée par tous les échos. On m'avait pris pour un grand chef ; erreur flatteuse qui n'est pas partagée par les fantassins anglais, lesquels me traitent assez mal ; un officier arrive à plat ventre et me fait prendre la même posture peu commode pour la conversation. Nous nous expliquons cependant, et il est assez aimable pour me faire conduire, en traversant à sa naissance le ravin de Karabelnaïa, à l'observatoire en feuillage de la 2e division anglaise; de là je lorgne tout à loisir avec ma lunette marine. Un aide de camp complaisant m'explique tout, et, aussi bien renseigné qu'il soit possible de l'être, je reprends le chemin du camp. « Eh bien, me dit le commandant, vous revenez de là-bas? — Oui. — Et vous avez bien vu? — Oui. » Sur quoi j'appuie mon affirmation de détails précis qui lui font ouvrir de grands yeux. « Et on ne vous a pas tiré dessus? — Si bien! un coup de canon et une centaine de coups de fusil. — Eh bien, vous avez de la chance... » Depuis lors, mon commandant, qui avait voulu me jouer une farce en m'envoyant courir sur un point où il pensait bien que les Anglais me barreraient le passage, eut pour mon courage une admiration peu méritée; mais, comme l'a dit La Fontaine ou un autre: C'est plaisir de tromper un trompeur.

Je ne veux pas faire concurrence à M. de Bazancourt, à Camille Rousset ou au maréchal Niel, en racontant ici par le menu ce long siège de Sébastopol. Je ne veux citer que mes impressions du moment en les empruntant au besoin à ma correspondance d'alors; qu'il me suffise de dire que je ne restai pas longtemps à la 4e batterie du 13e régiment et que, juste une semaine après le jour de mon débarquement, c'est-à-dire le vendredi 13 octobre, je fus nommé au commandement provisoire de la 4e batterie du 16e, belle batterie à cheval de la réserve, dont le capitaine en premier, Pellisson, venait de mourir du choléra, dont le capitaine en second, mon camarade Rey (1), était encore à Varna et dont le lieutenant en premier, M. du Chaffaut (2), se trouvait à l'ambulance: le seul officier présent était donc le lieutenant en second M. Demay (3). Je

(1) Retraité comme colonel; ce n'est pas le même que celui qui était lieutenant en premier de la batterie Fiévet.

(2) Mort colonel du 17e.

(3) Actuellement général de brigade.

passai ainsi sous le commandement direct de M. de la Boussinière, un des officiers d'artillerie les plus complets et les plus brillants que j'aie connus dans ma longue carrière, lequel fut malheureusement tué à la fausse attaque de Malakoff, le 18 juin 1855. Mon chef supérieur était le lieutenant-colonel Roujoux, nature ardente, généreuse et originale, le type du Breton loyal et chevaleresque. Cette belle batterie à cheval s'était déjà acquis quelque renom à la bataille de l'Alma ; d'abord pour sa conduite pendant le combat, ensuite par la prise assez originale de la voiture de Mentchikoff, opérée par un peloton de canonniers à cheval, que le colonel Forgeot avait, faute de cavalerie, lancé en fourrageurs. Formée au moment de l'organisation nouvelle de servants à cheval, choisis avec soin dans les batteries des 3ᵉ, 4ᵉ et 7ᵉ régiments, qui contribuèrent à former le 16ᵉ, c'était une troupe incomparable : « Quelle belle batterie et quels braves gens vous aviez en Crimée ! » me disait, encore bien des années après, l'ancien chef de la réserve d'artillerie devenu le général Forgeot, président du comité de l'arme. Et quel esprit de corps ! Comme le moindre canonnier était fier de faire partie de la 4ᵉ batterie du 16ᵉ !..... Et comme ceux que j'ai rencontrés quinze ans, vingt ans après la bataille d'Inkermann, celui-ci gendarme, cet autre garde d'artillerie, celui-là rentré dans ses foyers, étaient encore fiers d'y avoir figuré ! Et comme ceux qui vivaient encore, m'ont écrit pour m'envoyer leurs félicitations à propos de ma nomination à un grade dans le cadre, ou dans la Légion d'honneur, signant avec orgueil : Ancien cannonier à la 4ᵉ batterie du 16ᵉ régiment en Crimée ! Et comme moi-même, il faut bien le dire, j'étais heureux du souvenir de ces braves gens et de leurs félicitations désintéressées qui venaient, trente ans après nous être séparés les uns des autres, me dire : « Mon commandant ou mon colonel, je me souviens avec fierté du jour où nous galopions ensemble sur le plateau d'Inkermann au milieu des cadavres russes entassés sur les corps des grenadiers anglais ! » C'est, c'était surtout autrefois, dans le grade de capitaine, que l'officier d'artillerie éprouvait en campagne les jouissances du commandement ; elles ont été pour moi bien vives, quand j'étais à la tête de la 4e batterie du 16e, mais bien vives aussi furent mes douleurs lorsque la garde impériale, récemment formée, vint m'enlever, pour donner du lustre à ses batteries vierges encore de tout combat, les meilleurs et les plus braves de mes chers canonniers.

Pour le moment il n'était pas encore question de la garde, et notre rôle se bornait à monter tous les matins à cheval pour aller prendre position en arrière des attaques, afin de soutenir les troupes du siège, en cas de sortie de la garnison.

Voici ce que j'écrivais le jour de l'ouverture du feu, le 17 octobre, à huit heures du matin :

« Au bivouac sous Sébastopol, j'écris au milieu de la plus épouvantable canonnade qu'il soit possible d'entendre. Voilà huit jours que les Russes tiraient sur nos troupes du siège, sans qu'on leur répondît, parce que l'on construisait les batteries ; mais enfin, ce matin, à la grande satisfaction de tout le monde, notre feu a commencé. Cent quarante canons de gros calibre ou mortiers tirent sur la place, qui répond autant qu'elle peut ; de plus, vingt-cinq vaisseaux de ligne sont embossés à l'entrée du port, prêts à tirer tous à la fois. Je te réponds que c'est un fameux bruit et qu'on éprouve bien de l'émotion en pensant au résultat. Nous sommes sous les armes au camp, mais je crois que nous resterons bien tranquilles et que les troupes russes, qui tiennent la campagne, ne viendront pas nous inquiéter. Le feu continue toujours ; tout à l'heure nous venons d'entendre une explosion épouvantable : c'est un magasin à poudre qui a sauté dans un des forts de la place. Tu ne peux pas te figurer l'effet que tout cela nous produit. Nous voudrions tant savoir ce qui se passe...

« *Midi.* — Nous sommes toujours sur le qui-vive, on a fait dételer nos voitures, et nos chevaux sont à la corde, débridés, attendant bien tranquillement. Le général Bosquet est rentré de sa reconnaissance sans rien rencontrer. Malheureusement je ne crois pas que notre feu ait produit tout l'effet qu'on en attendait. Ces brigands de Russes ont une artillerie si forte et si nombreuse qu'ils nous ont fait plus de mal qu'on ne leur en a fait. Du moins c'est ce qu'il nous a semblé voir, car nous ne savons rien de positif. Tout ce que nous avons appris, c'est qu'ils nous ont fait sauter une batterie dont le capitaine a été horriblement brûlé... En ce moment, la canonnade est plus forte que jamais : il vient d'y avoir deux explosions, l'une chez nous, l'autre dans la ville. Cette dernière était effroyable... Des journées comme celle-ci usent l'existence... Entendre une pareille canonnade, se demander quel peut en être le résultat et n'y pas prendre part! Comme nous avons soif de nouvelles!... La flotte vient de s'en mêler, et les coups sont plus précipités que jamais. Il y en a quelquefois dix en même temps et peu d'interruption. Tu peux juger quel roulement; le temps est magnifique : il ne fait pas plus beau, ni plus chaud en France au mois de juin, mais du côté de la ville on n'y voit goutte, tant la fumée est épaisse. Je te quitte pour répondre à un pauvre homme qui avait écrit au capitaine Pellisson pour avoir des nouvelles de son fils, trompette à la batterie. Le capitaine est mort et c'est moi qui réponds que le trompette est mort aussi. »

« 18 *au matin.* — Nous n'avons pas fait de bonne besogne; deux de nos batteries ont été démolies. Il faudra deux jours pour les refaire, et nous ne tirerons peut-être pas aujourd'hui. »

Je borne ici mes citations, suffisantes pour donner une idée des sentiments éprouvés par l'armée pendant

LES PIÈCES BONDISSAIENT EN FRANCHISSANT LES ROCHES SAILLANTES. (Page 137.)

cette triste journée du 17 octobre. Certes, le résultat du tir de nos batteries du siège nous causa un grand désappointement. Mais comme nous étions loin de nous douter alors qu'il nous faudrait onze mois pour prendre Sébastopol !...

La première fois que je vis au feu mes braves canonniers, ce fut pour nous borner au rôle de simples spectateurs, le 26 octobre 1854, à la bataille de la Balaklava. Mais dix jours après, le 5 novembre 1854, ils méritaient l'honneur d'être cités par le général en chef, dans son ordre du jour à l'armée et dans son rapport à l'Empereur. Balaklava avait été, pour nous, comme une représentation à l'Hippodrome. A cheval au premier coup de canon, on nous avait envoyés border la crête du mont Sapoune, et, de là, nous plongions dans la plaine, comme d'une tribune de premier rang. Nous vîmes les Turcs chassés de leurs redoutes, l'infanterie écossaise se déployer en ligne pour couvrir Balaklava et attendre, immobile, sans se former en carrés, la cavalerie russe pour ne tirer qu'à dix pas et la mettre en déroute; puis la cavalerie anglaise se former en deux colonnes serrées : à droite, la grosse cavalerie composée de dragons au costume écarlate, de sorte que cette cavalerie ressemblait de loin à un petit champ de coquelicots, au milieu de terres plus sombres; à gauche, en arrière, la cavalerie légère, aux uniformes plus sombres, lanciers, hussards et chasseurs ou dragons légers (*light-dragoons*).

Tout à coup une masse de Cosaques, vêtus de sombres capotes brunes et armés de la lance, franchissant au galop de charge les intervalles des redoutes, tomba sur la cavalerie rouge; celle-ci lentement et régulièrement se déploya et marcha à leur rencontre. Pendant cinq ou six minutes à peine, on entendit un cliquetis d'armes; puis les Cosaques se dispersèrent et tournèrent bride. Des chevaux démontés couraient à travers la plaine où gisaient un petit nombre de cavaliers, et les rouges, toujours alignés, remettaient le sabre au fourreau. A la distance où nous nous trouvions, c'était un spectacle charmant pour lequel un bon bourgeois eût volontiers payé sa place et qui n'eût pas fait pâlir la plus délicate des petites-maîtresses. Là-dessus, croyant la bataille finie, nous débouclons la petite caisse qui, sur le marchepied de l'avant-train de la première pièce, contenait notre frugal déjeuner, et nous mangions avec un appétit aiguisé par quatre heures de cheval, quand tout à coup passe rapidement devant nous un chef de bataillon du génie, officier d'ordonnance du général en chef, se dirigeant vers le col de Balaklava. Il repasse au bout de quelques minutes: « D'où viens-tu? lui demande alors notre commandant. — De porter l'ordre aux chasseurs d'Afrique de descendre dans la plaine pour soutenir la cavalerie anglaise. — Sans artillerie? — On ne m'en a rien dit. — Dis donc de ma part au général en chef qu'il faut envoyer une batterie à cheval avec la brigade de chasseurs. » Puis se tournant vers moi : « C'est à vous de marcher, faites monter à cheval. » Abandonnant sans regret à nos camarades de la 1re batterie du 17e le café que nous allions voluptueusement déguster, nous sommes bientôt à cheval, prêts à descendre à notre tour. Au reçu de l'ordre du général en chef, nous nous mettons en mouvement au trot, et, malgré la raideur de la pente, la batterie marche en bataille dans un ordre parfait, sans le moindre retard.

Un mamelon nous avait caché le drame qui se passait dans la plaine. A peine descendus, nous nous heurtons à un groupe de 15 à 20 lanciers anglais au pantalon gris perle à bande blanche, ensanglantés, décoiffés, en désordre. C'est, nous dit-on, ce qui reste d'un régiment, 17e lanciers. Plus loin ce sont les hussards du 11e régiment, au dolman bleu de roi, avec tresse jaune d'or au pantalon amarante, avec la demi-botte, coiffés d'un talpack élégant ; ils ne sont guère plus nombreux et tout aussi maltraités que les lanciers. Puis nous arrivons au général Morris, qui, avec le 1er régiment de chasseurs d'Afrique, nous attend avec impatience pour recevoir le 4e régiment descendant des monts Fédioukine, où il a chargé l'infanterie russe pour dégager les Anglais. Le général d'Allonville, qui est à la tête de ce 4e régiment, est calme et froid; les officiers qui pour la première fois viennent de lutter contre une troupe européenne sont à la fois fiers et émus. Le général d'Allonville fait son rapport : 2 officiers tués avec 12 chasseurs et 14 chevaux dans le 1er escadron. « Dans un seul escadron ! » s'écrie d'un ton qui exprime la surprise, le général Morris, et l'autre (ils ne pouvaient pas se sentir), d'un jeu de physionomie, semble lui répondre : « Que voulez-vous que j'y fasse?... » Cependant le 4e régiment s'est reformé à la gauche du 1er; notre batterie est au centre et à deux ou trois cents mètres en avant, comme pour engager l'ennemi à nous charger. Sur notre droite, la grosse cavalerie anglaise est cachée derrière un mamelon pour le prendre en flanc, tandis que, derrière les chasseurs d'Afrique, un bataillon d'infanterie occupe un contrefort des monts Sapoune. Mais les Russes sont très bien placés pour voir et comprendre toutes ces dispositions et ils se gardent bien de bouger, satisfaits de leur demi succès, puisque, au bout du compte, ils ont conservé les redoutes prises par eux aux Turcs dès le début de l'affaire. Nous restons ainsi jusqu'au soir, mais tout en désirant le combat qui nous fait défaut, nous sommes loin de nous ennuyer. Nous nous amusons à regarder le général Morris et le général de Forton, qui, pour se préparer à la charge, ont roulé autour de leur poignet droit leurs mouchoirs fixés à la poignée de leur sabre; le général d'Allonville, qui a modestement le sabre au fourreau, se tient à l'écart à quelques pas d'eux, et nous raconte en détail la charge de tout à l'heure, en avouant, malgré son chef, qui voudrait absolument avoir remporté par procuration une grande victoire, n'avoir pas produit grand effet sur l'infanterie russe. Puis un colonel polonais, commandant un régiment de lanciers turcs, et qui de sa personne accompagnait lord Cardigan, nous fait le récit bien autrement émouvant de la charge anglaise. « Personne, nous dit-il, n'avait cru, pendant le mouvement en arrière, à un pareil désastre. C'est seulement quand on s'est arrêté qu'on a reconnu la gravité des pertes : plus des deux tiers de la colonne restés sur le carreau. » Alors survient, la tête nue et les cheveux au vent, monté sur un superbe cheval dont le sang coule par plusieurs blessures, ayant lui-même la figure contusionnée et les vêtements déchirés, lord Cardigan en personne. Il est superbe d'indignation en s'écriant qu'il a reçu de lord Raglan un ordre insensé et qu'il aurait voulu rester là-bas avec sa belle cavalerie : il est charmant de courtoisie, en tendant la main au général d'Allonville, pour le remercier du secours qu'il lui a prêté.

A la tombée de la nuit, le commandant Cornély, premier aide de camp du général Canrobert, nous apporte l'ordre de rentrer au camp. Le général Morris se plaint alors des fatigues qu'on impose à la cavalerie ; quant à nous, nous rentrons nous coucher sous nos tentes après être restés sur pied de cinq heures du matin à six heures du soir, pour recommencer le lendemain, et toujours ainsi, tandis qu'un jour de repos est accordé, pour le 26, à la brigade de cavalerie... Nous ne restâmes cependant pas trop tranquilles le lendemain 26, car on nous fit monter à cheval à cinq heures du matin pour nous rendre à une lieue de notre camp où nous restâmes jusqu'à dix heures, déjeunant sur le pouce : nous venions de rentrer au camp à midi, lorsqu'un chasseur d'Afrique nous arrive au galop ; les Russes attaquaient encore les Anglais, au secours desquels on nous envoie de nouveau : mais ils n'ont pas eu besoin de nous, les Russes ont été frottés d'importance et se retirent. Je retrouve tous ces détails dans ma correspondance, car je suis mieux renseigné que ne le sont généralement à la guerre les officiers de troupe. Cela tient à ce que le général Bosquet, commandant le corps d'observation, obligé de garder une longue étendue de terrain, voulait avoir toujours sous la main les deux batteries à cheval, pour les expédier à toute vitesse sur les points de la ligne menacés par les Russes. Nous étions ainsi tout près de l'état-major, et, mettant pied à terre pendant les longues stations, nous entendions bien des choses. Je me rappelle certain jour, un de ceux qui suivent de près le combat de Balaklava, où postés des deux côtés de la route de Woronzoff, sur la crête du plateau, nous apercevions une longue colonne serrée qui marchait dans la vallée de la Tchernaïa. La question était de savoir si, dans sa marche, cette colonne remontait ou descendait la rivière, autrement dit, si elle rentrait dans Sébastopol ou si elle en sortait: détail important pour prévoir la nature du danger dont elle nous menaçait. Tout le monde lorgnait, chacun donnait son avis, mais nul n'osait se prononcer : je n'aurais jamais cru qu'il fût si difficile de reconnaître le sens d'un mouvement à trois kilomètres de distance. Le général Bosquet aurait posé pour son portrait ou pour sa statue qu'il n'eût pas pris une attitude plus fixe. « Je tiens la pensée de ces gens-là, nous disait-il, et je lis dans leurs projets. » En attendant, il ne lisait guère dans sa lunette, mais, lorsque après un défilé de deux heures nous vîmes la queue de la colonne dégager peu à peu le terrain à notre droite et disparaître enfin à notre gauche dans la vallée profonde qui termine la rade de Sébastopol, nous fûmes tous au courant de la pensée de ces gens-là.

Des renforts considérables, ou plutôt toute une armée, celle de Dannenberg, comprenant plus de 30,000 hommes, venait d'entrer dans le camp de Sébastopol, d'où devaient désormais partir les coups de l'ennemi. On était donc bien prévenu, et cependant jamais armée ne fut victime d'une surprise pareille à celle qui réveilla l'armée anglaise deux ou trois jours plus tard, dans la matinée du 5 novembre. « Nous avions, me racontait un de leurs officiers, qui s'exprimait suffisamment en français, passé notre soirée à boire *de la punch* et nous nous étions couchés tard, très fatigués. Nous dormions très fort, quand nous avons été réveillés par les boulets qui tombaient sur nos tentes et renversaient tout dans le camp. »

Quant à nous, Français, nous étions ce jour-là, comme tous les matins, montés à cheval à six heures après avoir avalé, pour nous réchauffer l'estomac, notre assiette de riz cuit à l'eau, et nous attendions auprès de nos pièces attelées l'ordre de mettre pied à terre, lorsque au lieu du traditionnel : « *Rien de nouveau* », une forte détonation retentit, suivie d'une crépitation continue. C'étaient, avec toute la violence possible, la canonnade et la fusillade qui, à notre gauche, sillonnaient l'horizon de lueurs incessantes et multipliées prenant à travers le brouillard une teinte rouge sang. Tout, excepté ces lueurs sinistres, disparaissait sous une brume froide, épaisse, qui se transforma bientôt, sans s'éclaircir, en une pluie fine et persistante. Rien de plus lugubre et de moins fait pour donner du cœur, que cette matinée de novembre sombre et humide. Mais la situation était d'un intérêt trop palpitant pour laisser place aux impressions mélancoliques. Dès les premières salves de l'artillerie russe, chacun sentit la gravité de la lutte qui s'engageait, et ce fut avec une émotion concentrée que notre commandant vint me dire de rompre le parc au galop, pour suivre le général Bosquet qui courait à toute vitesse vers le moulin. Nous y arrivâmes presque en même temps que lui pour le voir causer du ton le plus animé avec un général anglais (sir Brown, nous dit-on). Ils se saluèrent courtoisement, et, nous montrant du doigt la route de Woronzoff, le général Bosquet, suivi de nos deux batteries, prit de nouveau le galop pour se rendre au télégraphe.

La brume s'était un peu dissipée, et quand nous arrivâmes sur la crête, on distinguait dans la plaine, où dix jours plus tôt s'était livré le combat de Balaklava, tout un corps d'armée russe rangé en bataille. Bientôt une canonnade lente, et comme sans conviction, s'engagea entre l'artillerie de ce corps d'armée et les pièces de position qui garnissaient nos crêtes. Mais le général et nous-mêmes n'y portions qu'une médiocre attention.

Le feu sur notre gauche et derrière nous devenait de plus en plus intense ; il semblait se rapprocher et nous annoncer une lutte désespérée. Le lieutenant-colonel Roujoux nous donna l'ordre de passer le dégorgeoir dans les pièces, et à peine commencions-nous cette opération préliminaire du combat, qu'un officier anglais, dont le cheval ruisselant de sueur semblait voler plutôt que galoper, et dont l'air effaré suffisait pour démontrer la gravité de la situation, arrive sur nous en criant : *Bosquette, Bosquette.* Nous lui montrâmes le général qui, à deux pas de nous, sans être descendu de cheval, lorgnait toujours la plaine, l'oreille tendue vers les pentes d'Inkermann. A peine échangèrent-ils deux mots et Bosquet, se retournant vers notre commandant, lui montra du doigt le côté de l'horizon sillonné par les lueurs de la canonnade : « Allez là-bas, dit-il, et volez de toute la vitesse de vos attelages. » Alors, à travers les broussailles et les rochers, nous nous livrâmes à une course des plus effrénées que puisse faire l'artillerie. A peine de sang-froid aurais-je fait passer par là ma batterie ; les pièces bondissaient en franchissant les roches saillantes, les manteaux roulés sur les fontes s'accrochaient aux arbustes et arrachaient les branches ; quelques hommes furent ainsi renversés ; aucun cheval ne s'abattit, aucune pièce ne versa, et, toujours à cette allure rapide, nous traversâmes le camp anglais, roulant cette fois non plus sur les roches, mais sur les cadavres, car on voyait des rangs entiers renversés par la mort et conservant leur alignement. Parvenus à la crête, là où la vieille route d'Inkermann commençait à descendre, nous essayâmes de nous mettre en batterie à droite de cette route; mais les bouches à feu postées par les Russes sur le mont des Cosaques balayaient la position. L'avant-train de ma première pièce saute : deux conducteurs et quatre chevaux sont tués, l'affût retombe à terre et, dans le moment même, l'infanterie russe débouchant sur nous à travers le brouillard, on me donne l'ordre d'appuyer sur la gauche : la pièce allait être prise par l'ennemi, les servants se défendirent à coups de sabre et de levier assez longtemps pour permettre à quelques zouaves de nous prêter main-forte : on put alors placer la lunette de l'affût sur le crochet cheville-ouvrière du caisson, dont les chevaux avaient suivi le mouvement à gauche de la batterie, les servants montèrent sur les coffres et la pièce fut sauvée. Déjà les cinq autres pièces avaient commencé le feu tirant au juger, car dans cet affreux brouillard on ne distinguait rien. La 6e pièce ne tarda pas à être démontée et dut cesser son feu; le chef de pièce, avec beaucoup de sang-froid, fit breller le canon-obusier sous l'avant-train, pour pouvoir l'emmener, si la batterie était envahie. Pendant une heure, seuls au milieu de l'armée anglaise, ne voyant plus un officier français, nous tirâmes en désespérés avec 5 pièces contre 60 (1). Nous perdîmes 10 hommes et 60 chevaux : en avant de nous, un bataillon anglais couché à terre nous gardait; un colonel à cheval, à côté de moi, supputait froidement nos chances, et, voyant les Russes s'avancer, me disait en très bon français : « Je crois que nous sommes f... ! » Un instant après un boulet l'emportait et tuait avec lui le superbe cheval sur lequel il était monté. Bientôt nos munitions furent épuisées (nous n'avions que 5 caissons, l'un des 6 caissons de la batterie de combat ayant sauté). Tous les attelages étaient hors de combat : les écouvil-

(1) Compte rendu des opérations de l'artillerie au siège de Sébastopol.

lons manquaient et il n'y avait plus qu'un tire-feu pour les deux premières pièces. Heureusement la réserve vint nous ravitailler ; nous pûmes remplacer les caissons vides par des caissons chargés, et nos attelages renversés par des chevaux neufs. A ce moment je m'aperçus que ma jument, Gemma, avait reçu une balle dans le flanc; averti par mes hommes qui voyaient le sang couler et me croyaient blessé, je n'eus que le temps de sauter à terre. Aussitôt Gemma, comme si elle n'eût attendu que cela pour tomber, se renversa sur le dos, agita ses quatre pieds et expira. Je montai le cheval d'un servant jusqu'à ce que du camp on m'eût amené celui du lieutenant en premier qui était encore à l'ambulance. Ce fut alors que le commandant de la Boussinière fit poser ma batterie de la gauche à la droite de la batterie des *sacs à terre*.

Le brouillard était dissipé, mais le ciel restait gris et sombre, et une pluie fine et froide ne cessait de tomber. Nous tirions lentement, en commandant le feu comme au polygone : l'arrivée d'une des batteries montées de la 2e division, suivie bientôt d'une batterie de la 3e division (corps du siège) avait porté notre artillerie à 22 bouches à feu; celle de l'ennemi battait en retraite, tirant moins sur nous que sur notre infanterie, qui poursuivait les colonnes russes. Bientôt elle échappa à nos coups par la distance, et les batteries montées, armées de canons-obusiers de 12 dont la portée dépassait de 200 mètres celle des pièces de l'artillerie à cheval, pouvaient seules les atteindre : ce qui montre que la distance à laquelle se trouvait l'ennemi était comprise entre 1,000 et 1,200 mètres. Nous nous étions donc canonnés pendant toute la journée à la distance de 6 à 700 mètres. Bientôt un obus, lancé par la batterie de la 2e division, fit sauter le dernier caisson qui restait sur la crête; la pièce qui l'accompagnait disparut et nous fûmes débarrassés de l'artillerie ennemie; il était deux heures, et nous tirions le canon depuis neuf heures. Alors commença pour nous un nouvel agrément : les batteries de la place et de la flotte nous lancèrent des projectiles qui, tirés sous des angles élevés, tombaient sur nous en bombes. Nos canonniers restaient immobiles sous ce feu, auquel ils ne pouvaient répondre. L'infanterie leur avait donné l'exemple du sang-froid pendant la violente canonnade du matin, alors que les boulets qui passaient par-dessus nos têtes allaient frapper à coups redoublés les colonnes du 50e de ligne, où ils emportaient des files entières. Enfin la nuit vint et fit cesser tout à fait cette canonnade plus agaçante que dangereuse, qui s'était ralentie peu à peu.

Alors seulement nous quittâmes le champ de bataille pour regagner notre camp ; mais avant de quitter le terrain, les officiers furent appelés à la droite de la ligne, où les attendait le général Bosquet. Arrivé le premier par suite de la position de ma batterie, je pus entendre les conversations peu rassurantes de nos chefs : « Ce n'est pas, disait l'un, le corps de Liprandi à qui nous avons eu affaire, c'est une nouvelle armée : les troupes qui étaient dans la place n'ont pas donné. Ce sera à recommencer demain, peut-être encore après-demain. Résisterons-nous toujours ? » Les physionomies, sombres et préoccupées, ne nous présageaient rien de bon ; on ne savait pas tout le mal que nous avions fait à l'ennemi. Le commandant de la Boussinière, le colonel Forgeot, aussi inquiets que les autres, payaient au moins de mine. « Messieurs, nous dit le général Bosquet, d'un ton légèrement ému, depuis ce matin vous avez excité mon admiration par votre sang-froid et votre énergie, en luttant contre une artillerie très supérieure en nombre ; mais, ce que vous avez fait aujourd'hui, vous pouvez avoir à le faire encore demain ; ne vous reposez donc pas et préparez-vous avec ardeur à de nouveaux combats. » De fait, nous ne nous reposâmes guère. Après avoir traversé les camps anglais, salués par les hurrahs frénétiques des survivants de cette armée si éprouvée, après avoir dévoré à la hâte le maigre dîner, rendu bien nécessaire par le jeûne absolu de toute la journée, nous nous occupâmes de compter nos pertes et de reconstituer une batterie. En dehors des boîtes à mitraille dont nous n'avions pu faire usage dans le brouillard, il ne nous restait pas quarante coups de canon à tirer. Le capitaine en second partit pour Kamiesch, où il passa la nuit à remplacer ses coffres vides par des coffres chargés : opération difficile, attendu que ces coffres étaient encore embarqués sur les bâtiments qui remplissaient le port ; il fallut aller les chercher à bord par une nuit sombre et pluvieuse.

Au matin, le convoi était de retour, et à cinq heures la batterie était au complet, toute prête à recommencer, comme l'avait demandé le général Bosquet, mais l'ennemi ne bougea pas. J'allai visiter mes blessés à l'ambulance. Cette visite de l'ambulance me fit, si j'ai bonne mémoire, une impression plus vive que celle de la bataille elle-même. Les blessés russes et français étaient entassés sous des tentes que la pluie obligeait de tenir fermées. La plupart de ces blessés n'avaient même pas pu recevoir un premier pansement ; c'était une infection. Les chirurgiens avec leurs tabliers ensanglantés, leurs manches retroussées, leurs instruments à la main, figuraient assez bien des bouchers, et le sang coulait au pied des lits de camp sur lesquels, en plein air, on étendait les patients. Je me rappelle surtout un médecin civil, dont la figure rasée, la physionomie placide, l'habit noir à pans en queue de morue et le chapeau rond à haute forme, présentaient, avec le grand coutelas qu'il tenait à la main et son tablier teint de larges taches de sang, un contraste plus hideux que comique. Le ciel, toujours gris, rendait cette scène plus triste encore. Guidé par un officier d'administration, j'allais de tente en tente chercher mes hommes. Recherche difficile, à cause de la variété de numéros figurés sur les vestes, car chacun portait le numéro de son ancien régiment ; la batterie ayant été, comme je l'ai déjà dit, formée avec trois sections fournies respectivement par les 3e, 4e et 7e régiments.

Le colonel Roujoux avait été blessé grièvement au début de la bataille. Porté sur un brancard, il avait passé à côté de notre batterie, et soulevant sur ses bras sa tête penchée par la souffrance, ses joues presque aussi blanches que ses cheveux : « Vous voyez, mes amis, s'écria-t-il, il y en a pour tout le monde, pour les colonels comme pour les canonniers. »

Porté à l'ambulance, le colonel refusa de se laisser amputer ; il eut raison, car il en fut quitte pour une boiterie, assez accentuée il est vrai, mais qui ne l'a pas empêché de devenir colonel et général de brigade. Cet excellent homme (car c'était bien le meilleur des hommes), apprenant que j'avais eu un cheval tué, me fit offrir pour 450 francs, c'est-à-dire pour le montant de l'indemnité qui m'était allouée, le sien qui avait été blessé à la bataille de l'Alma par une balle dans le jarret, et qui paraissait bien guéri. C'était une jument qui, en effet, se rétablit complètement, et qui m'a bien servi pour le reste de la campagne, quoiqu'elle fût loin de valoir cette Gemma à laquelle j'étais si bien habitué.

Les Russes ne renouvelèrent pas leur attaque, comme nos chefs avaient paru s'y attendre ; ils avaient été plus fortement étrillés qu'on ne l'avait cru au premier moment. Ils avaient cependant, et malgré leur défaite, atteint en partie leur but, puisqu'ils avaient arrêté les opérations du siège. Mais si leur coup eût été mieux combiné, ils auraient dû nous jeter à la mer et nous détruire complètement. Aussi, dans les hauts parages de l'état-major, les figures étaient-elles longues, et tandis que le gros de l'armée se réjouissait tout bonnement de notre victoire, les chefs en étaient comme effrayés.

Visite aux travaux de siège. (Page 150.)

CHAPITRE II

L'HIVER

L'ouragan du 14 novembre. — Les généraux de glace. — Pénurie de bois. — Dépérissement des chevaux. — La Sainte-Barbe. — Variabilité de la température. — Pluie et neige. — Tempête. — Constance et fermeté de nos soldats. — Le menu de Noël. — Visite aux travaux de siège. — Le général Le Beuf. — Les parlementaires. — Propos du camp. — Le ruban rouge. — Le village grec de Kamara. — Un discours de Canrobert. — Le premier de l'an. — Impression de la campagne de 1812. — L'administration. — Taquineries de l'intendance. — Manie des écritures. — Le général Pélissier et le général Niel. — Visite à Balaklava. — Arrivée des renforts. — Déboires. — Envoi de ma batterie à Kazasch.

Le mauvais temps arrivait et l'hiver s'annonçait bien dur pour des gens qui devaient le passer sous la tente ou dans la boue des tranchées, n'ayant de bois qu'à peine ce qui était indispensable pour les cuisines. Neuf jours après la bataille d'Inkermann s'éleva le terrible ouragan du 14 novembre ; ce fut le vent qui, à la pointe du jour, nous éveilla brutalement ; en un clin d'œil, les tentes furent arrachées du sol, les baraques légères des ambulances furent enlevées, les chevaux effrayés brisèrent leurs longes en fuyant, et s'élancèrent à travers les camps par bandes effarouchées. Les objets les plus divers volaient de tous côtés, emportés comme des plumes ; des hommes même, car il était presque impossible de se tenir debout, étaient saisis comme dans un tourbillon, et, projectiles d'un nouveau genre, allaient tomber de ci de là, meurtris par l'effrayante rapidité de leur course. Un officier d'infanterie arriva ainsi chez nous après avoir parcouru une centaine de mètres. Il s'habillait sous sa tente ; quand celle-ci fut arrachée, la toile s'enroula autour de lui, sans qu'il pût se dégager, et le saisit ; entraîné par une force irrésistible, il perdit connaissance et se retrouva tout haletant et suffoqué dans notre tente-salle à manger, où nous le réchauffâmes devant notre feu avec un bol de punch. Nous avions pu conserver cet abri debout, en faisant maintenir chaque piquet par un canonnier. Il en était de même de ma petite tente-bonnet de police, grâce à la constance de mon fidèle Martin et de mes deux autres ordonnances. Notre batterie, située en arrière de la crête, était d'ailleurs un peu abritée. Les tentes qui résistèrent le moins, furent les *marquises ;* le montant de la marquise du général Bosquet ayant été brisé, on me demanda pour le remplacer un de mes timons de rechange. A peine installé, ce timon fut rompu comme une petite baguette, et il fallut renoncer pour le moment à dresser la tente. Le vent dura ainsi près de dix-huit heures, le froid devint excessif ; il tombait une sorte de neige à moitié fondue, qui s'attachait aux vêtements en une couche compacte de glace. Il fallait sortir de notre abri pour forcer les hommes à se sécher et à se réchauffer par le mouvement, car, découragés, ils se laissaient tomber à terre et s'engourdissaient. A tour de rôle on les faisait entrer sous la tente-salle à manger et on leur distribuait de l'eau-de-vie brûlée et brûlante. Nous pûmes ainsi gagner la soirée ; la force du vent diminua, et, tout fatigués, nous nous rendîmes sous nos tentes consolidées. Celle de mon capitaine en second, Rey, ayant été totalement détruite, il vint s'étendre sur une couche de foin, au pied de mon lit, Martin à côté de lui.

Comme je sommeillais et que Rey songeait en s'agitant sur son foin : « Dis donc, Thoumas, s'écria-t-il, avec son pur accent de Puylaurens (Tarn), est-ce que tu crois que si l'on proposait à *Mentchikoff* de nous laisser rembarquer sans condition, il accepterait ? — Il serait bien bête, » lui répondis-je en me retournant comme un homme qui veut dormir quand même...

Et de fait, quand, au matin, nous pûmes nous recueillir et constater l'étendue du désastre, nous nous dîmes que Nicolas avait bien raison de compter sur ses généraux de glace ; on lui prêtait, en effet, le mot : « Si les Français résistent à Mentchikoff, je leur enverrai mes généraux Novembrikof, Décembrikof, Janvierkof et Févrierkof. »

Nous cherchâmes à mieux nous organiser, mais pour nous garantir contre le froid, le feu, ou du moins les moyens de l'entretenir nous faisaient presque totalement défaut. Dans le territoire restreint occupé par les alliés, tous les arbres, tous les ceps de vigne avaient été abattus d'abord, puis les racines arrachées. Toutes les constructions avaient été démolies, et les planches, les bois de charpente débités en bûches. D'où venait le bois qu'on distribuait? je l'ignore, mais il suffisait à peine aux besoins de la cuisine ; avec cela, des alternatives de pluie, de gelée, de neige, produisaient de brusques changements de température, plus difficiles à supporter qu'un froid continu. Les officiers russes nous dirent plus tard qu'ils avaient souffert, à Sébastopol, plus que pendant un hiver passé à Saint-Pétersbourg ou à Moscou. Nos chevaux mal nourris, attachés à la corde, en plein air et exposés à toutes les intempéries, marchant la nuit pour le service des tranchées, le jour pour celui de la batterie, dépérissaient à vue d'œil. Il fallait atteler 12 chevaux pour traîner un corps de caisson chargé de fourrages, et chaque jour il en restait trois ou quatre sur la route. Les hommes souffraient beaucoup aussi, et plusieurs eurent les pieds gelés. Les officiers étaient un peu mieux, mais nous nous affligions de voir notre belle batterie s'en aller en lambeaux. Heureusement le moral était bon ; assis le soir sous la tente turque qui nous servait d'abri, nous réchauffant les pieds à un peu de braise et le corps avec de l'eau-de-vie brûlée, nous causions presque gaiement, et nous nous amusions à de vrais enfantillages. Quand vint le jour de Sainte-Barbe, nous fêtâmes cette patronne vénérée de l'artillerie, non pas tout à fait en famille, mais dans un vrai banquet offert par les batteries du corps d'observation au général Bosquet, ancien artilleur : on avait installé une sorte de salle à manger dont les murs étaient formés par des balles de foin pressé, et le toit par des prélarts que supportaient des timons de rechange. La table en bois blanc, confectionnée pour la circonstance, était recouverte, en guise de nappe, de nos draps de lit (j'en avais, pour ma part, plusieurs en madapolam neufs et n'ayant pas encore servi, car nous ne pouvions nous déshabiller pour nous étendre sur nos lits de cantine). Les flambeaux consistaient en groupes de six ou de sept baïonnettes piquées par la pointe sur des plateaux de bois, et dont les douilles, ornées de belles bobèches en papier, supportaient les bougies.

Voici comment je racontais ce dîner dans une lettre datée du 5 décembre : « Notre Sainte-Barbe a eu lieu comme il avait été convenu ; il faisait un temps de chien le soir, mais heureusement nous avions pu dans la journée construire la salle et mettre le couvert. On aurait cru en entrant voir une vraie salle à manger; les nappes manquaient, chacun a donné ses draps de lit. Le haut bout de la table, devant le général Bosquet, était couvert par un de mes sacs de calicot d'un blanc éblouissant parce que je ne m'en étais pas encore servi. Ce qu'il y avait de plus beau, c'était les candélabres improvisés avec des baïonnettes. Le principal ornement de la table consistait en deux plats montés dus au talent du cuisinier du général, un de nougat et un autre de petits choux glacés. Le dîner était vraiment beau et bon, mais la cérémonie n'avait rien de gai : il y avait trop de grands chefs et les grands chefs sont bien préoccupés.

« Le général et nos invités sont partis à neuf heures; je me suis en allé quelque temps après, et en revenant à ma tente, quoiqu'elle ne fût pas loin, j'ai été trempé comme une soupe. J'ai cru trois ou quatre fois que je resterais pris dans la boue comme un moineau dans la glu. Les lieutenants ont passé plusieurs heures à boire du punch et à faire un affreux tapage : la morale de tout cela sera dans la carte à payer. »

L'hiver cependant était venu à grands pas, mais le temps était des plus variables : un jour il était atroce, le lendemain matin il était magnifique avec un soleil comme au mois de septembre. On fit, le 21 décembre, par le beau temps, une reconnaissance générale; les chasseurs d'Afrique suivis des dragons traversèrent la plaine et allèrent jusqu'aux avant-postes ennemis sur la Tchernaïa. Ils pénétrèrent jusqu'entre les camps russes où l'on tira le canon d'alarme. Les Cosaques sortirent alors de tous les trous. Du plateau sur lequel j'étais resté je distinguais très bien avec ma lunette leurs grandes lances et leurs tout petits chevaux qui avaient l'air de vrais criquets.

Bientôt la pluie et la neige alternèrent comme la boue

et la glace ; la lenteur avec laquelle marchaient les travaux du siège ne laissait pas de jeter un certain découragement dans l'armée. « On ne comprend rien à l'inaction dans laquelle nous restons, écrivais-je le 23 décembre ; nos batteries sont prêtes, on ne fait pas feu et on laisse les Russes nous canarder. Quelques-uns disent qu'il y a quelque chose là-dessous et qu'on va faire la paix ; moi, je n'en crois rien : il serait trop honteux de nous en retourner sans avoir pris Sébastopol ; mais une fois Sébastopol pris, je ne demanderais pas mieux que de rentrer en France. Si vous saviez combien j'ai soif de me retrouver au milieu des miens et comme cela me fait mal au cœur quelquefois de voir, au milieu de toutes ces compétitions pour l'avancement, le pauvre soldat souffrir et mourir pour rien. Et moi qui suis bien souvent obligé de rudoyer les miens parce qu'il faut que le service se fasse ! Quelquefois la nuit, quand il pleut à verse ou qu'un vent glacial chasse des flocons de neige, je dois punir un pauvre garde d'écurie qui, au lieu de rester derrière les chevaux à patauger dans la boue glacée, est rentré sous sa tente : je me dis à part moi, mais bien à part moi, qu'il est bien excusable. Qu'est-ce que tout ça lui rapportera ? un boulet qui lui enlèvera la jambe à la première occasion, et s'il en réchappe, une médaille et cent francs par an. »

« 24 *décembre.* — Jamais je n'avais vu un temps pareil à celui qu'il fait depuis hier soir, le vent a soufflé tour à tour des quatre points cardinaux, et après une pluie battante, qui a changé notre camp en un lac, voici venir la neige. Pauvres chevaux ! ils n'y résisteront pas. Ces gueux d'Anglais étaient tellement en retard qu'il faut leur traîner leurs munitions, leurs canons, etc., si l'on veut qu'ils arrivent à faire quelque chose. C'est le parti qu'on a pris ; aussi tous les matins nos attelages partent, quelque temps qu'il fasse, pour aller travailler à cette besogne. Jolis alliés qui se font battre et qu'il faut constamment secourir ou aider ! C'est une bien belle chose que la guerre pendant l'hiver : le froid et le mauvais temps n'empêchent pas les Russes de tirer, ils sont à l'abri dans de bonnes casernes et viennent chacun à son tour se faire mouiller pendant quelques heures. Les nôtres n'ont pour se garantir du froid, de l'eau et de la neige qu'un petit morceau carré de toile; aussi j'admire leur constance et leur gaieté. »

« 26 *décembre*. — Hier, pour le jour de Noël, j'ai été dîner chez le lieutenant-colonel de la Boussinière. Tu pourras juger par notre menu de la manière dont nous vivons ici.... quelquefois: Potage au vermicelle, saumon à la hollandaise, côtelettes de veau, dinde truffée, gâteau de riz et vin de Bordeaux. Tu vois que nous ne sommes pas encore aux abois. Si nous avions seulement du bois à discrétion, cela marcherait bien, mais c'est le bois qui nous manque, ou qui plutôt va nous manquer. Sur ce gueux de plateau on a pris tout ce qu'il y avait, y compris les souches des arbres et des vignes, et quand il faudra apporter de la plage ce que les bateaux nous amèneront de Turquie, je ne sais comment nous ferons avec tous nos pauvres chevaux qui crèvent. Quant au siège, il n'en est plus question : nous sommes prêts, mais les Anglais n'avancent pas, ils n'ont presque personne, leurs soldats mal nourris et gorgés de rhum tombent malades et meurent. Il est question en ce moment de leur donner une division nouvellement débarquée pour les aider. Il vaudrait bien mieux qu'ils ne fussent pas là, nous nous tirerions bien d'affaire tout seuls, surtout s'ils voulaient nous prêter leurs vaisseaux pour transporter nos troupes. »

Les lenteurs du siège étaient ce qui nous préoccupait le plus, nous surtout, qui, ne partageant ni les périls ni les travaux, nous consumions dans une oisiveté relative. Je fus bientôt à même de voir que nous en avions pour longtemps. J'étais allé le 27 décembre déjeuner à la table de l'état-major de l'artillerie avec mon ami de Vassart (1). Justement il allait partir pour accompagner le général Le Beuf à la tranchée ; le général me proposa de m'emmener ; on peut penser que j'acceptai avec empressement, mais j'étais fort content quand je me vis de retour sans avoir rien attrapé, parce qu'après tout ce n'était pas mon affaire. Nous avions marché pendant cinq heures, et très vite, et pourtant nous n'avions pas tout vu de près. Ce qu'on avait creusé de tranchées et construit de batteries me parut vraiment effrayant. Le général montait sur les épaulements et m'y faisait monter près de lui, nous servions de point de mire aux Russes qui nous tiraient dessus à discrétion. Le sifflement des balles redoublant et un éclat de bombe ayant cassé le bois d'un fusil appuyé contre l'épaulement à côté de mon pied, le général se décida enfin à descendre. De tout ce que j'avais vu il résultait que nous en avions bien encore pour deux grands mois (comme j'étais loin de compte !). Avant cette excursion je ne croyais pas la ville aussi accidentée : c'était une belle ville, mais nos boulets et nos bombes l'avaient bien gâtée. On tuait tous les jours aux Russes beaucoup de monde : ils s'en inquiétaient peu, ayant des soldats de reste. Presque tous les jours il sortait de la place un parlementaire, un officier à cheval bien ficelé, accompagné d'un uhlan qui portait un drapeau blanc et d'un trompette qui sonnait. On cessait alors le feu, le drapeau blanc était planté sur le saillant d'un bastion et sur une de nos batteries, un officier d'état-major également suivi d'un hussard et d'un trompette allait au-devant du Russe. Pendant qu'ils échangeaient leurs communications, nos officiers sortaient des tranchées, les officiers russes sortaient de la

(1) Le capitaine Ch. de Vassart, attaché à l'état-major de l'artillerie, le même qui, en 1870, devenu colonel et commandant la réserve de l'artillerie du 1er corps, trouva une mort glorieuse sur le champ de bataille de Frœschwiller.

place et venaient causer avec eux. Ils affectaient d'être extrêmement polis et presque aimables vis-à-vis de nous et de l'être moins vis-à-vis des Anglais, sans doute pour nous brouiller... « Encore une histoire du corps de siège, écrivais-je le 28 décembre, on prétend que le général qui commande ce corps, ne vient pas souvent dans les tranchées et que les soldats ont affiché une pancarte ainsi conçue : On donnera deux francs de récompense à tout homme qui aura vu dans la première parallèle le général commandant le corps de siège, trois francs à celui qui l'aura vu dans la deuxième parallèle, et pour celui qui l'aura vu dans la troisième on ira jusqu'à la somme de cinq francs..... Nos chevaux sont installés dans leurs nouvelles écuries creusées en terre ; étant un peu garantis du vent, ils y sont mieux qu'en plein air, surtout quand il ne pleut pas ; aussi nous en perdons beaucoup moins, deux ou trois seulement par jour ; mais ils sont épuisés et ont bien de la peine à traîner les voitures dans la boue, pour peu qu'elles soient chargées. »

Le 30 décembre fut pour moi un jour de grand bonheur. Pour un jeune capitaine, recevoir la croix à la suite d'une bataille est une source de joie sans mélange. Depuis la création de la Légion d'honneur par Napoléon Ier, la valeur de la décoration a bien baissé ; en 1854 elle n'était pas encore descendue au point où elle en est aujourd'hui, et puis, pour celui qui la porte, une décoration vaut.... ce qu'elle a coûté. Voici ce que j'écrivais le 31 décembre :

« C'est chose faite, je l'ai appris cette nuit même : je venais de me coucher et, avant d'éteindre ma bougie, je relisais une lettre reçue dans la journée, lorsque je m'entends appeler à travers la toile de ma tente. C'était mon ami de Vassart qui venait du quartier général, c'est-à-dire de quatre kilomètres, par la neige et à dix heures du soir, m'apporter un bout de ruban rouge. Ce qui a un peu diminué ma joie, c'est que je n'ai pas obtenu pour ma batterie tout ce que j'aurais voulu. Un artificier qui avait été blessé à Inkermann a été décoré, six hommes tous blessés, un maréchal des logis et un autre artificier, le plus vieux soldat de la batterie, ont été médaillés, mais mon lieutenant en second, M. Demay, déjà proposé après la bataille de l'Alma, n'a rien eu. L'autre batterie à cheval a été plus chanceuse : ayant moins d'hommes blessés grièvement, elle a moins de médailles, mais les trois chefs de section ont été décorés. Il est vrai que tous les trois ont été touchés, mais l'un d'eux si légèrement qu'il reprenait son service le soir même.... Malgré les longueurs interminables du siège, j'ai bon espoir ; on a enlevé, hier soir, dans une attaque très brillante, des postes avancés et nos batteries entourent Sébastopol de toutes parts. Malheureusement, les Anglais nous retardent : 400 hommes d'infanterie sont occupés tous les jours à transporter pour eux des boulets de Balaklava sur le plateau, seize de nos chariots transportent leurs bombes ; tout cela les pique un peu d'honneur. Notre armée se forme tous les jours et les quatre premières divisions sont de toute beauté : comme équipement, légèreté d'allure, adresse à se tirer d'affaire, je ne crois pas qu'on ait jamais rien vu de mieux....

« Hier, c'était une vraie journée de printemps ; je suis allé avec le capitaine Toussaint voir nos chevaux malades au village grec de Kamara, où le vétérinaire est installé chez le bedeau. Le pope nous a bien fait rire avec sa robe et sa toque d'avocat. Aujourd'hui, il fait un temps gris et froid ; toute la cavalerie est partie en reconnaissance avec une batterie d'artillerie à cheval et la division Bouat. Pendant que je me promenais sur la crête du plateau en lorgnant tout cela dans la plaine, j'ai rencontré un fort détachement de gardes anglais coiffés de bonnets à poil et suivis de trois ou quatre *dames* en chapeaux couverts de châles bariolés. Comme elles me regardaient sous le nez, je les ai saluées d'un *good morning* (bonjour), *it is wery cold* (il fait très froid). — Oh! *bono*, m'a répondu l'une d'elles en montrant du doigt mon riche paletot de peau de mouton. — *Bono* et *yoke* c'est le fond de la conversation entre Anglais, Français et Turcs. *Bono*, c'est *bien*, *bon*, *oui*, *tant mieux*, etc.; *yoke*, c'est *non*, en un mot tout le contraire de bono. Ajoutez-y, pour causer avec les turcos, *besef* (bien, beaucoup) et *macache* (non, rien) ; avec cela on va partout. »

Quand nous nous étions levés le 30, il y avait deux pouces de neige sur nos tentes ; il a fallu que Martin me fît un chemin pour sortir de la mienne. Nous devions avoir une grande revue du général Bosquet, mais le général Thiry tint à donner lui-même les croix de l'artillerie. Je montai donc à cheval, en grande tenue pour aller au quartier général où le général Thiry passa la revue de l'artillerie à pied. Le général en chef s'était annoncé, mais on avait eu la maladresse de ne pas l'attendre ; nous le rencontrâmes au retour ; il parut assez contrarié et, moyennant une figure de rhétorique, il nous fit, en l'adressant au général Thiry, le discours qu'il avait préparé pour nous : « Je regrette, général, que « vous ne m'ayez pas attendu ; j'aurais voulu donner « moi-même à vos braves officiers et canonniers les « récompenses qu'ils ont si glorieusement méritées. Je « leur aurais dit.... que leurs travaux et leur contenance « excitaient l'admiration de toute l'armée ; que celle-ci « savait maintenant que l'arme la plus courageuse « pour envoyer la mort de loin, était aussi la plus vail- « lante pour l'attendre de près. » — Ce que je vis de plus clair là-dedans, c'est que j'avais désormais le droit de porter ma croix.

L'année 1855, que l'armée devait encore passer sur le plateau de Chersonèse, commença tristement. « Il fait encore nuit sous la tente, écrivais-je le 1er janvier, à huit heures du matin, il me faut finir ma lettre sans allumer de bougie, puisqu'il n'y en a plus à la plage (c'est-à-dire dans les boutiques de Kamiesch) et qu'il faut bien s'en passer. Nous venons de nous souhaiter les uns aux autres une bonne année et nous nous sommes embrassés de tout cœur. Compagnons d'exil, habitués à combattre ensemble l'ennui qui nous écraserait si nous ne lui tenions tête, nous sentons chaque jour se resserrer entre nous les liens d'une sincère et franche camaraderie. Je n'en suis pas moins pour cela le chef obéi et respecté ; je ne crois pas me tromper en disant que je suis aimé aussi de tous mes canonniers : c'est que je ne m'isole pas d'eux en me renfermant sous ma tente, et ils voient bien à quel point je m'occupe de leur bien-être. »

Si je parlais de bien-être, c'était comme on parle d'un absent ; il s'agissait seulement d'être le moins mal possible, et le temps affreux déjouait tous nos efforts. Il fit ce même jour un vent du diable qui nous amena vers midi une violente averse ; la tempête dura toute la nuit et toute la journée du 2 janvier, l'eau coulait dans le camp autour de nos tentes comme dans une rivière; heureusement ces tentes étaient garanties par de larges et profondes rigoles. Le déluge n'empêchait pas d'ailleurs la canonnade et la fusillade de ronfler d'importance ; le ciel était en feu. Enfin, quand je vins me coucher après avoir fait dans le camp une ronde entre deux eaux, il pleuvait toujours à torrent ; mais, à minuit, le vent ayant tourné brusquement au nord, la pluie se changea en neige, si bien que, le matin, il y en avait au moins un pied à la surface de l'eau et qu'on ne savait plus où marcher. C'était une désolation de voir nos pauvres chevaux enterrés là-dedans jusqu'aux jarrets. Le camp avait un petit aspect campagne de Russie, qui aurait fait bon effet en peinture, mais dont la réalité était triste à contempler. Mes lettres du mois de janvier, relues après vingt-six ans, me semblent bien monotones ; il n'y est question que de la neige qui tombe et tombe sans cesse de manière à tout voiler sous son manteau blanc et à dissimuler des objets ensevelis sous sa couche épaisse. Le 4 au matin, le ciel était dégagé, mais le froid pinçait dur : 12 degrés au-dessous de zèro. « La mer est si belle et si bleue, écrivais-je le 5 janvier, qu'on dirait le monde coupé en deux, une tranche bleue, une tranche blanche. Bleu et blanc, c'est bien tendre, et il manque cependant un peu de vert. » Ce fut là à coup sûr un des moments les plus ennuyeux, sinon des plus pénibles du siège. Les hommes résistaient encore assez bien, mais l'effectif des chevaux diminuait à vue d'œil. On m'envoyait pourtant du dépôt du régiment des renforts en hommes ; un détachement de 70 canonniers m'était arrivé le 6 janvier et je lis dans une lettre datée du 11 : « Pour débuter, ils ont eu à venir de la plage au camp avec leurs effets sur le dos, dans la neige et dans la boue jusqu'au ventre. Deux imbéciles, se trouvant trop fatigués, ont planté là tous leurs effets au bord de la route en les confiant à des fantassins qui leur ont bien promis de les leur rapporter à la batterie ; bien entendu, ils n'en ont pas eu de nouvelles. Tu ne peux te figurer comme les soldats deviennent voleurs ici ; ils vous prendraient votre chemise sur le dos s'ils pouvaient le faire sans qu'on s'en aperçût. Les zouaves ont, sous ce rapport, une bonne réputation, mais je ne sais pas s'ils en font plus que d'autres. »

Pour me distraire, j'avais les embarras et les soucis de l'administration de ma batterie : une grosse affaire, 300 hommes et 260 chevaux à entretenir avec l'intendance sur le dos ! Mes ouvriers selliers, tailleurs et bottiers ne venaient pas à bout de réparer le harnachement, l'habillement et la chaussure. J'avais fait venir pour eux des cuirs et diverses fournitures achetées chez un marchand de Marseille, dont la facture contenait une erreur d'addition de 20 francs. Il me réclamait 1,625 francs au lieu de 1,645 francs qui lui étaient dus et que je lui envoyai en lui faisant remarquer qu'il se trompait. Il me répondit : « Je vous remercie bien de m'avoir signalé une erreur de 20 francs à mon préjudice; vous m'avez prouvé une fois de plus ce dont je n'ai jamais douté, à savoir que la probité est toujours alliée à la bravoure ; ce qu'un illustre général français traduisait par ces mots devenus historiques : *sans peur et sans reproche.* » Cette lettre me valut le surnom du capitaine Bayard. Mais pour un détail qui me faisait rire en passant, l'administration me causait bien des ennuis. L'intendance, telle qu'elle était alors organisée et composée, avec son personnel essentiellement honnête, mais formaliste, était beaucoup plus occupée à vérifier les pièces de comptabilité et à y relever des erreurs qu'à faciliter la tâche des malheureux officiers de troupe, aux prises avec des difficultés de toutes sortes. La vérification des comptes de ma batterie se faisait à Toulouse, au dépôt du régiment, où le conseil d'administration et le sous-intendant n'avaient aucune idée de ce qui se passait à l'armée. Ce qu'il me fallut me débattre pour ne pas sortir de ma poche quelques milliers de francs, sous prétexte de vivres et de fourrages perçus en trop, est à peine croyable. Il s'agissait de denrées perçues par mon prédécesseur et qu'on voulait faire rembourser par moi. N'ayant pas eu l'idée, dans les circonstances où nous nous trouvions, de faire établir une *coupure* lors de ma prise de possession du commandement, j'étais responsable de tout ce qui s'était passé dans ma batterie depuis le déluge. Le plus joli, c'est que mon prédécesseur, vieil officier de troupe, très méfiant, très prudent, aurait laissé mourir de faim ses hommes et ses chevaux, plutôt que de toucher plus qu'il ne lui revenait. Mais, comme l'homme accusé d'avoir mis les tours de Notre-Dame dans sa poche, je me serais sauvé volontiers pour n'avoir pas à me défendre, tant j'eus de mal à prouver que, dans la personne de mon prédécesseur, je n'étais pas coupable d'avoir donné à mes chevaux double ration d'avoine.

« La paperasse m'étouffe, écrivais-je le 13 janvier, il faut en faire deux fois plus qu'en garnison sous des tentes sans feu et sans jour, au milieu de préoccupations continuelles, alors que les ordres se succèdent avec une telle rapidité qu'on ne sait quelquefois où donner de la tête. Un malheureux capitaine-commandant est une machine responsable de tout, par qui tout passe. Je supporte tout cela parce que j'espère bien en revenir, mais si je devais laisser mes os dans ce pays, que ce soit le plus tôt possible. Une pareille vie n'est supportable qu'avec la pensée qu'elle sera remplacée par une meilleure. »

Ainsi la pluie, la neige, le froid, la boue me faisaient rire, tandis que les sous-intendants et les états-majors me produisaient un effet tout différent, et je me plaignais d'eux dans presque toutes mes lettres : « Depuis que j'ai commencé à t'écrire, disais-je, il est venu plus de dix plantons m'opporter des notes par lesquelles on me demande des états à fournir. Voilà au moins quinze fois qu'on me réclame l'état des effets nécessaires à ma batterie ; on ferait bien mieux de m'envoyer quelques-uns de ces effets, mais pourvu qu'on ait de belles écritures bien alignées avec force accolades, on est satisfait. Et le major du régiment ! en voilà un qui m'ennuie depuis Toulouse en me réclamant un tas de pièces de comptabilité : « Commencez donc par m'envoyer des bottes « pour mes hommes qui n'ont plus que des sabots, » lui ai-je répondu. Pour me consoler je viens de lire un article du *Times* dans lequel il est dit qu'à Inkermann la charge impétueuse des zouaves et de l'artillerie à cheval a sauvé l'armée anglaise. Hélas ! pour le moment, mon impétuosité est bien calmée par les écritures et par les comptes. »

Vers la fin de janvier nous en étions toujours au même point, les Anglais mal outillés pour passer l'hiver n'avançaient pas dans leurs travaux et leur lenteur était le sujet de toutes nos conversations. Le général Pélissier venait d'être nommé au commandement du corps de siège en remplacement du général Forey rappelé en France. Le général Niel, aide de camp de l'Empereur, et passant pour un de nos meilleurs officiers du génie, arrivait chargé d'une mission extraordinaire sur laquelle nous fondions de grandes espérances. Le temps, toujours très variable, devenait un peu moins mauvais et, par intervalle, nous avions des jours où le soleil voulait bien nous ragaillardir. Ayant profité d'un de ces beaux jours pour aller à Balaklava voir l'installation des Anglais, je racontais ainsi cette visite : « Il faisait un beau soleil, de la boue, par exemple, jusqu'au ventre de nos chevaux ; la route était marquée par les cadavres des chevaux anglais. La position de Balaklava est des plus pittoresques : un entonnoir de rochers avec deux entrées, l'une du côté de la plaine, l'autre vers la mer, mais deux entrées en colimaçon, de sorte que lorsqu'on est au milieu on ne voit plus que les rochers entourant le bassin qui forme le port. Sur un des côtés il y a place entre la mer et la falaise pour deux ou trois rues étroites étagées en marches d'escalier : c'est Balaklava. Dans le port sont serrés les uns contre les autres une centaine de forts navires dont les plus grands peuvent accoster à quai. Sur les hauteurs sont dressées les tentes de nombreuses troupes anglaises ; dans les rues grouille une foule bigarrée d'Anglais dans toutes les tenues, de Turcs, de Tunisiens (Dieu, sont-ils sales ! rien qu'à les voir on se gratte), il n'y a plus d'habitants, toutes les maisons sont devenues des magasins, plusieurs milliers d'hommes sont occupés à construire des baraques, à débarquer des planches, des vêtements, des poêles, etc. Les chevaux de leur artillerie sont installés dans de bonnes tentes-écuries et, pendant ce temps-là, nous échinons les nôtres à travailler pour eux !... Il n'y a pas de marche du bœuf gras qui vaille un défilé de leur cavalerie, il en reste bien cent de ces beaux dragons ; ils passent tous les jours sur leurs grands chevaux efflanqués en paletots gris, bottes de cuir de Russie jaunes montant jusqu'en haut de la cuisse, cache-nez noirs et, par là-dessus, le casque en cuivre poli avec la pointe menaçant le ciel. Mais, moi-même, suis-je assez drôle avec mon bonnet rouge, mon paletot de peau de mouton et mes sabots à tiges lacées sur la jambe ? »

Vers ce moment, on eut quelques craintes d'être attaqué par les Russes du côté de la campagne, car j'écrivais, le 31 janvier : « Ce matin il gelait dur, nous sommes montés à cheval à six heures et demie, le soleil a paru vers dix heures, et c'est maintenant un gâchis épouvantable. Les grands-ducs Michel et Nicolas sont revenus à Sébastopol ; leur papa, fort en colère, dit-on, contre eux, leur a donné l'ordre de prendre leur revanche d'Inkermann, mais ce ne sera pas commode. On s'attendait à être inquiété ce matin, on a fait prendre les armes de très bonne heure à la 2e division, mais ils ne sont pas venus s'y frotter. »

Cependant il avait été décidé que les Français prendraient l'attaque de droite pour laquelle les Anglais n'étaient pas en force. C'est à partir de là qu'il y eut trois attaques : une anglaise au centre, deux françaises à droite et à gauche. J'écrivais, le 15 janvier : « Voilà la 7e division (Dulac) qui passe devant notre camp; elle déménage pour s'en aller à Inkermann, car on va décidément attaquer la place par là. Cette division faisait partie du 1er corps : elle sera remplacée devant le quartier général par l'infanterie de la garde. Nous ne sommes que 75,000 Français en Crimée, j'aurais cru que nous étions plus nombreux ; il y a en outre des Anglais, des Turcs, et, par-dessus le marché, il va venir des Piémontais. C'est une vraie tour de Babel. De l'autre côté de Balaklava, dans la vallée de Baïdar, il y a une division russe qui menace la position des Anglais ; ceux-ci ont leurs avant-postes sur la hauteur et les avant-postes russes sont sur le revers opposé, dans les bois. Tous les jours, le 1er zouaves va au fascinage de ce côté ; le premier jour, lorsque ses tirailleurs ont débouché, les Russes n'ont eu que le temps de se sauver laissant les marmites sur le feu. Leur soupe a été mangée par les zouaves ; cela s'est fait deux jours de suite, mais le troisième jour les Russes s'étaient retirés à trois cents pas en arrière. On ne tire pas un coup de fusil par là ; de temps à autre un Russe crie *Bono francese*, et les nôtres de répondre *Bono moskova ;* ils ne font pas de même avec les Anglais. Ceux-ci ne sont pas chiches de leur poudre. L'autre jour on entend trois coups de canon tirés de Balaklava ; comme on ne voyait rien dans la plaine, le général Bosquet envoie aux informations : on avait tout bonnement tiré sur un déserteur qui courait vers les lignes russes. Le plus joli, c'est que le chef de bataillon de garde sur la route de Woronzoff avait fait prévenir le général que les Russes avaient riposté ; or il n'y avait pas là le moindre Russe. Cependant le chef de bataillon avait vu et entendu distinctement les trois coups. Vérification faite, ce qu'il avait vu et entendu c'était l'éclatement des trois obus lancés par les Anglais. »

J'éprouvai à cette époque un assez gros déboire. Alors qu'on tuait nos chevaux en leur faisant traîner tous les jours les vivres de la division et les projectiles des Anglais, nous nous étions plaints à plusieurs reprises en faisant remarquer que d'ici à très peu de temps nous n'aurions plus d'attelages pour nos pièces. A quoi le général Bosquet avait répondu : « Soyez tranquilles ; quand vous n'aurez plus de chevaux, je vous en ferai donner parmi ceux du parc. » L'heure de l'échéance était arrivée, nous allions ne plus avoir de chevaux, nous en demandâmes ; on nous répondit par l'ordre de nous en aller sur les derrières de l'armée, n'étant plus bons à rien, et de céder la place aux batteries qui, arrivant de

LES PARLEMENTAIRES. (Page 151.)

France, étaient au grand complet d'hommes et de chevaux. Le colonel Forgeot, qui tenait à nous, insista vainement pour qu'on tînt la promesse qui nous avait été faite, les autres s'en moquaient pas mal; il nous fallut prendre la route de Kamiesch pour aller nous installer au bord de la mer et attendre patiemment les hommes et les chevaux qu'on nous annonçait de France.

« Heureusement, écrivais-je le 18, j'ai pris le parti de ne plus me faire de mauvais sang, car il y aurait de quoi. J'étais bien installé dans mon trou; il va falloir me créer là-bas une nouvelle installation. Mais ce qui me crispe, c'est de m'être donné tant de mal pour être mis de côté lorsque enfin il va y avoir quelque chose à faire. Je reviens de Kamiesch où j'ai été prendre langue; j'y ai vu bien des choses, les grenadiers, les voltigeurs et les chasseurs de la garde, j'ai acheté un almanach à une fort jolie demoiselle (?) et j'ai admiré la cantinière des chasseurs à pied de la garde, une femme un peu chic, je te prie de le croire, du moins pour le costume : jupe très courte, pantalon très large entrant dans des jambières qui pincent le mollet, petit caraco à basques courtes serré à la taille, ceinturon à plaque, portant un poignard à manche damasquiné, s'il vous plaît, une chechia rouge sur l'oreille avec un long gland retombant sur l'épaule, un nez retroussé, des cheveux noirs en bandeaux et une voix.... de caporal-sapeur; n'est-ce pas tout à fait séduisant?

« Ce n'est pas à Kamiesch même que nous serons campés, mais sur une pointe de terre entre la baie de Kamiesch et celle de Kazasch. De l'autre côté de cette dernière baie est la pointe extrême du cap Chersonèse avec le phare. Tu vois que nous serons en bon air et battus des vents de mer. J'y serai diablement isolé : mon capitaine en second est détaché au siège de droite, M. Demay, passé lieutenant en premier, est envoyé au Moulin, la moitié des hommes de ma batterie vont prendre part aux travaux du siège, je resterai seul avec l'autre moitié et mon nouveau lieutenant en second que je ne connais pas encore. J'ai rencontré aujourd'hui deux officiers de l'*Orénoque* (frégate sur laquelle j'ai fait la traversée de Varna en Crimée), ils m'ont trouvé bonne mine, eux qui m'avaient vu si souffrant. Leur frégate arrivait à toute vapeur d'Eupatoria où Omer-Pacha est fort tarabusté ; il est complètement cerné et, cette nuit même, les Russes ont donné à la place deux assauts furieux qui ont été repoussés... Les fantassins des 1re et 2e divisions ne sont pas contents de nous voir partir ; un sergent-major du 3e zouaves criait tout haut dans le camp : « Comment, on fait partir le 16e et le 17e, c'est dégoûtant ! nous les avions vus à l'œuvre et nous étions tranquilles avec eux. Comme si on n'aurait pas pu donner des chevaux à nos deux batteries ! » Tu peux penser que le zouave m'a fait rire, mais ce qui ne me fait pas rire, c'est de m'en aller en pénitence, et quel déménagement ! Depuis quatre mois que nous sommes là à regarder tomber la neige, que de choses à emporter ! et nous n'avons plus de chevaux ! »

Nous allâmes nous installer, le 20 février, à Kamiesch ou plutôt à Kazasch, mais il nous fallut encore quatre ou cinq jours pour ramener de notre premier camp tout ce que nous y avions laissé. Rien que pour les harnais des chevaux morts nous eûmes besoin de six grandes voitures. Nous étions à Kazasch deux batteries isolées, nous n'entendions même plus tirer le canon, on ne voyait rien, on ne faisait rien ; il nous semblait être dans un tombeau. Là-bas, nous étions à la fois sur le chemin de Balaklava aux attaques des Anglais et sur celui de notre quartier général au camp du Moulin ; c'était un passage continuel de troupes et de convois. Ici, plus rien. En venant à Kazasch nous avions rencontré la garde qui allait s'installer près du quartier général; il y avait entre elle et ma batterie juste la même différence qu'entre une boîte de soldats fraîchement achetée dans un beau magasin de jouets et une autre boîte que des enfants auraient entre les mains depuis un an. La comparaison est d'autant plus juste qu'il manquait bien des soldats dans ma boîte et que plusieurs autres avaient les membres fort endommagés. Ce qu'il y avait de plus triste dans ma colonne de route, c'était un chariot de batterie chargé de six ou sept hommes qui ne pouvaient marcher parce qu'ils avaient eu les pieds gelés et qui cependant n'avaient pas voulu entrer à l'ambulance pour ne pas se séparer de leurs camarades, espérant d'ailleurs être bientôt guéris. Et dire que ce déménagement se faisait le mardi gras ! Drôle de carnaval !

Nous pensions n'avoir rien à voir à Kazasch ; nous y eûmes du moins le spectacle des tempêtes. Il y en eut une fort belle le 21 janvier : un bateau de commerce qui portait 120 chevaux fut jeté à la côte et brisé ; tous les hommes furent sauvés, mais tous les chevaux noyés. Il y en avait un destiné à ma batterie. Un bateau turc fut aussi jeté à la côte, mais celui-là ne portait que des planches. Mes canonniers en ramassèrent une cinquantaine qui nous servirent à abriter quelques chevaux. Nous avions de quoi faire du feu à discrétion rien qu'avec les épaves recueillies à la côte. Les Piémontais commençaient à débarquer, trois nouvelles divisions françaises étaient arrivées. En comptant les Français, les Anglais, les Piémontais, les Turcs et les Russes, nous allions bientôt nous trouver 300.000, groupés sur ce coin de terre.

Arrivée d'Omer-Pacha. (Page 180.)

CHAPITRE III

KAMIESCH ET KAZASCH

La fièvre typhoïde. — Bizarreries de la contagion. — Traitement simple et pratique. — La viande de distribution. — Mort du czar Nicolas. — Naufrage de la *Sémillante*. — Les *mercantiles*. — *Friponville*. — Une arrière-boutique. — Mme Mentchikoff. — Les stagiaires de l'administration. — Monotonie de l'existence. — Le chapardage. — L'approvisionnement de fourrages. — Propos du général Bosquet. — Mort du capitaine Debout. — Visite au monastère de Saint-Georges. — Le général Canrobert et lord Raglan. — Troupes turques et autrichiennes. — Omer-Pacha. — Mort du général Bizot. — Une médaille bien placée. — Réouverture du feu. — Totleben. — Récits du siège. — Reconnaissance sur la Tchernaïa. — La gendarmerie de Kamiesch. — Déserteurs russes. — Affaire du 2 mai. — Expédition sur Kertch. — Reconstitution de ma batterie. — Le général Pélissier commandant en chef. — Affaires des nuits des 22 et 23 mai.

Cette station de trois mois à Kamiesch, ou plutôt à Kazasch, fut certainement la période la plus monotone et la plus ennuyeuse de mon séjour en Crimée. Les hommes qui se portaient bien dans le camp infect que nous venions de quitter se mirent à tomber malades quand nous fûmes installés sur une langue de terre battue par tous les vents, exposée à des tempêtes qui semblaient devoir balayer tous les germes malsains. La fièvre typhoïde sévit sur nous avec une sorte de rage. Chose singulière ! la batterie du 17e, qui faisait division avec nous et qui campait à notre gauche, n'eut pas un homme atteint, et dans ma batterie il n'y eut qu'une rangée de tentes sérieusement attaquée sur six : c'était précisément la rangée qui touchait à la batterie voisine. J'eus beau faire transporter ces tentes ailleurs, tous les hommes qui avaient séjourné là durent passer par l'épidémie. Nous n'avions pas de médecin ; un aide-major d'un régiment de zouaves était chargé de notre service de santé ; étant campé loin de nous et ne pouvant même pas venir tous les jours, il m'avait laissé des billets d'hôpital signés en blanc, sur lesquels je n'avais qu'à inscrire le nom de l'homme que je jugeais assez malade pour être envoyé à l'ambulance. Je ne crois pas avoir fait usage de ces billets ; mes canonniers avaient horreur de l'ambulance, ils préféraient rester au camp, où nous mettions les malades sous des tentes séparées et où, suivant l'ordonnance du jeune docteur, on leur donnait à boire à discrétion. Je crois que le seul service que m'ait rendu la cantinière pendant toute la campagne fut de tenir alors constamment sur le feu deux ou trois marmites où elle laissait bouillir de l'orge. J'achetais de temps en temps un peu de sucre et quelques oranges pour donner à mes malades une boisson plus agréable que l'eau d'orge. Les convalescents soignaient leurs camarades. Avec ce système je ne perdis qu'un homme, qui précisément était allé à l'ambulance, où il mourut. Nos convalescents ayant pu se promener en liberté, au très grand air, étaient presque tous en état de remonter à cheval, lorsque, au printemps, nous retournâmes prendre notre place dans l'artillerie du corps d'observation...

Le siège n'avançait toujours pas : les Russes, habiles et vigoureux terrassiers, enserraient nos attaques dans ces travaux de contre-approche qui ont rendu si célèbre le nom de leur ingénieur Totleben : ce qui me faisait écrire le 4 mars : « On a laissé les Russes entasser fortifications sur fortifications, batteries sur batteries ; maintenant ce sera une rude affaire. Il nous faudra probablement une bataille pour donner la main aux Turcs d'Eupatoria et cerner complètement Sébastopol. Pour cela nous avons besoin qu'on nous envoie de la cavalerie et des chevaux d'artillerie. Quant à moi, je travaille toujours à rabibocher ma pauvre batterie ; nous sommes campés dans un triste endroit, mais notre isolement a son bon côté, personne ne nous y contrarie et je fais ce que je veux ; agissant à mon idée, je travaille de meilleur cœur et j'arriverai sans doute plus vite au résultat. L'autre jour j'ai fait avec mon lieutenant, M. Raffron de Val, qui est décidément un bon et charmant garçon, le tour de la petite presqu'île qui sépare la baie de Kamiesch de celle de Kazasch et sur laquelle nous sommes campés. La mer était très forte, c'était plaisir de la voir se briser sur les rochers. Tous les dix pas à peu près elle nous amenait un cadavre de cheval ou de bœuf, c'est-à-dire de vache ; je crois bien que sur deux cents soi-disant bœufs partant d'Asie pour venir ici par mer il nous en arrive cent, et dans quel état sont-ils ! On peut se promener aux environs de l'abattoir sans redouter la fureur des bestiaux échappés, et le métier de boucher n'est pas bien difficile ! Quant à la viande que fournissent ces prétendus bœufs, comme on tue de préférence à Kamiesch les bêtes qui ne peuvent pas aller plus loin et dont on devance de quelques heures à peine la crevaison naturelle, elle ressemble à du caoutchouc en décomposition. Aussi achetons-nous à Kamiesch de bon mouton que nous payons cinq francs la livre. Nous sauvons ainsi notre estomac aux dépens de notre bourse. Nos soldats, qui n'ont pas cette ressource, mais qui ont de meilleures dents que nous, s'en tirent à peu près et se rattrapent les jours où la viande est remplacée par du lard. C'est, il est vrai, du lard d'Amérique, épais et dur comme de la pierre, mais en le faisant cuire pendant toute une journée on le rend très mangeable. »

Je me plaignais aussi de ne plus rien savoir de ce qui se passait et d'apprendre les nouvelles de Crimée par les journaux de Paris. J'écrivais pourtant le 7 mars: « Voici qu'il se répand une grande nouvelle : on dit qu'hier, au conseil de guerre tenu chez le général Canrobert, lord Raglan est venu annoncer la mort de Nicolas ; un bateau à vapeur expédié de Constantinople par l'ambassadeur d'Angleterre aurait apporté cette nouvelle reçue de Vienne par le télégraphe. Le tsar serait mort le 2 mars. C'est peut-être une blague ; en tout cas cela n'empêche pas les Russes de tirer le canon. » Le lendemain 8 une autre nouvelle était apportée par un de mes camarades, officier du génie, débarqué le jour même : la perte de la frégate la *Sémillante*, brisée sur un rocher dans le détroit de Bonifacio ; elle portait 700 hommes de renfort destinés à notre armée. Puis un cancan de la plage : une très belle fille, actrice aux Variétés, avantageusement connue dans le monde des amours, était arrivée à Kamiesch pour trouver un lieutenant des guides, devenu bien célèbre depuis, envoyé tout exprès en Crimée pour l'éloigner d'elle. Ce lieutenant était allé voir sa Dulcinée à bord ; il y avait gagné quinze jours d'arrêts de rigueur, et la belle fut immédiatement réexpédiée à destination du boulevard Montmartre. Le général Bouat était très malade de la fièvre typhoïde, le général d'Allonville avait été embarqué mourant. Ce n'était pas là le beau côté de la plage, que tous ces embarquements de malades et de mourants.

Nous étions très occupés aussi par l'annonce de l'arrivée prochaine de l'empereur Napoléon III, annonce qui ne se réalisa pas, mais qui faisait travailler nos imaginations. Nous avions cependant pour nous distraire les promenades dans la ville de Kamiesch, ville improvisée, composée de baraques en planches dont les plus nombreuses servaient de magasins à l'armée et dont les plus petites, occupées par des *mercantiles*, formaient une petite rue des plus pittoresques. Le personnel de ces *mercantiles* étant fort mêlé, on appelait ce lieu *Friponville* ou *Coquinville*, ou bien encore *Filoupolis*. Mais après tout on était encore bien heureux, même en payant fort cher, d'y trouver ce dont on avait besoin. Je lis dans une lettre datée de Kazasch le 11 mars :

« J'ai rencontré aujourd'hui mon ancien lieutenant, M. des Essarts, avec un officier de chasseurs d'Afrique; ils m'ont emmené dans une boutique tenue par une fort jolie personne qui a dû être honorée des attentions de quelque personnage huppé, car sa boutique a certainement coûté cher. On y trouve du tabac, de la parfumerie, des ceintures d'Afrique, des chemises, des mouchoirs de poche, du champagne, du cognac, du vermouth et puis des bonnets de femme, des cols brodés, des jarretières, des corsets à l'usage du personnel féminin de Friponville et de mesdames les cantinières. Nous avons bu du vin de Champagne dans la chambre séparée de la boutique par un rideau à l'abri duquel nous entendions les compliments prétentieux ou les déclarations passionnées des acheteurs, et nous avons pu juger jusqu'à quel point on peut être bête dans ce rôle. Un lit, quatre chaises, une table et une commode sur laquelle était posé, à côté d'un énorme saladier, un flacon entamé de vinaigre de Bully, tel était le mobilier de cet asile peu secret de la beauté. De là nous sommes allés admirer Mme Mentchikoff : ceci, c'est autre chose. Genre grande coquette avec de faux cheveux, de fausses dents, de faux..., etc. Cette dame occupait, paraît-il, un rang assez élevé avant la guerre et était tenue sur un pied distingué par l'ambassade russe à Péra ; de là son nom de Mentchikoff. La guerre l'a réduite à venir ici vendre des comestibles et des cravates sous une tente turque en écoutant les galanteries des officiers et peut-être encore davantage leurs conversations pour en faire son petit profit d'espionne. L'établissement dont elle fait partie est tenu par Mme des Anchois, autre grandeur déchue. Enfin nous avons terminé notre tournée chez un marchand en gros originaire de Marseille et le Rothschild de la localité, propriétaire heureux d'une fort gentille petite brune. » Quand je disais propriétaire, je me trompais, il n'était que locataire et ne dédaignait pas les profits de la sous-location. Que dire à cela? Coquinville ne pouvait pas être le refuge de l'honnêteté.

Il me fallait pour compléter ma batterie 203 chevaux; la batterie voisine en demandait 228; nous les enverrait-on de France? Voilà ce qui nous intéressait plus que tout le reste, et toutes les distractions de Kamiesch ne nous faisaient pas perdre de vue cette question capitale. On y voyait cependant des choses bien instructives ; un café magnifique avait été installé avec des glaces, des dorures, des tentures et des femmes superbes au comptoir. Nous voulûmes, mon lieutenant et moi, visiter ce palais luxueux ; il fallait pour cela payer une consommation ; or le vin de Champagne coûtait 25 francs la bouteille; une bouteille de bière ne coûtait que 3 francs, j'offris à M. Raffron la modeste bière; mais à côté de nous une dizaine de sergents faisant leur stage dans les magasins de l'administration se versaient le vin de Champagne à pleins verres, ayant l'air de nous narguer en clignant de l'œil comme pour nous faire remarquer le nombre de bouteilles vides qui s'étaient amassées devant eux. Comment les avaient-ils payées quand elles étaient pleines ?... Mystère et comptabilité.

A la date du 15 mars, je n'avais plus que quatre hommes malades sur 235 présents au camp ; mais les chevaux nous faisaient toujours complètement défaut. Un matin, comme nous finissions de déjeuner, on vint me dire que nous étions consignés au camp et que nous devions nous tenir prêts à monter à cheval. C'était là une mauvaise plaisanterie : qu'aurions-nous pu faire avec nos quelques chevaux éclopés ? Nous sûmes le lendemain qu'une alerte avait été causée par deux ou trois cents Cosaques venus pour observer dans la plaine notre 1re division qui allait au fascinage. On avait cru à une nouvelle représentation du combat de Balaklava, et immédiatement toute notre artillerie était montée à cheval. Détail plus sérieux, le tir avait commencé aux attaques de Malakoff, et c'est justement le détachement de ma batterie commandé par mon capitaine en second qui avait ouvert le feu.

J'écrivais le 22 mars : « N'allez pas vous figurer que la mort de Nicolas amène tout de suite la paix ; il n'y a pas de paix possible avant la prise de Sébastopol, et Sébastopol ne sera pas pris de sitôt. Voici seulement le siège qui vient de commencer au point où il aurait dû se faire dès le début : l'attaque de Malakoff est la vraie attaque ; les Russes le savent bien, et peut-être faudrait-il faire une campagne préalable pour cerner complètement la ville ; or cette campagne, on ne peut pas la faire si l'artillerie n'a pas de chevaux ; les Anglais, de leur côté, attendent leur cavalerie de l'Inde. »

La vie de Kamiesch était bien monotone, et cependant, avec un commandement comme le mien, il me fallait faire tous les métiers. Un jour je fis le juge d'instruction et le procureur impérial : deux de mes canonniers avaient amené au camp un tonneau de vin qu'ils prétendaient avoir trouvé au bord de la mer et qu'ils avaient bu pendant toute la nuit avec leurs camarades. Or ce tonneau avait été bel et bien volé dans un magasin de Kamiesch, ce qui me valut une descente de gendarmerie. A force d'interrogatoires et de menaces, je finis par savoir au juste ce qu'il en était : les deux coupables étaient deux imbéciles, assez bons sujets d'ailleurs ; mais l'oisiveté et l'habitude de considérer le vol comme du *chapardage*, c'est-à-dire comme un jeu, les conduisirent au conseil de guerre, devant lequel ils comparurent peu après pour s'entendre condamner à quelques mois de prison.

Il était toujours fortement question de l'arrivée de l'Empereur; on disait aussi qu'il allait débarquer beaucoup de troupes. « Tant mieux, écrivais-je le 26 mars, on cernera peut-être enfin la place et nous serons de la partie. En attendant, il y a tous les trois ou quatre jours un combat assez vif du côté des attaques de Malakoff; ainsi, dans la nuit de jeudi à vendredi (du 22 au 23 mars), les Russes sont sortis en nombre considérable, ont attaqué nos tranchées, ont été repoussés et sont allés retomber sur celles des Anglais. Ceux-ci, suivant leur habitude, n'étaient pas en nombre, et malgré une défense énergique ils ont été enfoncés. Les Russes ont pris alors nos tranchées par derrière, et l'on a eu beaucoup de mal à se débarrasser d'eux. Toutes nos réserves sont arrivées ainsi que les Anglais, pour lesquels on avait sonné l'alerte dans le camp. L'ennemi est parti, laissant sur le terrain nombre de morts et de blessés. Nous avons eu, en y comprenant les Anglais, 500 hommes hors de combat... Le port de Kamiesch est bien animé: par ce vent du sud, les navires arrivent en files comme dans une procession ; nous avons à côté de nous un magasin à fourrages où il y a plus de 500,000 kilogrammes de foin; comme il y en a plus du double sur des navires dans le port, nos chevaux ne mourront pas de faim. Il y a aussi d'énormes piles de bois et on nous en distribue; il était temps, nous n'avions plus rien pour faire cuire la soupe. Tous les arbres, toutes les vignes ont été arrachés, toutes les maisons ont été démolies; on a brûlé toutes les charpentes, tous les parquets, toutes les portes, croisées, armoires, meubles, etc. On garde maintenant la côte pour empêcher de ramasser les épaves provenant de navires naufragés. J'étais obligé d'envoyer à plus de deux ou trois lieues du côté de Balaklava pour arracher à grand'peine quelques souches qui restaient encore par là. Il y a maintenant à Kamiesch de quoi chauffer l'armée pendant plus d'un mois : du charme et du hêtre, provenant des forêts que nous avons traversées entre Andrinople et Varna ou bien de Sinope. Nos bœufs maigres viennent de la côte d'Asie ; notre fourrage, d'Algérie ; notre lard, d'Amérique. Nous nous fournissons un peu partout maintenant que le service des transports est bien organisé ; mais nous avons passé par des situations critiques. »

En effet, au mois de février, le capitaine de vaisseau commandant le port de Kamiesch vint dire au général en chef qu'il n'y avait plus à bord des bâtiments qu'un approvisionnement de trois ou quatre jours de fourrage. Il n'y avait pas de réserve à terre et le temps était assez mauvais pour qu'on ne pût pas compter sur les arrivages. Fort ému de cet avertissement, le général Canrobert fait venir l'intendant en chef et lui demande combien nous avions de jours de fourrage. « Quinze jours, répond avec aplomb l'administrateur. — Mais le commandant du port prétend qu'il n'y en a plus que pour deux ou trois jours ! — C'est une erreur. » On rappelle le capitaine de vaisseau, qui maintient son dire et l'appuie d'une note indiquant le chargement de tous les navires qui étaient dans le port. Bref, on vérifie, et c'est le marin qui a raison. On met alors nos chevaux au quart de ration et on envoie à toute vitesse un vapeur à Constantinople pour prescrire de consacrer aux transports de fourrage tous les bâtiments disponibles. A cette occasion, le général Bosquet nous racontait en riant qu'il avait dit au général en chef « Cela ne marchera pas tant que vous n'aurez pas fait planter deux potences à droite et à gauche de votre tente, portant, l'une un intendant et l'autre un officier d'administration. »

La mauvaise saison était passée, mais le siège n'avançait pas à notre gré. Le feu avait cependant repris avec une certaine violence. Un de mes camarades d'école, le capitaine Debout, débarqué depuis quelques jours à peine, fut tué bien malheureusement. Pendant une suspension du feu occasionnée par un échange de parlementaires, il s'était assis en causant avec son lieutenant, M. Harel, sur l'affût d'un canon, et ils continuaient à causer sans s'apercevoir que le drapeau blanc venait d'être enlevé. Le premier boulet lancé de la place les enleva tous les deux par un coup d'embrasure. Les canonniers russes les avaient visés tout à leur aise pendant la trêve

Nous passions notre temps comme nous le pouvions et nous profitions des belles journées pour nous promener au bord de la mer du côté opposé à Kamiesch. C'est ainsi que nous allâmes visiter le monastère de Saint-Georges : « La mer forme là, écrivais-je le 30 mars, comme un petit golfe enfermé dans des rochers de quarante à cinquante pieds de haut, le monastère lui-même est à deux cents pieds au-dessus de la mer ; il est composé de plusieurs bâtiments disposés en escaliers, de manière que la terrasse, qui sert de promenoir à l'un, soit le toit de celui qui est au-dessous. Tout cela est bien bâti, en belles pierres avec des colonnes de marbre ; il y a deux chapelles, l'une au milieu du cimetière, l'autre dans le couvent, qui sont recouvertes de dômes peints en vert comme les églises de Sébastopol. Le cimetière renferme de très beaux monuments, entre autres le tombeau en marbre blanc de la fille d'un général russe morte très jeune des suites d'une chute de cheval. On a de là un coup d'œil magnifique. Comme ce point est plus élevé que la pointe du cap Chersonèse, on voit très

AFFAIRES DES NUITS DES 22 ET 23 MAI. (Page 192.)

bien la mer à droite et à gauche : aussi y a-t-on installé une vigie. Ces gueux de moines vivent là bien tranquilles sous la protection d'un poste. Ils portent de grandes robes noires, pareilles à celles de nos avocats, à larges manches flottantes doublées de violet, et de petits chapeaux ronds semblables à nos tuyaux de poêle, mais beaucoup plus bas. Leurs longues barbes grises leur tombent jusque sur la poitrine. Au premier abord, ils ont l'air respectable, mais leur physionomie ne me plaît pas. Dans les bâtiments qui entourent le monastère, on a laissé s'installer des familles russes qui probablement nous espionnent. Nous sommes si bons enfants ! »

C'est à ce moment-là qu'eurent lieu entre les généraux et les gouvernements alliés de longues discussions sur le plan de campagne à adopter pour le printemps. Les uns, comme le général Canrobert, voulaient porter une partie de l'armée sur l'autre rive de la Tchernaïa, pour battre les troupes russes qui tenaient la campagne, et couper les communications de Sébastopol avec l'intérieur de la Crimée. Les autres, comme lord Raglan, voulaient qu'on se bornât à poursuivre activement le siège. « Comment voulez-vous que cela marche, disait notre général en chef, nous sommes deux chevaux attelés à la même voiture, l'un ardent et impatient d'arriver, l'autre calme et froid. L'un tire en avant, l'autre retient en arrière, nous nous épuisons en efforts inutiles et la voiture n'avance pas ! » Dans la prévision de grandes opérations, on faisait venir l'armée turque, et nous la voyions tous les jours débarquer. Ainsi que je le disais dans cette lettre datée du 6 avril, « ça ne ressemble en rien aux misérables bataillons que nous avions vus jusqu'ici, c'est une véritable armée, ils vont être ici ce soir 25,000 et Omer-Pacha arrivera demain. J'ai eu une bien bonne conversation avec un capitaine égyptien. Je me promenais au bord de la mer : il y avait environ 4,000 hommes ayant formé les faisceaux et se reposant. Je remarquai entre autres un fort beau bataillon armé avec des carabines françaises, je dis : *bonjour* à un jeune officier de figure intelligente, la poitrine couverte de décorations. Je sais bien trois mots turcs, il en savait dix de français, mais avec beaucoup de gestes nous finissons par nous comprendre : il me dit que son bataillon était celui qui avait fait tant de mal aux Russes à Olteniza et que lui avait été décoré à Silistrie. Il regarda ma croix, me demanda où je l'avais eue et la montra à ses camarades qui s'écrièrent tous : *ghazel, ghazel* (très joli) ; ce qu'ils admiraient ainsi, c'était le portrait de Napoléon. Ils m'ont fait voir leur général de division qui a une vraie tête de Turc de mélodrame. Ils ont répété plusieurs fois en le montrant : bon général ; ils ont ajouté que les Turcs ont trois bons généraux : Omer-Pacha, Ali-Pacha et Ismaïl-Pacha ; que tous les autres pachas ne sont bons qu'à fumer leur pipe et à dormir avec des femmes. Enfin, pour terminer, le jeune capitaine a pris une pierre, l'a posée à terre en disant Moskovo, puis trois autres pierres qu'il a posées vis-à-vis la première en les désignant par les noms de Francese, Turc et English, ensuite il a poussé du pied ces trois pierres sur la première qu'il a culbutée et nous nous sommes quittés très bons amis, lui ouvrant la bouche jusqu'aux deux oreilles pour mieux rire de son apologue muet. »

Le lendemain, en effet, Omer-Pacha débarquait à Kamiesch. « Nous sommes montés à cheval pour l'arrivée d'Omer-Pacha, écrivais-je le 9 avril. Cette fois je l'ai tout à fait bien vu, j'avais reçu l'ordre d'envoyer un peloton de canonniers à cheval pour l'escorter et de me joindre moi-même à son état-major. J'étais à côté du colonel commandant la place de Kamiesch quand il lui a tendu la main pour passer du canot sur la plage, je l'ai examiné tout à mon aise. C'est un homme de taille moyenne, de figure très brune et très énergique avec des moustaches grises et une barbe toute blanche, l'œil expressif. Il était vêtu avec une extrême simplicité : une tunique courte, un pantalon bleu, un caban brun, une chechia et pas la moindre décoration. Il avait pour toute escorte un colonel d'état-major français, M. Dieu (1), un colonel anglais, deux cavaliers et une sorte de Turc qui portait son fusil. Il a passé rapidement devant le bataillon qui était là pour lui rendre les honneurs, puis il est monté à cheval et est parti au galop de charge, suivi de mon peloton. Il montait un fort beau cheval alezan très richement harnaché. Nous l'avons accompagné jusqu'à l'entrée du camp turc où se trouvait le général Canrobert venu pour saluer *Son Altesse ;* tel était le titre qu'on donnait au généralissime turc. Les deux généraux en chef et moi faisant partie de leur suite, nous avons passé en revue toute l'infanterie. Ils étaient 25,000, ayant, comme je te l'ai dit, très bonne mine : les Égyptiens, en particulier, exécutaient très bien le maniement d'armes, mais quel charivari de tambours et de fifres ! ils en étaient encore, pour honorer notre général en chef, à l'air de la *Parisienne* que les fifres jouaient avec accompagnement de tambour. Tous les régiments égyptiens avaient des sapeurs portant des tabliers de maroquin rouge. Le général Canrobert a fait manœuvrer devant lui le bataillon de chasseurs que j'ai vu l'autre jour à Kazasch ; c'étaient absolument les mêmes manœuvres que les nôtres, tu peux très bien dire au capitaine A... que je leur ai vu parfaitement exécuter au pas gymnastique, étant en colonne par pelotons serrés en masse, un déploiement *par la queue de la colonne à gauche en bataille.* Ils manœuvraient au signal du clairon ; un autre bataillon nous a joué *Partant pour la Syrie :* avec ses bonnets verts nous le prenions pour une troupe de la garde du sultan, mais c'était une milice tatare formée à

(1) Tué à Solférino étant général de brigade.

Eupatoria de grands gaillards à mine assez farouche.

« Le vilain côté de l'armée turque, c'est la masse des officiers qui paraissent bien au-dessous de leurs soldats. Les officiers supérieurs et surtout les généraux ont de superbes chevaux. J'ai remarqué celui de Soliman-Pacha qui commande la division égyptienne. Il y avait là aussi Ismaïl-Pacha, celui qui a si bien crossé les Russes à Kalafat, un Polonais devenu Turc sous le nom de Sefer-Pacha et un Anglais, le général Cannon, devenu aussi je ne sais quoi pacha. M. Raffron et moi nous nous promenions à Kamiesch en regardant débarquer l'artillerie turque, lorsque nous aperçûmes un beau monsieur en redingote bourgeoise avec brides d'épaulettes, portant un sabre fixé à la taille par une sorte de cordelière sous la redingote : il vint à nous et nous apprit qu'il était un riche Anglais improvisé commandant et attaché à l'état-major d'Omer-Pacha ; il arrivait d'Eupatoria et m'a montré une lettre de recommandation qui lui avait été donnée par le capitaine du génie Fervel. Il croyait qu'avec son argent il trouverait tout ce qu'il désirait. Nous l'avons conduit à Kamiesch et nous lui avons offert en passant un verre de bière dans notre baraque-salle à manger. Il nous a donné force détails assez pittoresques sur Eupatoria, nous racontant qu'Omer-Pacha faisait venir chez lui toutes les femmes qui lui plaisaient et leur donnait cent ducats, c'est-à-dire 1,200 francs, pour pas grand'chose. De sorte qu'on n'en trouvait plus. Ce bel Anglais nous disait encore : « Je ne suis pas dans « l'armée turque ; si j'avais voulu me laisser faire, j'aurais « été nommé colonel, mais je n'ai pas voulu, non pas que « j'aie peur que cela fasse mal, mais parce que c'est une « lâcheté de changer de religion. »

« Hier, notre revue a fini par une forte averse et après que le général Canrobert s'est séparé d'Omer-Pacha en l'invitant à dîner (il ne lui disait pas quatre mots sans y fourrer deux altesses), nous sommes rentrés au triple galop dans notre camp, fort aises de nous changer, car nous étions traversés. Puis, nous avons terminé le jour de Pâques par un grand dîner fait en compagnie des officiers de la batterie voisine, gens fort opulents qui ne se refusent rien et nous ont régalés d'une belle dinde truffée, une dinde de leur basse-cour tuée à cette occasion et bourrée de truffes conservées. Quant aux dons patriotiques, nous avons reçu jusqu'ici 60 pommes pourries ; il arrive bien des choses, mais les généraux, les états-majors, les intendants, les comptables, les employés du trésor absorbent tout au passage et rien ne nous parvient. »

Je retrouve dans ma correspondance, exposés avec quelques détails, les événements qui se passèrent alors. Si mes lettres ne donnent pas ces détails avec une exactitude mathématique, elles reproduisent assez bien les impressions que nous éprouvions et sont comme une galerie photographique de la partie de l'armée que je voyais. Je continue à en citer les extraits.

Lettre du 14 avril. — « Il est ici, comme en France, question de la paix ; la Conférence de Vienne marche, dit-on, assez bien. En attendant, on serait bien aise de prendre Sébastopol, mais on ne fait guère ce qu'il faudrait pour cela. Il y a ici des Turcs, des Égyptiens, des Français, des Anglais, des vaisseaux à voiles et à vapeur, mais personne n'exerce le commandement suprême. On a ouvert le feu lundi matin (12 avril), notre tir est cette fois bien supérieur à celui des Russes, on les a fait taire presque tout de suite, mais au lieu de les pousser vigoureusement on a ralenti le feu ; il en résulte que toutes les nuits les Russes réparent leurs batteries et recommencent à tirer le matin comme la veille. Si une bonne fois on tirait à outrance, il suffirait de quelques heures pour raser leurs batteries, mais on ne décide rien. Avec cela, le génie est un peu désorienté par la mort de son chef : le pauvre général Bizot a été tué par une balle qui lui est entrée par le cou, au-dessous de la mâchoire, a traversé le palais et est allée se loger près de l'œil, de l'autre côté. C'est une grande perte. On a beaucoup reproché au général Bizot les lenteurs du siège, mais je crois que c'est à tort; il a souvent, au contraire, soutenu qu'il fallait attaquer de vive force certains points qu'on a voulu assiéger dans les règles, sous prétexte de ménager la vie du soldat, et dont la prise a coûté quatre fois plus de monde que si on l'avait écouté. En outre, il était remarquable par son extrême audace et donnait à tous le plus noble exemple. Enfin je commence à croire qu'il est temps de faire la paix : nous aurons la consolation de pouvoir dire que si nous avions continué le siège, nous aurions pris Sébastopol, tandis que nous n'en suivons guère le chemin.

« Quant à moi, on m'annonce de France 190 chevaux et 64 hommes; j'aurai donc près de 400 hommes et plus de 300 chevaux à commander et à administrer à moi tout seul... Voilà les Turcs partis pour Balaklava, les Égyptiens partent, je crois, aujourd'hui; je n'en suis pas fâché, ces gaillards-là nous empestaient et nous infestaient de puces. On sent un de leurs bataillons à un kilomètre, c'est une odeur de sucre brûlé, mais comme qui dirait du sucre gâté. Avec cela, ils jouent du fifre toute la journée et les puces, dont ils peuplent le pays, travaillent sans relâche nuit et jour. »

Du 16 avril. — « Aujourd'hui je suis allé au quartier général : il paraît qu'on a fait sauter plusieurs mines; les Russes ont cru qu'on allait donner l'assaut, ils ont illuminé leurs maisons, sonné les cloches, battu le tambour, etc., puis ils ont garni le rempart de troupes. Nos batteries leur ont envoyé une dégelée de bombes et d'obus. Ceci se passait à l'attaque de gauche; pendant ce temps, les Russes sortaient au nombre de 3 à 4,000 du côté de Malakoff et venaient attaquer nos tranchées, mais le bataillon de garde les avait aperçus et les a accueillis par une fusillade bien nourrie qui en a jeté par terre deux ou trois cents. On a enterré hier le général Bizot, qui n'était pas encore mort quand je te l'ai écrit, mais qui est mort avant-hier; il allait mieux pour un moment et l'extraction de la balle lui a donné la fièvre qui l'a emporté. »

Du 17 *avril*. — « J'ai été bien content avant-hier, j'ai reçu pour ma batterie une croix et deux médailles ; en outre, mon lieutenant Demay a été décoré à l'attaque de Malakoff. La croix était pour un vieux sous-officier ; quand je lui ai montré le ruban en lui disant : « Voilà « qui est pour vous, » il a pleuré de joie. Une des médailles était pour notre intendant, le fidèle Huart, celui qui tient notre maison. Il ne l'a pas volée : à Varna, il a attrapé le choléra en soignant ses camarades; à Inkermann, l'avant-train de sa pièce venait de sauter et les Russes avaient déjà la main dessus pour s'en emparer, Huart se coucha sur l'affût pour la défendre et tint bon avec trois ou quatre autres jusqu'à ce que les zouaves, amenés par moi, vinssent le dégager. Malheureusement nous allons le perdre, on ne peut pas se faire servir par un homme médaillé... J'ai vu hier sur la plage le capitaine d'une batterie de la garde qui vient de débarquer : ils n'ont pas eu de chance, tous leurs chevaux étaient sur un navire à vapeur anglais, si grand qu'à le voir dans le port on aurait dit le papa des autres navires; ils ont essuyé une tempête pendant laquelle un coup de mer a été si fort que tous les chevaux ont été renversés les uns sur les autres, il y en a eu 120 de tués ou de complètement estropiés qu'il a fallu jeter à la mer : 120 chevaux magnifiques ayant coûté au moins 1,200 francs en moyenne. »

Du 20 *avril*. — « Voilà qu'on a fait feu pendant huit jours, on prétend même qu'on a ouvert deux brèches à faire passer un escadron en bataille et on ne donne pas l'assaut. Mais alors que faisons-nous ici? Nous perdons deux fois plus de monde par les maladies et le feu journalier que dans un vigoureux assaut. Avec cela, les munitions s'usent; ce n'est pas chose commode que de ravitailler 500 pièces de gros calibre; on va encore une fois cesser le feu ou du moins le ralentir et nous recommencerons un nouveau siège de six mois. Un officier russe prisonnier disait l'autre jour : « Si nous avions « vos soldats, il y a longtemps que nous vous aurions jetés « à la mer. » Le fait est qu'ils ont quelqu'un qui s'y entend joliment : c'est, à ce qu'il paraît, un jeune ingénieur allemand qu'ils ont fait général et qui n'a pas plus de 32 ans. Ce gaillard-là sait son affaire, et son nom, Totleben, restera dans l'histoire. Les Anglais prétendent que pour faire quelque chose il leur faudrait commencer par jeter lord Raglan à la mer. Touchante confiance!

« Il y a eu de rudes affaires la nuit dernière : le 74e a surtout beaucoup souffert ; il défendait les entonnoirs de mines, en avant du bastion central que les Russes cherchaient à réoccuper. Il a eu un capitaine tué et deux officiers grièvement blessés ; un autre capitaine l'a échappé belle : il était entouré par les Russes et un de ceux-ci, un colosse, le tenait par sa tunique pour l'emmener, en criant en français : « J'en ai trouvé un! » Un soldat du 74e, qui avait la jambe cassée, se relève sur l'autre jambe, tient son fusil à deux mains et lance de toutes ses forces un coup de baïonnette dans le flanc du Russe en criant à son tour : « Pas si bien que tu le « crois! » Le Russe est tombé, le capitaine et le brave soldat ont été portés à l'ambulance. Ce capitaine est, paraît-il, le fils du général Négrier.

« Avant-hier, Omer-Pacha a fait une forte reconnaissance sur la Tchernaïa avec 25,000 Turcs et Égyptiens, une division française et une anglaise, notre cavalerie, notre artillerie et un magnifique régiment de cavalerie anglais venant des Indes. Tout ce monde s'est borné à aller voir ce qui se passait par là; on n'a trouvé que 2,000 Russes sur le chemin. La batterie de fusées d'Harel leur a lancé quelques fusées qui les ont fait déguerpir. Ce ne peut pas être pour si peu qu'Omer-Pacha est allé se promener avec 40,000 hommes; on manigance bien sûr quelque chose. Du reste, un de mes camarades, capitaine de pontonniers, a reçu l'ordre de préparer le plus vite possible un équipage de pont. »

Du 22 *avril.* — « Il y a encore eu cette nuit une pétarade de tous les diables: c'était la flotte. C'est la seconde fois que ça lui arrive. On a inventé un nouveau procédé : le jour, les bâtiments se retirent à distance, la nuit ils viennent tirer contre les forts qui, ne pouvant pas viser, ne leur font pas grand mal, mais eux-mêmes n'en font pas beaucoup plus, et tout cela ne mène à rien. »

Du 27 *avril.* — « J'attends toujours mes chevaux de France, et en les attendant je me promène. Hier j'ai vu tout le 1er corps et la garde rangés en bataille pour être passés en revue par le général en chef. Il leur a fait un magnifique discours pour leur dire que l'abnégation est la première vertu du soldat. Ce soir, j'ai rencontré au bord de la mer une superbe Anglaise en robe de soie et cachemire, à laquelle un véritable gentleman *from London* donnait le bras. Drôle de promenade pour une belle dame, nos soldats ne se gênant guère. Mais les Anglaises sont au-dessus de cela, elles rougissent et crient *shocking* quand on prononce devant elles le mot culotte, mais elles supportent, avec un front d'airain, l'absence de ce vêtement dont le nom leur paraît si inconvenant. »

Du 23 *avril.* — « Un de mes camarades de promotion commande la gendarmerie à Kamiesch, c'est-à-dire qu'il règne en souverain absolu sur cette population de voleurs de toute nationalité dont la réunion porte, dans l'armée, le nom expressif de Friponville. J'ai dîné chez lui l'autre jour et nous n'avons pu nous mettre à table qu'à sept heures passées. On avait arrêté pendant la journée cinq ou six individus, en uniforme russe, qui se soûlaient à qui mieux mieux dans un des caboulots de Friponville, et on les avait fourrés en prison. Au moment où notre dîner venait d'être servi, deux grands gaillards se précipitent dans la baraque, qui servait à mon ami de salle à manger, de chambre à coucher, de bureau et de salle d'audience. Un de ces individus portait un superbe costume rouge avec des galons de capitaine : c'était un officier du corps de Cosaques au service de la Turquie ; l'autre, un Polonais, avait une tunique bleue avec un ceinturon d'argent orné d'une plaque de la garde nationale de Paris. Par là-dessus, il portait un paletot bleu à parements et collet blancs. Il s'est dit lieutenant au régiment des Cosaques turcs. Ce monsieur réclamait les six soldats russes comme des déserteurs polonais, qu'il était chargé d'expédier à Varna, en les embarquant sur un navire turc. Un chef de bataillon turc est alors arrivé et a certifié qu'en effet les six individus en question étaient bien des déserteurs qu'on avait expédiés à Kamiesch sous la conduite de l'un d'eux revêtu, pour la circonstance, du titre d'officier. Il fallait voir la tête de ce dernier : bonnet de fourrure noir avec la cocarde tricolore, pas de cravate, pas de pantalon, mais un caleçon, des bas bleus et des savates, par là-dessus un vieux caban et un air coquin!!! On les a tous conduits militairement à bord du vapeur turc, et nous avons mangé la soupe froide. »

Le moment était venu où, avec une meilleure saison, allaient commencer les opérations sérieuses. Le soir du 2 mai, le général Pélissier, commandant le corps de siège, fit attaquer une ligne d'ouvrages en avant du bastion central. Voici ce que j'écrivais le 3 : « Je viens du quartier général, les figures étaient plus joyeuses que de coutume à cause du succès de la veille, car l'armée de siège a enfin obtenu un succès. Ils ont fait assez de bruit pour cela. Je venais à peine de m'endormir quand j'ai été réveillé par un épouvantable vacarme : fusillade et canonnade. Cela a duré assez longtemps et nous étions inquiets du résultat. Mais nous avons appris le lendemain qu'on avait enfin attaqué un ouvrage russe en avant du bastion central (à la gauche de nos attaques) et que l'affaire avait parfaitement réussi. On a d'abord pris l'ouvrage avec 8 petits mortiers qui s'y trouvaient, puis les Russes sont revenus trois fois à la charge pour essayer de le reprendre, mais ils ont été définitivement repoussés. C'est le 46e qui a pris les 8 mortiers avec l'aide de la légion étrangère. Nos fantassins étaient enchantés ; un soldat de la légion étrangère est revenu, portant un petit mortier sur ses épaules et tenant sous son bras un officier russe prisonnier. M. Viénot, colonel de la légion étrangère, a été tué; on a immédiatement tourné l'ouvrage contre les Russes et on l'a relié à nos tranchées en arrière. Les Russes sont venus, dans la journée, au nombre de 7 à 8,000 pour nous attaquer; on les a repoussés en leur tuant beaucoup de monde, mais nos pertes ont été considérables; les voltigeurs de la garde se sont très bien battus. Hier, il est parti 10,000 hommes sur des frégates à vapeur; le but du voyage était secret, on dit maintenant que c'est Caffa : il y avait le 21e de ligne, le 50e, le 3e zouaves, l'infanterie de marine, le 17e bataillon de chasseurs à pied, un autre bataillon, deux batteries et quelques chasseurs d'Afrique. C'est le général d'Autemarre qui commandait tout. En même temps, tout ce qu'il y avait de vaisseaux et de frégates disponibles partait pour Constantinople afin d'en ramener des troupes. »

L'expédition n'était pas allée bien loin, tout se ressentait des tiraillements qui se produisaient dans les hautes régions de l'armée. J'écrivais le 7 mai : « L'autre jour, comme je te l'ai raconté, il est parti 10,000 hommes ; en même temps partait une division anglaise : il y avait là vingt navires de guerre; on attendait avec anxiété des nouvelles de leurs exploits, ne voilà-t-il pas qu'hier soir nous avons vu revenir les vaisseaux, et ce matin les troupes ont débarqué. Il y avait eu contre-ordre, les bâtiments légers envoyés en éclaireurs avaient reconnu qu'il n'y avait là aucune force pour s'opposer au débarquement et qu'il se trouvait dans le port de Kertch 12 à 1,500 rafiots chargés d'approvisionnements pour l'armée russe. Tout cela allait être pincé quand il a fallu virer de bord sur un ordre venu de Kamiesch. »

Mardi matin 8. — « Décidément, nous assure-t-on, l'Empereur va venir : tant mieux ! il aura sans doute le commandement suprême et nous n'entendrons plus dire toute la journée : Son Excellence et Sa Seigneurie étaient d'accord, c'est Son Altesse qui n'a pas voulu. Ou bien : Son Excellence le général a eu une conférence de deux heures avec Son Excellence l'amiral, Sa Seigneurie est alors survenue, et après de longs pourparlers on a décidé qu'il fallait consulter Son Altesse. Les deux Excellences sont l'amiral Bruat et le général Canrobert ; Sa Seigneurie, lord Raglan ; Son Altesse, Omer-Pacha : c'est une vraie pétaudière. »

Les chevaux attendus de France étaient enfin arrivés; ma batterie était reconstituée, nous avions reçu l'ordre de quitter notre campement de Kazasch pour rejoindre le corps d'observation sur le mont Sapoune. Nous quittâmes Kazasch le mardi 15 mai, à cinq heures du matin, et le vendredi 18 j'écrivais : « Je suis parvenu à ramener ici batterie à peu près complète et à peu près propre. Il ne faut plus compter sur l'arrivée de l'Empereur, il n'est guère question que des préparatifs de l'expédition dans l'intérieur de la Crimée, elle doit être commandée par général Canrobert. Il y aura deux corps : un français composé du 2e corps et de la garde sous les ordres du général Bosquet, l'autre composé de 15,000 Turcs avec Omer-Pacha, 15,000 Anglais et 15,000 Piémontais. Le général Morris commandera toute la cavalerie comprenant au moins 6,000 chevaux, dont 4,000 fournis par l'armée française. Les cuirassiers sont en train de débarquer pour cette éventualité. En l'absence de Canrobert, c'est Pélissier qui commandera les troupes restées sous Sébastopol. On prétend qu'il a dit, avec son accent nasillard : « Ils vont passer la Tchernaïa ; dès « qu'ils seront sur l'autre rive, j'entrerai dans la ville, je « leur tirerai un coup de casquette et je leur crierai : J'y « suis. » Les Piémontais sont débarqués depuis quelque temps, ils sont soignés, ficelés, tout frais habillés de neuf et tout clinquants. Quel capharnaüm ! Les Anglais ont des régiments de cavalerie composés d'Indiens, nous avons des turcos venus des confins des déserts d'Afrique, les Russes ont des Kalmouks ; tous les peuples de la terre semblent s'être donné rendez-vous ici. Les tentes sont innombrables ; si loin que la vue s'étende, excepté du côté de la ville, on ne voit que des tentes et la mer : un vrai décor d'opéra. »

Du 21. — « Eh bien ! voilà un grand changement ! le général Canrobert est remplacé par le général Pélissier et reprend le commandement de son ancienne division. Il nous a adressé un ordre du jour très bien tourné et assez touchant. Il nous dit que l'Empereur nous a donné une nouvelle preuve de sa sollicitude en mettant à notre tête un chef habile et vieilli sous les armes. De son côté, le général Pélissier nous dit que sur la demande du général Canrobert l'Empereur lui a donné le commandement, mais qu'il faudra toujours nous rappeler que le mérite de son prédécesseur a été surtout de conserver une si belle armée et que son nom sera toujours mêlé à nos cris de victoire. Il terminait ainsi : « Avec le concours « de nos braves marins et avec l'aide de nos braves alliés « nous vaincrons. » Dieu l'entende ! — Autre nouvelle : nous partons après-demain, sous les ordres du général Canrobert, avec deux divisions d'infanterie, toute la cavalerie et cinq batteries à cheval, en outre des quatre batteries montées divisionnaires, pour aller, dit-on, dans la vallée de Baïdar, du côté d'Yalta. Nous allons donc voir des arbres, des champs, des prés, de l'eau non salée, des villages et des hommes et des femmes autres que les soldats et les cantinières. »

Le général Pélissier inaugura, comme on le sait, son commandement en chef par les brillantes affaires du 22 et du 23 mai, ou plutôt des nuits du 22 au 23 et du 23 au 24. J'écrivais le 23 : « Il y a eu cette nuit une très belle affaire, mais extrêmement meurtrière : on a enlevé aux Russes un ouvrage avancé de l'autre côté de la baie de la Quarantaine. Quand cet ouvrage a été pris, ils sont revenus douze fois à la charge pour le reprendre et chaque fois avec de nouvelles troupes. Nous avons eu plus de 500 hommes tués, non compris les blessés. Les Russes en ont eu deux ou trois fois autant ; ils étaient furieux, dit-on. »

Nous ne partîmes pas le 24 comme nous le pensions, il y eut un retard de vingt-quatre heures, parce que l'affaire de la nuit du 22 n'avait pas été complètement heureuse ; on avait pris seulement une partie des embuscades russes et les troupes de la garde n'avaient pu prendre celles qu'elles étaient chargées d'attaquer. L'affaire fut remise à la nuit suivante ; cette fois elle réussit complètement et nous occupâmes aux attaques de gauche d'excellentes positions. « Le père Pélissier, disait-on dans les camps, n'y va pas de main morte. »

Suspension d'armes. (Page 203.)

CHAPITRE IV

LES MONTS FÉDIOUKINE

Marche de nuit. — Bonheur de respirer. — Le camp turc. — Les Piémontais. — Une amazone anglaise. — Fêtes dans Sébastopol. — Une bombe inopportune. — Expédition manquée. — Un colonel peu aimable. — Prise du mamelon Vert et des ouvrages blancs. — La batterie de Bilboquet. — Suspension d'armes. — Préparatifs d'assaut. — Actes de l'état civil. — Attaque du 18 juin. — Découragement. — Mort du lieutenant-colonel de la Boussinière. — Ennuis d'administration. — Encore les intendants. — Omer-Pacha à Tchorgoun. — Saleté des camps. — Tristesse et souffrances. — Mort de lord Raglan.

La marche sur la Tchernaïa eut lieu dans la nuit du 24 au 25 mai. Nous partîmes le soir; toute l'artillerie, comprenant neuf batteries dont cinq à cheval, était placée au centre, flanquée à gauche par les colonnes d'infanterie, à droite par la cavalerie. On marchait très lentement et on s'arrêtait à chaque instant; les chevaux arabes, hennissant et frappant la terre du pied, faisaient un bruit de nature à empêcher toute surprise de notre part, et les Russes devaient évidemment avoir conscience du mouvement qui s'opérait dans la plaine de Balaklava. La nuit était d'ailleurs très noire, et nous ne distinguions rien, mais à l'air que nous respirions nous sentions bien que nous avions changé de place. Au lieu de l'odeur des camps, un parfum d'herbes et de bruyères nous réjouissait l'âme. Quand le soleil se leva, nous vîmes pour la première fois comment nous étions encadrés; la 1re division se forma en bataille à notre gauche, gravit avec son artillerie les pentes des monts Fédioukine. Il y eut quelques coups de canon échangés, puis l'ennemi, après avoir perdu un très petit nombre d'hommes, nous céda tranquillement la place, où nous nous installâmes sur les monts Fédioukine. Le général Canrobert ayant demandé instamment à ne conserver que le commandement de son ancienne division, le corps de la Tchernaïa fut mis sous les ordres du général Morris comme étant le plus ancien divisionnaire.

« Tu vois, écrivais-je le 1er juin, que notre campagne n'a pas été bien rude et que nous n'avons pas été trop loin. Nous nous sommes bornés à étendre nos possessions pour nous donner de l'air et à venir occuper les bords de la Tchernaïa au grand bonheur des Anglais, qui voient leur Balaklava hors de danger, et de nos chevaux qui ont du vert et de l'eau à discrétion, mais je ne crois pas que nous fassions grand'chose. Notre corps d'armée comprend des Français, des Piémontais et des Turcs; nous avons en réserve derrière nous la cavalerie anglaise et la brigade anglaise de Balaklava, mais tout cela sans lien supérieur. Ce n'est plus même le général Canrobert qui nous commande, c'est le général Morris. Celui-là est un cavalier, il voulait tout avaler d'avance, je ne sais pas s'il en fera plus que les autres. Ce qu'il y a d'ennuyeux, c'est d'entendre jour et nuit la musique enragée des Turcs, tambours avec accompagnement de fifres et, pour changer, fifres avec accompagnement de tambours. Ils manœuvrent deux fois par jour et le tambour bat pendant tout le temps. Le soir ils se rangent en bataille sur le front du camp, les tambours battent et les hommes crient de toute leur force à trois reprises: *Allah !* C'est leur manière de faire la prière et on ne peut nier que cela soit imposant, mais c'est bien ennuyeux d'être réveillé par tout ce bruit, quand on vient de s'endormir; car la cérémonie a lieu très tard, elle remplace notre sonnerie de l'extinction des feux qui est loin d'être aussi bruyante. En résumé, ces Turcs sont de beaux soldats, fort mal vêtus, mais, manœuvrant bien, et sages comme de petits saints Jean. Les Piémontais qui sont à notre droite sont aussi, mais dans un autre genre, de bien belles troupes. N'envoyant ici que peu de monde, ils ont naturellement choisi tout ce qu'ils avaient de mieux : leurs bersaglieri ou chasseurs à pied sont très originaux, nos soldats les appellent les cantinières piémontaises. De loin, en effet, on peut les prendre pour des cantinières avec leurs tuniques courtes et leurs chapeaux ronds en cuir bouilli ornés sur le côté d'une touffe de plumes vert foncé. L'infanterie a la grande capote bleue ; leur cavalerie est bien montée. Nous sommes allés l'autre jour visiter leur bivouac jusqu'aux postes les plus avancés, presque tous parlaient français ; il y avait là évidemment beaucoup de Savoisiens. Arrivés au sommet d'une côte, nous avons trouvé la route barrée par des troncs d'arbres et les sentinelles nous ont forcés de mettre pied à terre. Nous avons descendu ainsi une pente très raide au bas de laquelle nous nous sommes trouvés nez à nez avec Omer-Pacha, qui lorgnait les Russes de l'autre côté de la vallée. Il aurait pu se dispenser de lorgnette, car la vallée est très étroite, et le général Pélissier qui est venu le lendemain au même endroit a été salué par une vive fusillade. Nous y avons pourtant rencontré, impassible au milieu du sifflement des balles, une belle amazone anglaise en jupe de nankin soutachée de galons blancs. Nous nous sommes demandé (à quoi diable allions-nous songer dans ces avant-postes aux prises avec l'ennemi?) où cette amazone avait trouvé une repasseuse pour être aussi bien ficelée. Mais c'est la fille d'un lord, la femme d'un général; elle est logée à bord d'un des bâtiments de la flotte et elle a pour la coiffer, l'habiller, la blanchir et la repasser plusieurs femmes de chambre *from London or Paris*. Et dire que nous avons passé trois mois d'hiver à ne savoir où ni comment faire blanchir notre linge!

« Du reste, ces officiers anglais sont enragés pour la promenade, ils ne peuvent pas rester en place; l'autre jour les Cosaques en ont pincé deux de l'autre côté de la Tchernaïa qu'ils avaient traversée malgré tous les avertissements... Les Russes trouvent pourtant moyen de s'amuser dans Sébastopol. Il y a, de l'autre côté de la rade, une fort jolie maison de campagne avec un grand jardin. Melchior, qui commande une batterie de mortiers tout au bord de la rade, voit arriver devant cette maison, il y a deux ou trois jours, plusieurs voitures pleines de femmes en toilette, puis il entend des éclats de voix et des rires joyeux. Il fait alors lancer une bombe au beau milieu du jardin, les rires cessent immédiatement. Le colonel commandant l'artillerie ayant défendu à Melchior de continuer le tir de ce côté-là, Melchior lui a demandé la permission d'y envoyer une bombe si l'on entendait de la musique. En effet, le soir, on a entendu jouer une contredanse, il a suffi d'une bombe pour faire taire la musique et déguerpir les danseuses. »

Mardi 5 *juin*. — « Le général Pélissier a fait paraître un ordre du jour dans lequel, après avoir récapitulé tout ce qui a été fait depuis quelque temps, il ajoute : « Ce ne sont là que des succès préliminaires; dans peu « de jours nous frapperons l'ennemi au cœur. » En attendant, il y a eu une terrible canonnade au siège cette nuit et la chaleur continue à être atroce ; c'est une désagréable compensation au froid de cet hiver. Vendredi, à neuf heures du soir, on est venu nous prévenir de nous tenir prêts à monter à cheval; comme c'était pour marcher avec les chasseurs d'Afrique, je me suis décidé à prendre un des chevaux de M. Demay : au milieu de tous ces chevaux arabes, ma jument m'aurait fait assommer. Dans tous les cas, elle leur eût fait pousser des hennissements interminables et alors adieu à la surprise qu'on ménageait aux Russes. On avait appris qu'à Varnoutka, à l'entrée de la vallée de Baïdar, se trouvait un convoi russe, et on faisait partir pendant la nuit le 1er chasseurs d'Afrique avec les attelages de ma batterie pour ramener les voitures. Pour moi, j'étais mis à la disposition du colonel. C'était un drôle de métier qu'on me faisait faire là, mais tous nos grands généraux n'ont jamais voulu comprendre que les attelages de l'artillerie étaient faits pour traîner des canons et des caissons. Je n'avais d'ailleurs rien à dire : en somme, il s'agissait d'aller dans un pays qu'on disait charmant et j'aurais peut-être la chance d'assister de près à une charge de cavalerie légère.

« Je me lève à une heure et demie, je monte à cheval à deux heures, je pars pour le camp de la cavalerie, j'y trouve le 1er chasseurs prêt à monter à cheval, nous démarrons, nous faisons un bon bout de chemin; tout à coup, un cavalier arrivant au galop nous apporte l'ordre de revenir sur nos pas : le mouvement était contremandé. Et dire que cela m'a compté comme un tour ! Avec cela, M. le colonel commandant le 1er chasseurs d'Afrique n'a pas été très aimable : je lui demande où il faut me tenir pour la marche. — « A la queue de la « colonne, » me répond-il sèchement. — Mais le lieutenant y était, à la queue de la colonne, pour conduire les attelages. Moi, j'étais à la disposition du colonel et ma place se trouvait auprès de lui, mais les chasseurs d'Afrique ça ne connaît pas l'artillerie (écrit en 1855). J'avais envie de dire à celui-là : « Mon colonel, je ne « me tiens pas d'ordinaire à la queue de la colonne et « quelquefois on a été bien aise de me trouver à la tête. » La nuit suivante, on a renouvelé l'expédition sur une plus grande échelle : 12 escadrons, 3 bataillons, 2 batteries à cheval et la batterie de montagne, mais mon tour était passé ; j'avais été privé d'une bien jolie promenade. Ils ne sont rentrés qu'à huit heures du soir, ayant été à cinq lieues d'ici à Baïdar, au centre de la vallée de ce nom; ils ont traversé de grands bois et passé devant un superbe château, rendez-vous de chasse du prince Woronzoff; ils ont pris un convoi de vins et ramené plusieurs paysans tartares qui demandaient à venir auprès de nous. Mais ils n'ont pas rencontré de troupes russes; à peine ont-ils vu quelques escadrons de Cosaques avec lesquels nos hussards ont échangé quelques coups de sabre et de lance. Il y a loin de là aux combats de nuit du siège : dans les deux nuits du 22 au 24 mai, il y a eu 1,200 Français et 5,000 Russes hors de combat. »

Il nous semblait cependant approcher du terme de ce long siège; voici ce que j'écrivais le vendredi 8 juin : « On a attaqué hier le fameux mamelon Vert dont la prise entraînera nécessairement celle de Sébastopol. Quand cette lettre arrivera en France, on y saura depuis longtemps que l'opération a réussi. Elle a été menée rondement. Les Russes, habitués à être prévenus quinze jours à l'avance de ce qu'on voulait entreprendre par une série de mouvements et de contre-mouvements, ont dû être déroutés. Avant-hier, à trois heures de l'après-midi, dans un moment où ils devaient tous dormir à cause de la chaleur extrême, on a tout d'un coup commencé à notre droite un feu à outrance, chaque pièce devait tirer 150 coups dans les vingt-quatre heures, et les colonnes étaient formées d'avance pour marcher sur les ouvrages qu'on supposait devoir être ruinés par l'artillerie. Tout s'est exécuté conformément au programme. Nous ne connaissons pas encore les détails, mais ce qu'on appelle les *ouvrages blancs*, c'est-à-dire les redoutes de Wolhynie et de Selenghinsk, ont été enlevés tout de suite. Le mamelon Vert, ou, comme les Russes l'appellent, la *redoute de Kamtchatka*, a été si vivement attaqué par les zouaves que l'ennemi n'a pas eu le temps de faire sauter toutes les mines qu'il avait préparées. Mais ils sont revenus en force et les zouaves ont été forcés de se retirer pour revenir eux-mêmes à la charge avec quatre bataillons de soutien, et l'ouvrage nous est définitivement resté, paraît-il. M. Raffron, qui était allé à cheval voir de ce côté ce qui se passait, est revenu à ce moment-là, en sorte que nous n'en avons pas appris davantage. Cependant on a entendu sonner la marche des zouaves dans le ravin qui sépare le mamelon Vert de la tour Malakoff, on a aussi entendu la marche des Anglais tout près de la place; d'un autre côté, l'artillerie de la tour Malakoff n'a plus tiré, en sorte qu'il serait possible que cette tour fût en notre pouvoir. Nous le saurons d'ici à ce soir. En tous cas, n'eussions-nous pris que le mamelon Vert, ce serait déjà un beau résultat nous assurant le succès définitif. Le général Pélissier et Omer-Pacha, qui étaient dans la redoute Victoria, se frottaient les mains de plaisir. Il n'y a plus maintenant qu'une chose à faire, c'est de s'emparer du plateau du nord: cela nous regarde. On commence à s'y préparer; les deux régiments de cuirassiers sont venus nous rejoindre hier et avant-hier, ainsi que la division Herbillon, 5e du 2e corps... Nous avons changé de camp, mais seulement par mesure hygiénique et pour ne pas aller bien loin. Nous étions campés dans la plaine entre les monts Fédioukine et la ligne des redoutes turques, c'était un peu humide et infecté par les cadavres de la bataille de Balaklava, nous sommes montés sur le plateau des monts Fédioukine et nous y serons bien mieux. Ce plateau est boisé et très accidenté ; ma tente est au bord d'un petit ravin étroit et profond qui sépare la 5e division de la 1re et qui descend jusqu'à la Tchernaïa. Par cette échappée, nous voyons la vallée de la Tchernaïa et les hauteurs du nord occupées par les camps russes. Juste en face de ma tente est la batterie russe appelée par nos soldats *Bilboquet*, laquelle tire toute la journée sur les hommes et les chevaux isolés dans la plaine. A gauche sont les hauteurs où nous sommes restés tout l'hiver et où s'est livrée la bataille d'Inkermann. A notre droite est le camp des Piémontais, puis de hautes montagnes nous séparant de la côte sud de Crimée... Nous venons d'avoir des nouvelles du siège : nous tenons décidément le mamelon Vert et les ouvrages blancs, mais l'affaire a été rude et nous y avons perdu beaucoup de monde, même après la prise des ouvrages et pendant les ouvrages, parce que les Russes ont sur le plateau du nord et au fond de la rade une masse de canons qui n'ont pas cessé de tirer. Le général de Lavarande a été tué ce matin ; trois colonels, un lieutenant-colonel et près de 3,000 hommes ont été mis hors de combat. Nous avons fait aux Russes, sur un seul point, 400 prisonniers. Les Anglais n'ont pas fait grande besogne ; ce sont des gaillards, ceux-là, qui entendent bien leur affaire. Ils n'ont plus qu'un tout petit coin de la place à attaquer, et comme nous les encadrons à droite et à gauche, ils sont certains de n'être pris de flanc d'aucun côté. Deux officiers d'artillerie ont été tués, un

PRISE DU MAMELON VERT PAR LES ZOUAVES. (Page 198.)

a disparu, Melchior a eu le poignet enlevé par un projectile ; une partie de la cavalerie et deux batteries à cheval sont parties ce matin à quatre heures pour aller camper dans la vallée de Baïdar. Il n'y a plus ici que trois batteries à cheval. »

Lundi 11 *juin*. — « On est ici toujours sous l'impression de l'affaire du mamelon Vert. Il est bien fâcheux que l'ardeur de nos soldats les ait entraînés trop loin, on aurait perdu beaucoup moins de monde. Il paraît, du reste, que ces fortifications sont formidables ; quand on les a vues, on ne comprend pas qu'elles aient pu être enlevées aussi facilement. Samedi a eu lieu une suspension d'armes pour enlever les morts ; je regrette de ne pas l'avoir su, je serais allé au mamelon Vert et j'aurais vu le théâtre du combat. Pellé, l'adjoint du commandant de Berckeim, y a été sans aucune difficulté. J'ai vu ce matin un chef de bataillon du 49e que j'ai beaucoup connu à Paris : il avait été envoyé en parlementaire samedi et a causé presque tout le temps avec un aide de camp de Luders ; ils ont parlé de l'Exposition universelle, de l'ennui de ne pas être à Paris en ce moment et du désir de voir faire la paix. Rey, mon capitaine en second, a causé avec un officier russe qui, lui montrant le cadavre d'un zouave, lui a dit : « Comment faites-vous donc pour en avoir comme cela ? » Ceux qui ont le plus souffert à la prise du mamelon Vert sont les turcos ; ils étaient en tête de la colonne et on n'a pu les arrêter quand ils sont entrés dans l'ouvrage. Ils ont eu 27 officiers hors de combat, le 50e en a eu 22 et le 6e, 19. Quant à nous, nous ne bougeons pas, on prétend que nous devons aller rejoindre les dragons et les hussards dans la vallée de Baïdar... On se prépare à force à l'assaut, les Russes commencent à croire que nous pourrions bien prendre Sébastopol. Melchior, avant d'être blessé, avait fait prisonnier dans la tranchée un officier du génie russe qui a été ramené au camp par le capitaine en second de la batterie, a soupé avec les officiers et a couché sous une de leurs tentes. Ils ne l'ont envoyé que le lendemain matin au quartier général ; il leur disait : « Pour un moment, « nous avons cru que vous ne prendriez pas Sébastopol, « nous commençons maintenant à croire le contraire. » Les officiers russes ont aussi demandé pourquoi c'était toujours les Français qui faisaient quelque chose et pourquoi ils ne voyaient pas les Anglais... Je te disais l'autre jour que je fais ici tous les métiers ; je vais, un de ces jours, avoir à jouer le rôle de maire pour marier le maréchal ferrant de la batterie avec la cantinière, ex-jeune vertu qui compte cinquante printemps et qui a fait le bonheur de 50,000 hommes. J'ai eu bien soin de la laisser à notre ancien camp avec son prétendant. Ces gueux-là ont déjà gagné une dizaine de mille francs depuis le commencement de la campagne. Me vois-tu leur prononçant le conjungo ! par exemple, n'ayant pas d'écharpe, je ne ferai pas de discours. »

Le moment était venu de donner l'assaut à Malakoff. Le général Pélissier commit la faute énorme de changer les troupes d'emplacement et surtout de changer les généraux. Le général Bosquet, intimement familiarisé avec le terrain des attaques de Malakoff, fut envoyé sur la Tchernaïa, et le général Regnault de Saint-Jean-d'Angély, débarqué depuis quelques jours, fut chargé de commander l'attaque. Le veille du 18 juin, nous voyions tout en beau et voici ce que j'écrivais : « Demain, on doit donner l'assaut, il y aura sept ou huit colonnes et l'on attaquera de tous les côtés à la fois ; les Piémontais et les Turcs vont partir pour tourner le plateau du nord, et notre corps d'armée lèvera le camp demain matin, peut-être même cette nuit, pour les rejoindre. Nous sommes maintenant très nombreux ici ; le général Bosquet commande aux quatre divisions d'infanterie Canrobert, Camou, Dulac et Herbillon, et à sept régiments de cavalerie. La date du 18 juin 1855 comptera dans l'histoire. »

Le lendemain, hélas ! c'était une tout autre musique. « Je t'avais dit, écrivais-je le 19, qu'on devait donner l'assaut hier et que notre corps d'armée était chargé de prendre le plateau du nord, mais, à la guerre, il y a des alternatives de succès et de revers; le 7 avait été un jour de victoire, le 18 a été un jour de malheur. On avait ouvert le feu avant-hier et pendant vingt-quatre heures on a tiré à outrance, mais les Russes avaient tant de bois à leur disposition, cet hiver, que pendant qu'on les laissait tranquilles, ils ont construit d'immenses abris où ils peuvent masser leurs troupes sans avoir à craindre nos bombes. Les divisions Mayran et Brunet, qui devaient attaquer par la droite, ont été balayées par le feu des vaisseaux russes embossés au fond de la rade et mitraillées par l'artillerie de campagne qui est sortie de la place. Pendant ce temps, la division d'Autemarre attaquait Malakoff de front; après un combat acharné, elle finit par s'y loger, mais elle n'était pas soutenue à droite et les Anglais, qui devaient prendre à gauche le grand Redan, sont arrivés au pas ordinaire sous la mitraille, ont trouvé le fossé trop large et se sont retirés, de sorte que la division d'Autemarre se trouvant seule exposée au feu de tous les ouvrages de droite, de gauche, de devant et de la flotte russe, a dû se replier dans les tranchées. Tout cela a duré depuis trois heures du matin jusqu'à sept au milieu d'une effroyable canonnade. Nous ne vivions pas ici; nous étions prêts à monter à cheval et nous attendions le résultat. Il n'a pas été brillant, comme tu le vois. Le général Pélissier, estimant que les Russes étaient fatigués, voulait recommencer avec des troupes fraîches, mais les Anglais n'ont pas voulu marcher; on est donc resté toute la journée à se regarder dans le blanc des yeux.

« Je vais aller là-haut pour assister à l'enterrement

du lieutenant-colonel de la Boussinière qui a été tué hier. Une bien grande perte que nous avons faite là; c'est le premier officier supérieur d'artillerie qui a été tué et c'est bien certainement ce qu'il y avait de mieux. Il allait passer colonel à quarante et un ans; mais ce sont toujours les bons qui s'en vont. Nous avons certains officiers supérieurs, qui ne sont ni forts ni crânes au feu; ils ont bien soin de se tenir à couvert dans leurs abris, le colonel de la Boussinière était toujours au milieu des batteries; aussi disait-on que cela ne pouvait pas lui manquer. C'est lui qui menait toute l'artillerie à l'attaque de droite, comme le général Le Beuf mène tout à l'attaque de gauche. Pourvu qu'il n'arrive rien à celui-ci... Enfin nous avons perdu hier à peu près 5 ou 600 hommes et cela pour ne pas réussir, mais si nos soldats ne se laissent pas démoraliser, et jusqu'ici ils ne le sont pas, je pense qu'on y arrivera un de ces jours, à moins que les Anglais ne veuillent pas encore. Quoi qu'il en soit, nous ne bougerons pas d'ici avant que Malakoff soit pris... Que va-t-on faire maintenant? Il y a eu hier force conseils de guerre et force délibérations, mais rien de ce qui a été décidé n'a transpiré. Il est évident qu'il va falloir attendre quelques jours avant de rien tenter. Résignons-nous donc à attendre : on ne fait pas la guerre pour s'amuser, ce n'est pas la première fois que je m'en aperçois. »

Mes ennuis d'administration ne faisaient cependant que croître et embellir, comme le rappelle cette lettre du 23 juin : « Figure-toi que je reçois une lettre du conseil d'administration, écrite sérieusement, dans laquelle on me dit que j'ai 4,650 francs à payer pour trop perçu de fourrages pendant le deuxième trimestre 1854. Moi qui commande la batterie depuis le mois d'octobre, comme si je pouvais être responsable des bons signés par le capitaine Pelisson! Mais le capitaine de la batterie est une chose, peu importe son nom, c'est toujours à celui qui est en fonctions qu'on s'en prend. Je n'ai pourtant rien pu vérifier quand j'ai pris le commandement, puisque mon prédécesseur était mort et que ses papiers étaient restés à Varna. Mais je viens de passer deux jours avec le maréchal des logis chef, à examiner les bons que l'on m'avait envoyés ; loin d'avoir perçu trop de fourrages, le capitaine Pelisson n'avait pas touché tout ce qui lui revenait. Je suis allé pour cela, hier soir, à l'intendance; il faisait une chaleur épouvantable et je n'en pouvais plus du mal de tête. J'ai trouvé monsieur le sous-intendant dormant dans sa baraque, car tous ces messieurs ont des baraques et sont fort bien installés. On n'a pas voulu le déranger et je n'ai pu parler qu'à son commis. Ce n'est pas là une position, exposer sa tête, ruiner sa santé, passer sa vie loin de tous les siens, tout cela pour qu'un gratte-papier tranquillement assis devant une table, en France, vienne d'un trait de plume vous mettre la mort dans l'âme, c'est trop fort! Tu ne peux te figurer à quel point tout cela dégoûte du métier. »

Il me fallut plus de quatre mois pour me tirer de là; on ne saurait se figurer sur quelle base absurde reposait cette imputation de trop perçu de fourrages. Pendant la route de Gallipoli à Varna, nous touchions tous les quatre jours de l'orge et tous les jours de la paille, d'après les approvisionnements préparés aux gîtes d'étapes. Il fallait donc pour nourrir 300 chevaux pendant quatre jours, du 1er au 4 mai, signer le 1er mai, un bon pour 1,200 rations d'orge et 300 rations de paille; les 2, 3 et 4 mai, on signait un bon chaque jour pour 300 rations de paille; cela ne faisait jamais que 1,200 rations complètes, paille et orge. Mais l'intendance, toujours à l'affût de difficultés et de vexations, — je parle des commis qui faisaient la besogne et non des intendants qui la dirigeaient de haut, — comptait tout autrement; pour elle, cela faisait 2,400 rations, et mon prédécesseur n'ayant que 300 chevaux à nourrir avait, à ce compte-là, touché

1,200 rations de trop pour 4 jours et ainsi de suite pendant un mois. Un enfant de dix ans aurait vu l'erreur du premier coup; un sous-intendant, ancien élève de l'École polytechnique, ancien capitaine du génie, y mit quatre mois; encore me fallut-il aller trouver l'intendant en chef de l'armée, qui lui intima l'ordre de comprendre ou tout au moins de faire comme s'il comprenait, ce qui revenait au même pour moi.

J'écrivais dans la même lettre du 23 juin: « Nous avons enterré le colonel de la Boussinière, j'ai vu là presque tous les officiers d'artillerie de l'armée, du moins tous ceux qui avaient pu venir. Il sera probablement remplacé par M. de Laumière (1), qui paraît bien, mais que je ne connais pas. Du reste, tous nos anciens chefs s'en vont petit à petit, les vieux de l'armée d'Orient sont maintenant en minorité...Depuis que la division Herbillon est venue s'installer à côté de nous, nous sommes abîmés par la poussière; le terrain sur lequel nous sommes campés est de la craie toute pure; cette poudre blanche pénètre partout et à travers tout. J'ai pourtant fait une jolie promenade l'autre jour; les Piémontais et les Turcs ayant marché en avant, nous en avons profité pour courir un peu le pays. Nous avons traversé la Tchernaïa pour aller à Tchorgoun, village qui est à l'embranchement de trois vallées. Là, nous avons eu le plaisir de boire de la bonne eau de source, à une fontaine magnifique qui sort du rocher, plus grosse que mon bras. Nous avons vu des ruisseaux, des prairies, des rochers et de grands arbres comme nous n'en avions pas aperçu depuis longtemps. Omer-Pacha est installé dans une très jolie maison au milieu des peupliers, au pied d'une grande tour octogone qui domine tout le pays. On aurait pu en dessinant son quartier général faire quelque chose de très joli,

(1) Devenu plus tard général de brigade et tué au siège de Puebla.

d'autant que les Turcs s'étaient construit des cabanes avec des branches recouvertes d'herbes fraîches. Nous avions vu là tout le campement d'un régiment sous des toits de mauves fleuries. »

Il y eut encore à ce moment une crise d'ennui à traverser, personne ne savait ce qu'on allait faire et je crois que n'importe qui aurait été bien embarrassé de le deviner. Quand nous étions arrivés sur ce plateau, il y avait du moins un peu de verdure; mais depuis lors les broussailles avaient été coupées, l'herbe était mangée ou brûlée, il n'y avait plus qu'une horrible poussière de craie et pour peu qu'il fît du vent l'intérieur de ma tente ressemblait à celui d'un moulin; il n'y manquait, hélas! que la meunière.

Nous avions cela de bon, dans l'artillerie, qu'avec nos voitures et nos chevaux nous pouvions envoyer chercher ce qui nous était nécessaire pour nous installer. J'avais fait établir pour mes hommes un jeu de quilles tout entouré de branchages; on allait tous les matins, avec un tonneau porté sur une voiture, chercher de l'eau à une bonne fontaine, car celle des puits autour de nous ne valait rien; on mélangeait cette bonne eau avec l'eau-de-vie de distribution, et le tonneau restait toute la journée à la disposition des joueurs de quilles; n'était-ce pas tout à fait champêtre? Du reste, le docteur était très content de la santé de la batterie. Nous avions installé aussi en nous amusant un cadran solaire pour que tout le monde pût voir l'heure.

Nous devions déménager pour aller à Varnoutka, du côté de Baïdar, avec la cavalerie; nous n'en étions pas fâchés, car cela commençait à sentir un peu mauvais autour de nous. Il était venu s'installer vis-à-vis de notre camp un régiment d'infanterie, des Français comme nous disions, c'est-à-dire de nouveaux débarqués. Ces gaillards-là n'avaient pas creusé de fosses et on ne pouvait pas lever le nez sans voir, mis au grand air, tout autre chose que des nez; c'était peu récréatif pour la vue et encore moins pour l'odorat. Et puis là-bas, disions-nous, nous n'entendrions plus le canon qui finit par nous agacer, nous qui ne faisons rien. Enfin, ç'aurait été un changement; mais puisqu'on nous disait que cela ne se ferait pas, il fallait bien en prendre notre parti. Un de mes amis fraîchement débarqué et envoyé au corps de siège trouvait la tranchée chose peu amusante; que devaient donc en penser ceux qui, sans discontinuer, depuis neuf mois, y avaient passé une partie de leurs nuits et de leurs jours? Aussi avions-nous grand tort de nous plaindre et nous étions les premiers à le reconnaître, car il n'y avait aucune comparaison entre la vie que nous menions et celle de nos camarades du corps de siège.

On nous annonçait l'arrivée prochaine de nouvelles troupes, deux divisions d'infanterie, de nombreuses batteries à pied et 180 bouches à feu (mortiers ou canons). Cela prouvait qu'on ne regardait pas le siège comme près de finir. « Voilà, écrivais-je le 29 juin, lord Raglan qui est mort subitement avant-hier; ça va peut-être changer quelque chose. On devrait bien profiter de cette circonstance pour n'avoir plus qu'un seul général en chef. Il est assez singulier que nous, qui avons ici 130,000 hommes, nous soyons à la merci de 25,000 Anglais qui ne font rien... Le diable soit des tambours, des clairons et des trombones qui s'exercent dans le ravin au-dessous de ma tente; je ne sais plus ce que j'écris! L'ennui de cette vie des camps, c'est de ne jamais être chez soi. Voilà quinze mois que je n'ai pas eu une minute à me dire : « Je suis tranquille! On ne « viendra pas me déranger. » En ce moment, c'est pire que jamais; l'autre jour, pour pouvoir prendre en paix un... remède, j'ai été obligé de mettre un planton devant ma tente, sans quoi j'aurais été certain que quelques canonniers seraient entrés au bon moment. »

Reconnaissance générale. (Page 218.)

TROISIÈME PARTIE

LE DÉNOUEMENT

CHAPITRE I

LA VALLÉE DE BAÏDAR

La dysenterie. — Départ des monts Fédioukine. — Installation champêtre. — Varnoutka. — Château de Petrowski. — Un village tartare. — Attentions de mon personnel. — Lièvres et cailles. — Orkousta. — Reconnaissance générale. — Moraïvineff-Saraï. — Général d'Allonville. — Le col de Phoros. — Le château au pillage. — Route de Yalta. — Les Turcs. — Mort de l'amiral Nachimoff. — Une nouvelle cantinière. — Les espions tartares. — Le télégraphe. — La nuit du 15 au 16 août. — Bataille de Tracktir. — Les Cosaques chez nous. — Retour à notre camp. — Mort du capitaine C.... — Détails sur la bataille. — Déception et regrets.

J'avais fini cependant par tomber assez gravement malade de la dysenterie et il était temps pour moi de quitter le camp des monts Fédioukine. C'est ce qui nous arriva fort heureusement le 7 juillet. Je n'avais rien mangé depuis deux jours et je me contentais de m'abreuver d'eau de riz, lorsque à deux heures du matin le commandant vint me prévenir qu'il fallait monter à cheval et me mettre en route avec ma batterie. J'avalai immédiatement deux œufs frais, de bons œufs de nos poules, et j'enfourchai mon cheval pour ne plus en descendre qu'à trois heures de l'après-midi, après une course de huit à neuf lieues. Je me raidis cependant pour ne pas entrer à l'ambulance, et le bon air de la campagne ainsi que les soins affectueux de mes lieutenants, je pourrais même dire de tout le personnel de ma batterie, me remirent assez promptement. J'écrivais, le 9 juillet, de Kutchuk-Miskomya : « La batterie est partie du camp à trois heures du matin avec la brigade de dragons, et le commandant m'a ordonné de rester ici pour me reposer, ce qui, par le fait, m'est bien nécessaire. Je suis donc seul ou du moins presque seul ; j'ai mis ma table au pied d'une rangée de charmilles et de frênes qui séparent deux prés dans l'un desquels nous sommes campés, tandis que l'autre est occupé par les hussards qui sont en reconnaissance de leur côté. Pas de cris, pas de trompettes, pas de clairons ; je n'entends plus rien que le vent dans les feuilles ; je vois des prés, des bois, des montagnes ; je me croirais presque à Bayonville, sans les tentes qui m'environnent. Que je voudrais donc avoir un peu de légumes frais ; c'est justement ce qu'il me faudrait, et pas moyen de s'en procurer ! Ce matin, notre cuisinier est allé tout exprès à Balaklava ; il a fait quatre grandes lieues dans la montagne pour y aller, autant pour en revenir, et m'a rapporté deux énormes concombres ! C'est tout ce qu'il a pu trouver. Nous sommes à Kutchuk-Miskomya. Drôle de nom, n'est-ce pas ? C'est celui d'un joli petit village désert aujourd'hui et à moitié démoli, naguère occupé par les Tartares, et situé dans la vallée de Varnoutka qui précède celle de Baïdar. Nous sommes à quatre lieues de Balaklava, à six lieues de Kamiesch, à sept lieues de Sébastopol, tout à fait dans la montagne. Mais, d'un jour à l'autre, nous nous attendons à aller plus loin, car nous ne remplissons guère ici le but qu'on se proposait. La vallée de Baïdar, qui est plutôt une large plaine entourée de montagnes, est remplie de magnifiques prairies. Lors de la reconnaissance du 3 juin, l'intendance a acheté des foins aux paysans tartares. Il s'agit aujourd'hui de faire rentrer ces foins. Rien de si facile, tant qu'Omer-Pacha occupait Varnoutka, avec son avant-garde à Baïdar même, mais aujourd'hui qu'il s'est retiré, sous prétexte qu'il était dans une position trop aventurée, car il n'est pas plus crâne que les autres, monsieur Omer-Pacha, tant s'en faut ! nos foins se trouvaient fort compromis ; on a donc envoyé la division de cavalerie d'Allonville avec le 3e bataillon de chasseurs à pied et ma batterie. Nous avons été le premier jour à Baïdar ; la cavalerie a fouillé les bois, n'a pas trouvé de Russes et nous sommes venus nous installer ici. Mais nous sommes à sept kilomètres de Baïdar où, l'avant-dernière nuit, une centaine de Cosaques ont fait leur apparition et ont enlevé sept ou huit Tartares qu'ils ont emmenés comme coupables de travailler pour nous. Il nous a fallu y envoyer au plus vite deux escadrons qui n'ont plus trouvé de Cosaques et ont recueilli les femmes et les enfants. Aujourd'hui, toute notre cavalerie est partie avec je ne sais combien d'arabas, traînés par des buffles, pour ramener le foin. Ils ont dû arriver là vers quatre heures ou quatre heures et demie du matin. Les Cosaques n'auront donc rien pu faire, mais ils peuvent revenir cette nuit et brûler les fourrages. Le seul moyen d'en finir serait donc de nous en aller à Baïdar, sauf à nous y garder avec précaution.

« Du reste, quoique fatigué et peu à mon aise, j'ai fait,

avant-hier un charmant voyage. A partir du camp des Piémontais, on s'engage, pour venir ici, dans une vallée très étroite, très tortueuse, au milieu des bois et des rochers ; la route, taillée dans le roc et bordée d'un parapet qui n'est pas de trop, monte en s'attachant aux flancs de la montagne. Rien de pittoresque à voir comme la colonne des dragons coiffés de leurs casques se déroulant le long de ces sinuosités, on aurait dit un serpent aux écailles dorées ; la vallée se resserre de plus en plus, les rochers augmentent en hauteur, et l'on est tout à coup fort étonné de déboucher dans une espèce de plaine vis-à-vis le village de Varnoutka. Là se trouve la maison de poste, premier relai de Sébastopol à Yalta et Caffa, sur la route de Woronzoff. Cette route porte le nom du prince qui l'a fait construire et à qui appartient presque tout le pays. C'est la plus belle de toute la Crimée. De Varnoutka à Baïdar, elle ressemble à une allée de jardin. Tu peux penser quel bonheur c'était pour nous qui, depuis huit mois, ne voyions que les plateaux arides et empestés de Chersonèse ou les broussailles brûlées de la Tchernaïa, de nous sentir au milieu de vrais bois. Le col qui sépare la vallée de Varnoutka de celle de Baïdar est occupé par le château de Petrowski, rendez-vous de chasse du prince Woronzoff. Rien de joli comme la position de ce pavillon ; le bâtiment est un peu trop dans le style chinois et multicolore, mais au milieu des bois et surtout vu de la plaine de Baïdar, il forme un point de vue charmant. Mais quelle triste chose que la guerre, quand on voit les campagnes désertes et les villages ruinés ! Certes, celui de Miskomya n'était pas somptueux et la mosquée tartare est au-dessous de nos plus modestes églises de campagne, mais ses maisons de bois sont placées coquettement au milieu des arbres et les rues tortueuses au sol couvert de grandes herbes vont en grimpant se perdre dans la forêt. C'est un séjour bien calme et bien tranquille, mais les maisons sont démolies, les chardons croissent dans les jardins, les habitants ont été emmenés par les Cosaques dans l'intérieur des terres ou sont venus chercher asile à Balaklava ; tout est ruine et désolation. Je me promenais hier soir, avec Pellé, dans un chemin bordé de haies, et nous faisions tous deux cette réflexion que les jeunes Tartares et Tartaresses ont dû faire dans ce sentier couvert plus d'une promenade sentimentale à l'heure où le soleil baisse et que bien des baisers ont été échangés e long de ces haies fleuries derrière lesquelles sont installés d'un côté l'ambulance, de l'autre, le 7e dragons. »

Nous ne restâmes pas longtemps près de ce petit village ruiné, car j'écrivais d'Akouloumia, vallée de Baïdar, le 13 juillet : « Nous avons changé de bivouac ; cela nous est venu comme un coup de pistolet, dans la nuit de mardi à mercredi, nous avons été prévenus juste au moment de partir, et comme je dormais, mes lieutenants ne m'ont pas réveillé, mes braves canonniers ont poussé l'attention jusqu'à faire le moins de bruit possible pour ne pas troubler les quelques minutes de repos dont il me restait à jouir. On a harnaché les chevaux, chargé et attelé les voitures, et quand tout a été prêt on m'a appelé doucement pour me hisser sur mon cheval. Je me suis mis à la tête de ma batterie comme si c'était moi qui la commandais. Après une petite halte à Baïdar, pendant laquelle les dragons ont battu le pays à la recherche des Cosaques, nous sommes venus nous établir sur les collines qui bordent la Tchernaïa, près de sa source. Nous y avons été rejoints par un bataillon de zouaves, deux régiments de cuirassiers et la batterie à cheval du 17e. Nous sommes à gauche de la ferme occupée par le général, les pièces en batterie de manière à tirer sur les Russes s'ils se montraient dans la plaine. Nos tentes sont en arrière des pièces, sauf la mienne que j'ai fait mettre un peu en avant et à gauche sur un petit tertre d'où je domine le camp et vois tout ce qui s'y passe. J'ai devant moi une grande prairie, puis un bois et par delà ce bois les montagnes qui bordent la mer. Un peu à droite je vois le château de Petrowski, le village de Biouk-Miskomya occupé par le 3e bataillon de chasseurs à pied, enfin les hautes montagnes qui forment la gorge étroite de la Tchernaïa. A gauche sont des hauteurs boisées et des villages. Si je me retourne, la vue est plus jolie encore : ce sont deux mamelons sur lesquels est campé le bataillon de zouaves, un petit ravin qui descend à la Tchernaïa, un pont sur cette rivière où les zouaves pêchent gravement à la ligne, puis, au delà, des prairies, des villages et des hauteurs qui nous séparent de la vallée du Belbeck, occupée par les Russes. Dans ce charmant pays, nous avons de l'eau excellente, on y trouve, tant qu'on veut, du lait, des œufs, des poules, du miel ; notre vétérinaire, qui chasse toute la journée, nous fournit à discrétion lièvres et cailles... Ces Tartares sont de braves gens, bien inoffensifs et bien doux ; tout ce qu'ils ont est à notre disposition, ils travaillent en ce moment à rentrer nos foins. Leur costume est assez pittoresque : une veste courte dont la manche se terminant au-dessous du coude laisse passer une manche de chemise un peu plus longue, large et ouverte, un pantalon très large, un bonnet de peau de mouton noir. C'est très gracieux, surtout pour les enfants. J'en ai vu un ce matin, à peu près de la taille que doit avoir le nôtre : il trottinait derrière son père qui faisait les pas trop grands pour lui. Quant aux femmes, elles sont enfermées comme chez les Turcs. Celles que j'ai aperçues m'ont paru belles, mais leur teint est blafard, faute de prendre l'air. Les petites filles sont très gentilles avec leurs bonnets carrés, d'un rouge vif, ornés de petites pièces de monnaie. Lorsqu'on entre dans une maison, les hommes vous saluent en croisant les bras sur la poitrine et en s'inclinant. Les vieilles femmes et les petites filles, car les autres se sauvent, vous prennent la main, la posent sur leur cœur, puis la portent à leurs lèvres.

« Il faut que je te raconte notre excursion d'avant-hier. Toute la cavalerie et l'artillerie sont allées en reconnaissance, l'infanterie est restée pour garder le camp, on s'est réuni à cinq heures derrière la maison du général ; il faisait un temps magnifique et c'était vraiment un beau coup d'œil de voir la brigade de cuirassiers déboucher des bois musique en tête, les cuirasses resplendissant au soleil. J'ai été placé avec ma batterie tout à fait en avant-garde, n'ayant devant moi que le général et ses deux aides de camp précédés par un peloton de hussards. Après avoir traversé une campagne plus charmante encore que celle où nous sommes installés, nous sommes arrivés à un village nommé Orkousta, tellement entouré d'arbres qu'on ne l'aperçoit que lorsqu'on est dedans. La batterie du 17e était restée en arrière avec les cuirassiers pour barrer une vallée par laquelle on pouvait nous tourner. Moi, j'ai traversé le village et me suis arrêté avec les dragons sur un petit plateau où j'ai mis quatre pièces en batterie pour battre les débouchés des bois. M. Demay avec les deux autres pièces a continué de suivre le général d'Allonville. Les Tartares sont venus nous offrir du lait, de l'eau, des œufs, etc. Moi, j'ai déjeuné avec le général Champéron, et je me sentais si gaillard que j'ai oublié que j'étais malade pour manger des écrevisses et boire du café. Le général d'Allonville a été très loin et a fini par donner avec son peloton de hussards dans un avant-poste d'infanterie russe caché au milieu des broussailles. Ils paraissaient très nombreux ; aussi le général, satisfait de les avoir vus, est revenu sur ses pas et nous a fait lestement retraverser le village pour aller prendre position en arrière au cas où les Russes l'auraient suivi. Mais ils n'ont pas bougé, et, après les avoir attendus pendant une heure, nous avons repris le chemin du camp. Ce qui m'a fait enrager, c'est que le général Morris et le général Feray étant venus se promener en amateurs sous l'escorte d'un escadron de chasseurs d'Afrique, ceux-ci ont un peu pillé le village en prenant de force ce qu'on nous donnait de si bonne volonté. Puis, au moment de rentrer dans le camp, il nous a fallu nous laisser passer en revue et manœuvrer pour le plaisir d'un général anglais. »

Akouloumia, ou plutôt Moraïvineff-Saraï : « Nous sommes toujours campés au même endroit, c'est-à-dire auprès de la maison de M. Moraïvineff, ce qui se dit Moraïvineff-Saraï. Il y a eu pourtant un changement cette nuit, mais ni les hussards ni ma batterie n'ont bougé. Le bataillon de zouaves est allé se mettre en avant du village d'Orkousta, la batterie du 17e s'est placée sur notre gauche, couverte par le 3e bataillon de chasseurs, les dragons se sont portés un peu en avant, et les cuirassiers sont venus se mettre derrière nous, sur la lisière du bois. Ce mouvement s'est fait d'après la demande des habitants, qui ne se sentent pas très rassurés quand nous ne sommes pas entre les Cosaques et eux. Décidément nous sommes au mieux avec ces bons Tartares; en revanche, ils n'aiment pas les Russes et surtout les Cosaques, qui dernièrement leur ont enlevé tous leurs troupeaux, ne laissant que deux bœufs par famille tandis qu'ils en avaient par dizaines, avec des moutons et des chèvres à l'infini. Aussi, quand les Tartares peuvent nous dire où il y a des Cosaques, ils sont bien contents. Avant-hier on a fait une reconnaissance très loin: les habitants du village où l'on est ont indiqué à une demi-lieue dans les bois un poste de Cosaques, douze ou quinze dragons se sont lancés au galop de ce côté et les ont tous pris ou tués. Il y en avait sept; aussi les Cosaques sont-ils revenus hier en force à Orkousta: c'est pour cela qu'on s'y est installé ce matin.

« Vendredi, le général a fait une très jolie reconnaissance sur la route de Yalta qui est au bord de la mer; il n'avait emmené qu'un escadron de hussards et une section d'artillerie qui s'est arrêtée au col de Phoros, où les Russes ont construit un arc de triomphe et d'où l'on a une vue de toute beauté sur la côte et sur la mer. Avec son escadron, le général est tombé comme une bombe dans le château du prince ou comte X..., ministre des finances de Russie; un château tout meublé avec des meubles venant de Paris. Les officiers de hussards ont déjeuné à la ferme avec les filles du régisseur, un vieux Français établi là depuis longtemps et qui a été empoigné à Baïdar, comme soupçonné de donner de nos nouvelles aux Russes. Ces deux femmes, dont une est veuve et l'autre fille (du moins elle l'était), ont passé un mauvais quart d'heure avec les Turcs quand ceux-ci étaient à Baïdar. Elles font entendre ça assez drôlement. Du reste, le fameux Omer-Pacha n'est guère bon à autre chose, lui qui n'a pas osé rester à Varnoutka avec 20,000 hommes, tandis que nous sommes à quatre lieues en avant avec 3,000 seulement. Le général me disait hier : « Il peut venir 12,000 Russes « nous attaquer, je ne me retirerai pas au col de Petrowski sans leur avoir livré quatre combats, et une « fois au col nous y resterons. »

« Pendant que les hussards déjeunaient l'autre jour à la ferme, où on leur donnait un demi-litre de vin par homme, le général et son état-major étaient installés dans la grande salle du château. L'intendant est aussi un Français qui a eu une reconnaissance touchante avec un artificier de ma batterie de planton après du général. Ce Français est encore un Russe dans l'âme : on a trouvé dans son bureau une lettre inachevée par laquelle il donnait toutes sortes de renseignements sur nous et sur nos mouvements... Quant au siège, il n'en est plus question. »

Bientôt ce fut à notre tour de faire une belle excursion sur la route de Yalta : la colonne comprenait deux escadrons de hussards, deux escadrons de cuirassiers, une compagnie de chasseurs à pied et quatre pièces de ma batterie. Nous gravîmes la montagne à partir de Baïdar en suivant toujours la route de Voronzoff qui s'élève en lacets dans les bois sur une distance d'environ sept kilomètres. Cela me rappela tout à fait les Balkans, avec cette différence que la route était excellente. Arrivés au sommet de la côte, nous pûmes jouir d'un spectacle tel que je n'en avais jamais vu d'aussi beau et surtout d'aussi grandiose. On trouve d'abord au sortir du bois une longue voûte sous laquelle on s'engagea et qui aboutit à un arc de triomphe ; en débouchant à l'autre extrémité de cette voûte et sous l'arc de triomphe nous nous trouvâmes tout à coup en face de la mer. Elle était ce jour-là bleue et calme comme un beau lac ; le ciel, bien bleu aussi, nous permettait de voir à une énorme distance, car nous étions là à huit cents mètres au-dessus de la mer. Entre la base des rochers qui forment une muraille verticale et continue et le bord de l'eau s'étend une langue de terre très inclinée, large de trois ou quatre kilomètres, couverte de vignes, de villages, de châteaux et de parcs. Au moment où l'on est encore sous l'arc de triomphe on n'aperçoit pas encore la terre, et il semble qu'on ait la mer sous les pieds, à une incroyable profondeur. C'est à en donner le vertige. Une frégate et une corvette à vapeur de la marine française évoluaient le long de la côte, qu'elles étaient chargées de surveiller; de la hauteur sur laquelle nous étions on aurait dit deux coquilles de noix. Je laissai là deux pièces pour garder le passage avec les chasseurs à pied et je continuai à suivre les hussards avec les deux autres pièces. Nous trouvâmes une belle descente de deux lieues et demie sur une route tordue en interminables lacets et parfois si près des rochers qu'il a fallu creuser des voûtes profondes pour l'y faire passer. A trois lieues du col et un peu au-dessous de la route s'élevait le château du ministre des finances de l'empire russe ; nous le dépassâmes, laissant le sous-intendant y aller seul sous l'escorte d'un escadron de hussards pour requérir du vin dont les caves étaient, disait-on, abondamment pourvues. Les cuirassiers étaient restés en arrière ; j'allai mettre mes deux pièces en batterie à deux ou trois kilomètres en avant du château pour enfiler la route, et le général poussa plus loin sa reconnaissance. Nous déjeunâmes contre la muraille de rochers gigantesques au sommet desquels les hirondelles nous semblaient des oiseaux-mouches ou des papillons, et les aigles des moineaux. Ce sont ces rochers qui garantissent la côte des vents du Nord, font mûrir les vignes et pousser les orangers en pleine terre, tandis qu'à deux lieues de là, dans l'intérieur du pays, il fait un froid de loup.

Malgré la beauté du spectacle, nous trouvâmes cependant la partie de drogue un peu longue. On réquisitionna du vin, on emporta du château quelques objets plus ou moins précieux, peu de chose au fond, et on reprit le chemin du camp, où nous étions de retour vers trois heures. Le sous-intendant nous envoya pour notre part du butin sept bouteilles de vin cachetées provenant de ses réquisitions. C'était probablement du vin du cru, et il nous parut fort bon, car nous n'étions pas gâtés pour le moment. Il me revient en mémoire que ce jour-là, pendant que nous finissions de dîner en dégustant le vin du ministre russe, un canonnier de ma batterie à qui j'avais avancé quelques jours auparavant une pièce de cinq francs, vint me la rendre en me disant : « Je ne sais pas si vous êtes content de moi, mais moi, mon capitaine, je suis bien content de vous. »

Cependant les Turcs venaient nous voler notre foin ; ils arrivaient sans se gêner avec cinq ou six cents chevaux de bât qu'ils remmenaient bien chargés. Je vis le moment où cela allait se gâter : un de leurs bataillons venu pour garder les faucheurs avait dépassé nos avant-postes sans prévenir le général; celui-ci qui avait reçu quelques jours auparavant un savon du général Pélissier pour avoir laissé faire aux Turcs tout ce qu'ils voulaient, fit monter à cheval quatre escadrons qui donnèrent la chasse aux bataillons turcs, et firent décharger tout le fourrage.

On faisait courir le bruit de la mort de l'amiral Nachimoff, commandant la place de Sébastopol. J'écrivais le 27 juillet : « Le bruit de la mort de Nachimoff semble se confirmer; le général Trochu, qui était à l'état-major général, a demandé à prendre le commandement d'une brigade au corps du siège, afin de quitter le père Pélissier. Le premier jour où il a été de tranchée, il a fait monter sur les banquettes 600 fantassins qui ont ouvert une fusillade de tous les diables. C'est alors que Nachimoff aurait été tué, et depuis ce jour le général en chef fredonne continuellement : Trochubelza, l'homme à la carabine. C'est décidément un farceur, le général Pélissier: nous avions arrêté l'intendant du château de Petrowski, nommé Michel, ainsi que sa vieille mère, une Marseillaise pur sang, habitant Baïdar, et on les avait conduits au quartier général. Comme on demandait au général en chef s'il voulait les interroger : « J'ai, « répondit-il, bien d'autres chats à fouetter que celui de « la mère Michel. »

Nous commencions cependant à être blasés sur les beautés de la vallée de Baïdar, mais nous ne demandions pas à en sortir, car ç'aurait été certainement pour aller où nous aurions été plus mal; on ne songeait guère d'ailleurs à nous retirer de là, et cela, prétendait-on, pour des motifs étrangers à la stratégie. « La chronique des camps, écrivais-je le 30 juillet, affirme que la cavalerie ne bougera pas d'ici. Voici ce qu'on raconte :

Un des généraux de brigade du 1er corps est marié à une très jolie femme dont l'histoire est assez romanesque. Cette jolie femme habite Constantinople, mais elle est déjà venue faire un petit séjour en Crimée. Elle monte fort bien à cheval et se promenait alors accomgnée d'un colonel de dragons qui venait de passer l'hiver à Constantinople. Or, avant d'être général, le mari de la dame était colonel, ce qui est assez l'habitude, et habitait Oran, où notre futur général en chef commandait la division. Les cheveux blancs n'empêchèrent pas le cœur de notre grand chef de s'enflammer pour la beauté; si donc cette dame, une ancienne connaissance d'Oran, vient en Crimée, elle demeurera avec son mari à une lieue du quartier général, mais à huit lieues d'ici et on ne commettra pas la faute de rapprocher d'elle un régiment de dragons, dont le colonel pourrait faire courir des dangers à sa vertu éprouvée dans vingt combats. »

On nous avait dit que nous serions attaqués le 13 août par les Russes, du moins le général en avait été prévenu par ses espions tartares. Un d'eux avait entendu un colonel russe dire sous sa tente : « Puisque messieurs les Français ne veulent pas venir nous trouver, nous irons les chercher demain. » Mais ce ne fut pas pour ce jour-là.

Mon personnel s'était augmenté d'une femme, une cuisinière de Toulouse, à qui l'amour avait inspiré des prodiges. Un matin, pendant que je respirais le bon air devant ma tente, les yeux à demi fermés, j'aperçois tout à coup devant moi une jeune femme, ni belle ni laide, modestement et proprement vêtue, qui me raconte que son bon ami ayant été désigné pour faire partie d'un des détachements destinés à ma batterie, elle l'a suivi avec l'intention d'aller jusqu'à Marseille, que là l'idée lui est venue de s'embarquer sur le même bâtiment et qu'elle a touché le cœur de quelques matelots, qui l'ont cachée au milieu du charbon. Elle y était restée cachée je ne sais combien de jours, vivant de ce qu'on lui portait là. Enfin, n'y pouvant plus tenir, elle en était sortie et s'était montrée au capitaine qui, après avoir juré dans toutes les langues, avait consenti à ne pas la faire jeter à l'eau ou débarquer sur une plage déserte. Elle était donc arrivée à Kamiesch, d'où elle avait suivi son ami jusqu'à notre camp; et elle me demandait en grâce de lui signer une commission de cantinière pour pouvoir rester avec nous. Je me laissai attendrir, espérant qu'elle serait de force à raccommoder mes chaussettes, au travers desquelles mes pieds commençaient à passer. Je n'eus pas à me repentir de ma pitié, les choses tournèrent bien, les deux amis se marièrent en rentrant en France, et le mari devint brigadier de gendarmerie. « Me voilà maintenant, écrivais-je à ce sujet, à la tête de 405 hommes, 2 femmes et 389 chevaux. »

On avait fini par installer un télégraphe, bien entendu un vieux télégraphe aux longs bras, à côté de la maison occupée par le général d'Allonville. A en juger par le mouvement qu'il se donnait, ce télégraphe, qui gesticulait toute la journée, devait nous rendre bien des services, mais pour une fois qu'il eut quelque chose d'important à raconter à son camarade, qui suivait avec attention tous ses gestes pour les répéter, il fut brutalement interrompu par la nuit. C'était autrefois le sort constant du télégraphe; on attendait une dépêche avec la plus vive impatience, la dépêche arrivait, les premiers mots ne disaient rien que de vague ou incertain, puis, au moment où on allait savoir à quoi s'en tenir, le brouillard ou la nuit interrompait tout, et l'on restait jusqu'au lendemain matin dans l'incertitude.

Le 15 août, vers huit heures du soir, plusieurs Tartares vinrent prévenir le général d'Allonville de l'attaque qui devait avoir lieu le lendemain matin contre les monts Fédioukine. Quand on eut bien contrôlé ces informations les unes par les autres, on se décida à les

BATAILLE DE TRACKTIR. (Page 229.)

transmettre au général en chef et au général Herbillon. Je vois toujours d'ici l'employé du télégraphe s'arrachant les cheveux de désespoir parce qu'on ne répondait plus à ses signaux, interrompus par la nuit. Au fond, le mal n'était pas grand, puisque nous étions reliés aux monts Fédioukine par des postes de cavaliers de correspondance qui, marchant au galop et se relayant de huit en huit kilomètres, pouvaient porter rapidement les dépêches écrites. On fut donc parfaitement averti au camp de Tracktir des projets nourris par les Russes, et si l'on fut surpris c'est qu'on le voulut bien. On raconte à ce sujet qu'un colonel d'état-major ou un général, après avoir lu la dépêche du général d'Allonville s'écria, comme l'avaient fait avant lui vingt autres généraux dans le même cas : « Il finit par être assommant, celui-là, il voit des Russes partout. »

Quant à nous, on nous fit lever le camp pendant la nuit et charger nos tentes et nos bagages, puis on expédia les réserves à Varnoutka pour ne pas les exposer à être prises par l'ennemi. Nous nous étendîmes alors par terre sur le gazon, humide de rosée, enveloppés dans nos manteaux, mais sans le moindre petit feu de bivouac. Lorsque aux premières lueurs du soleil nous quittâmes ce lit donné par la nature, nous étions quelque peu rompus de fatigue, mais il faisait un temps splendide. Nos vedettes se repliaient devant la cavalerie russe, qu'on voyait descendre des pentes opposées de la vallée. Nous fûmes bientôt à cheval et sous les armes. La brigade se retira de l'autre côté du bois qui était situé en arrière de notre camp. Je restai le dernier avec mes pièces en batterie sur notre mamelon et protégé par un escadron de dragons qui formait l'arrière-garde. Enfin je reçus l'ordre de descendre à mon tour dans la prairie pour traverser le bois. L'escadron de dragons me suivit et j'allai prendre place entre les deux régiments de cuirassiers. Nous ne tardâmes pas à voir les

Cosaques couronner la hauteur que nous venions d'abandonner, mais quel ne fut pas notre étonnement, quand nous vîmes déboucher du bois, quatre ou cinq minutes après nous, une petite caravane composée de trois mulets chargés que des soldats du train tiraient par la figure et à côté desquels marchaient paisiblement deux hommes revêtus d'un costume moitié civil, moitié militaire, portant à la main un ballot composé d'un parapluie, d'une canne et d'une épée soigneusement enfermée dans un étui de serge verte, le tout ficelé ensemble. C'étaient les deux employés du télégraphe qui formaient bravement l'extrême arrière-garde. Au moment où on avait quitté la position de Moraïvineff-Saraï, ils étaient en train de transmettre une dépêche : le capitaine de dragons leur avait dit de se hâter, mais ils avaient tenu à bien emballer tout leur matériel, et le capitaine, voyant les Cosaques traverser l'eau, ne voulant pas d'ailleurs abandonner l'artillerie qu'il avait mission d'escorter, les avait tout bonnement plantés là après une dernière sommation. Ils achevèrent tranquillement leur besogne, et les Russes, à cent lieues d'imaginer que quatre hommes isolés fussent restés seuls à charger des tentes sur des mulets, n'osèrent pas gravir la côte tant qu'ils virent là les braves télégraphistes. Ceux-ci, sans s'en douter, avaient donné un grand exemple de courage professionnel. Je ne crois pas qu'on leur en ait témoigné beaucoup de gré.

Quoi qu'il en soit, nous reculâmes avec les cuirassiers et les dragons jusqu'au col de Petrowski et nous y restâmes déployés en bataille jusqu'à ce qu'un officier d'état-major vînt nous apporter l'ordre de reprendre notre position du matin. Les Russes nous la cédèrent sans la moindre difficulté, mais nous eûmes beaucoup de mal à y rétablir l'ordre et la propreté. Il avait suffi de quelques heures à nos bons amis les Cosaques pour donner à notre camp un aspect de désolation. Entre autres plaisanteries, ils avaient eu l'idée de casser en morceaux environ deux ou trois cents bouteilles vides mises de côté en attendant le moment de nous en débarrasser, et ils avaient jeté tous ces morceaux de verre de droite et de gauche de manière à en joncher le terrain. Il fallut les enlever à la main, ce dont nos hommes vinrent à bout à force de temps et de patience. Voici du reste ce que j'écrivais le 17 août :

« Au diable le télégraphe qui va vous apprendre demain ou après-demain qu'il y a eu ici hier une grande affaire ; vous allez être inquiète jusqu'à ce que vous ayez une lettre. Vous aurez bien tort pourtant, pour cette fois, car, à cause de notre position dans la vallée de Baïdar, nous n'avons pris aucune part à cette bataille, ce dont j'enrage bien assez, vu que l'artillerie à cheval y a eu le rôle principal. Sans compter que nous avons eu bien du mal et bien de la fatigue. Nous avons battu en retraite devant les Russes, et si la bataille avait été perdue, nous avions grande chance d'être tous pincés, attendu que nous aurions été coupés de nos communications. Nous n'avons pas encore grands détails sur la bataille, nous savons seulement que les Russes ont, dès le matin, attaqué avec fureur notre camp de Tracktir et la position des Piémontais à Tchorgoun. Ces derniers se sont admirablement défendus et ont repoussé toutes les attaques, heureusement pour nous, car les Russes cherchaient surtout à s'emparer du pont de Kretzen sur lequel il faut passer pour venir ici. Du côté de Tracktir, les Russes sont arrivés en trois colonnes très fortes, ont franchi la Tchernaïa et ont commencé à gravir les monts Fédioukine. On les a laissés venir jusqu'au premier palier où l'artillerie les a accueillis par une décharge de mitraille ; l'infanterie s'est jetée sur eux à la baïonnette et les a culbutés dans la Tchernaïa. Après plusieurs tentatives pour revenir à la charge, ils ont fini par reprendre la route par laquelle ils étaient venus sans être poursuivis par notre cavalerie qui n'a pas osé s'aventurer au milieu de leurs batteries. Ils ont laissé énormément de cadavres sur le terrain et on leur a fait 3,000 prisonniers. Notre artillerie a eu un lieutenant tué, un chef d'escadron de la garde amputé, un capitaine blessé assez grièvement et un lieutenant blessé très légèrement. C'est surtout la batterie de la garde qui a souffert et précisément la dernière débarquée... Mes lieutenants n'ont pu de cette affaire aller à l'enterrement du capitaine C..., commandant la batterie du 17ᵉ, qui marche avec la nôtre. Il était souffrant en même temps que moi et, comme moi, il s'est enfermé sous sa tente, s'est mis dans la tête de se faire évacuer sur la France, et pour cela, il a voulu absolument entrer à l'ambulance. Il n'était encore malade que moralement, une fièvre pernicieuse contractée au milieu de tous ces malades l'a enlevé en deux jours ; le pauvre diable a été enterré au plus fort de la bataille. Il n'aura pas eu grand monde. » Plus tard sa famille ayant instamment réclamé son corps pour le faire transporter en France, personne ne fut capable d'indiquer avec précision la place où il avait été enterré.

« Le même jour, à midi, mon maréchal des logis chef m'a envoyé par un petit mot quelques détails sur la bataille ; nous n'avons eu que mille hommes hors de combat. Il a vu, au quartier général, 600 prisonniers non blessés, dont 8 officiers : c'était un bataillon qui a été tourné et pris presque en entier. La batterie de la garde qui a tant souffert a été abîmée par les gros canons de *Gringalet* et de *Bilboquet*... Avant-hier nous allions célébrer la fête du 15 août en tirant des salves d'artillerie, en passant une belle revue dans la plaine et en écoutant une messe à Moraïvineff-Saraï. A onze heures du soir, on m'a donné l'ordre de lever mon camp, de faire charger tous mes bagages et de faire partir ma réserve. On avait touché la veille une double ration de vin et un demi-jour de solde de gratification de sorte qu'il y avait une masse d'hommes fortement gris. Je me suis rarement fait autant de mauvais sang ; mes sous-officiers qui avaient trop bien fêté l'Empereur étaient abrutis, je ne pouvais rien en tirer. Enfin j'ai expédié ma réserve à deux heures du matin et, pour me calmer, je me suis endormi sur l'herbe trempée par la rosée. Le lendemain matin, nous n'avions rien à nous mettre sous la dent parce que, dans la précipitation de la nuit, on avait tout emballé. Heureusement nos canonniers avaient leurs pains de munition, ce qui nous a permis de déjeuner sinon avec luxe, du moins assez bien pour ne pas mourir de faim. Le soir, nous n'avons eu nos bagages que fort tard et nous avons soupé fort avant dans la nuit, sans avoir dîné bien entendu. Un colonel d'état-major nous était arrivé à deux heures du quartier général pour nous apporter l'ordre de regagner notre camp. »

Cette journée du 16 août, pleine de déceptions pour nous, quoique très mouvementée, n'avait apporté qu'une diversion passagère à nos ennuis. J'écrivais le 19 août : « Notre séjour ici est plus monotone que jamais, on a fait hier et aujourd'hui deux reconnaissances, mais les Russes se retirent toujours. Hier on ne les a même pas aperçus. Ce matin, les Cosaques se sont sauvés si vite que, pour mieux courir, ils ont jeté là leurs lances, leurs couvertures de cheval et leurs capotes. Demain, notre infanterie va occuper les crêtes qui nous séparent de la vallée du Belbeck et alors nous serons les maîtres de cette vallée où nous pourrons nous promener tout à notre aise. Décidément nous avons remporté le 16 une grande victoire, mais, comme toujours, plus par le fait des soldats que par celui des généraux.

« Voilà le docteur qui revient, il était allé au camp de Tracktir, il nous a rapporté quelques petites nouvelles dont on est toujours avide ici. Il a vu aussi le champ de bataille, mais tous les morts et les blessés étaient enlevés ainsi que les armes ; il ne restait plus que les gibernes, les casquettes, les guenilles, etc. Ça ne s'est pas passé absolument comme on nous l'avait dit d'abord, on était si peu préparé que la moitié du camp dormait, lorsque les Russes ont attaqué ; des zouaves ont été tués dans leurs tentes et l'infanterie commençait à plier lorsque est accourue au galop une batterie à cheval qui a craché de la mitraille au nez des Russes. Le colonel Forgeot était en avant de cette batterie ; il disait aux zouaves : « Tenez « encore deux minutes et l'artillerie arrive. » Dans tout le corps d'armée, on ne parle plus que du colonel de l'artillerie. Quel dommage que nous n'ayons pas été là ! Je ne me plains pas par ambition, mais, puisque je suis ici, je voudrais que ce fût pour quelque chose ; ce métier d'avant-poste est fatigant et peu glorieux, nous sommes toujours sur le qui-vive, obligés à la moindre alerte de faire filer nos bagages. Nous montons souvent à cheval pour voir les Cosaques et les dragons russes courir devant nous. Il nous faut nous ingénier pour nourrir nos chevaux, et envoyer chercher à six lieues d'ici tout ce qui nous manque. Ce qui me fait le plus enrager, c'est de penser qu'une si belle batterie reste inutile ; si tu l'avais vue le jour de la fête, elle était ficelée comme au polygone de Metz. J'ai ici 231 hommes, il n'y en a jamais plus de 7 ou 8 malades, encore bien légèrement. Comme compensation à l'ennui, nous avons le bon air, la verdure, quelques douceurs pour la nourriture, mais ce qui nous fait absolument défaut, c'est la société. Le docteur nous a raconté que pendant l'armistice d'avant-hier pour enterrer les morts, les officiers russes ont fait beaucoup d'amitiés aux nôtres. Ils se sont séparés d'eux avec force poignées de main, et puis sont allés leur faire tirer des coups de canon ou des coups de fusil. Quelle chose absurde que la guerre lorsqu'on se prend à y songer sérieusement ! »

Du 24 août. — « D'après tous les rapports des espions, nous pouvons nous attendre d'un moment à l'autre à être attaqués sur la Tchernaïa. Les Russes comprennent bien que l'hiver les perdra. Maintenant que nous sommes maîtres de la mer d'Azoff, et que nous allons l'être de la flèche d'Arabat, ils n'ont plus d'autre communication avec le continent que par l'isthme de Pérékop, impraticable lorsqu'il y a de la neige. Ils veulent donc tenter un dernier effort; c'est ce qui pourrait nous arriver de plus heureux. Du reste, la preuve qu'ils sont aux abois, c'est qu'ils commencent à faire arriver en Crimée leurs milices, c'est-à-dire leurs levées de paysans. Nous avons, paraît-il, à quatre heures de nous, 800 de ces gaillards-là, armés de piques et de haches, portant une grande croix blanche sur leurs bonnets. La défaite du 16 a quelque peu démoralisé les Russes. Le 17, on a fait une reconnaissance sur Ouzembasch, c'est-à-dire du côté d'Aitodor qui est la clef du plateau du nord et où est rassemblée leur armée de campagne. Il y avait là une forte avant-garde qui, en voyant déboucher nos tirailleurs, s'est sauvée si vite, que les Cosaques sont passés sur le dos des fantassins. On a fait aujourd'hui trois grandes reconnaissances, pour voir s'il était vrai que, comme le disent les Tartares, nous n'avons plus personne devant nous, mais les choses n'en sont pas encore là. »

Notre existence avait repris son cours monotone; à la fin d'une lettre dans laquelle je donnais des détails sur notre vie matérielle, j'écrivais le 27 août : « Si la haute police ouvre ma lettre, elle sera bien attrapée; elle y cherchera une opinion, elle n'y trouvera que des cailles et de la crème au chocolat. Le gouvernement serait capable de la publier pour faire voir que son armée d'Orient n'a rien à désirer. Le fait est qu'elle ne désire guère que prendre Sébastopol pour pouvoir s'en aller d'ici. Le siège va toujours son petit bonhomme de chemin, les Russes sont de plus en plus resserrés, mais bien lentement. Il y a deux ou trois nuits on a pourtant fait un grand pas, en prenant leurs dernières embuscades entre Malakoff et la rade. Ils ne peuvent plus faire de sortie de ce côté... Ce matin j'étais content, je voyais déboucher du bois une magnifique brigade de chasseurs d'Afrique, et je croyais qu'ils venaient remplacer les dragons ou les cuirassiers et qu'alors nous allions faire quelque chose, mais ils venaient seulement pour faire une reconnaissance et intimider les Cosaques. Ce qui m'étonne, c'est que les Cosaques, qui viennent pendant la nuit dans les villages abandonnés par les dragons, n'aient pas encore brûlé tous les fourrages; mais cela se comprend, la vallée appartient au ministre des finances, nous payons le foin très cher aux Tartares qui ne sont que ses fermiers et transmettent l'argent à leur maître. Celui-ci gagne donc beaucoup à notre présence dans le pays; on prétend même que les Cosaques qui viennent dans les villages sont chargés de constater les quantités de foin vendu et se font donner l'argent... J'ai vu aujourd'hui le caïd Osman, un ancien grand seigneur allemand, qui étant sous-lieutenant en Prusse, il y a une vingtaine d'années, a tué son colonel en duel, a pris la fuite et est venu s'installer en Afrique où il a fait tous les métiers. Il a fini par devenir caïd d'une tribu et officier indigène dans les spahis. J'ai causé avec lui de Kamiesch : c'est maintenant une ville fortifiée ayant pour garnison une brigade d'infanterie, pour gouverneur un général, un commissaire de police, une municipalité et des maisons en pierre. Ce qui y manque le moins, c'est de la canaille. Tous les gens que nous y avons vus l'hiver dernier ont fait fortune et sont partis, mais d'autres sont venus qui ne valent pas mieux. »

« Nous commençons, écrivais-je encore le 31 août, à nous faire à l'idée de passer l'hiver prochain en Crimée : on va, je l'espère bien, prendre le faubourg de Karabelnaïa, mais il restera la ville et surtout le plateau du nord. Déjà M. Raffron a écrit à Saint-Malo pour nous faire venir à tous des grandes bottes de pêcheur avec lesquelles on peut marcher dans l'eau. Ces bottes montent jusqu'au milieu des cuisses, de sorte qu'on n'a pas les genoux mouillés. J'ai commandé les miennes assez grandes pour pouvoir y entrer avec deux paires de chaussettes et des chaussons feutrés de Constantinople. Pour le corps, j'aurai mon paletot de peau de mouton et ma criméenne (capote à capuchon et à pèlerine)... Nous avons fait hier une grande promenade, Pellé, Demay et moi : nous sommes allés au col de Phoros, où l'on a une si belle vue sur la mer; comme il n'y a plus par là de cavalerie ni anglaise, ni française, nous sommes partis armés jusqu'aux dents et suivis chacun d'un canonnier. Nous avions traversé Baïdar, un peu désert depuis le départ de notre cavalerie, nous avons vu quelques femmes qui, suivant l'usage, se sont sauvées à notre approche. Les femmes de ce pays lavent le linge avec leurs pieds et rien n'est curieux comme de les voir auprès d'une fontaine, debout, tricotant des jambes avec une rapidité incroyable, pour frotter le linge. Comme il y en avait quelques-unes auprès d'une fontaine au sortir de Baïdar, nous avons pris le trot pour les voir de plus près, mais elles se sont enfuies en poussant des cris d'affolées. Le fait est que les Cosaques sont venus l'autre jour dans un village des environs, et sont partis avec plusieurs jeunes filles qu'ils avaient trouvées à leur goût; mais les Tartares mâles ne s'y sont pas trompés et en voyant la terreur de leurs filles ou épouses, ils se sont pris à rire jusqu'à se tordre les côtes... Nous ne savons pas grand'chose du siège, si ce n'est qu'il est arrivé l'avant-dernière nuit un épouvantable accident. Un magasin à poudre, dans lequel il y avait six mille kilogrammes de poudre, a sauté, et cette explosion a détruit une batterie entière; sur dix pièces il n'en est resté que deux debout, les huit autres ont été lancées à des hauteurs prodigieuses et sont allées tomber au diable : 29 hommes tués et 180 hors de combat. Cette batterie était commandée par mon camarade Noury, mais il n'était pas de service cette nuit-là. Le lieutenant venait d'entrer dans le magasin; comme tu peux le penser, son corps n'a pas été retrouvé. Ce sont surtout les voltigeurs de la garde qui ont souffert et qui ont perdu du monde. Deux braves canonniers ont eu la présence d'esprit de courir aux deux pièces qui n'avaient pas sauté et d'y mettre le feu; le tir de ces deux pièces a empêché les Russes de sortir de Malakoff, mais ils ont poussé trois hurrahs de réjouissance. Ce qui n'empêche qu'ils ont reçu une fameuse pile le 16. A propos de cette bataille, on cite un assez joli mot de l'intendant de la garde impériale. Comme on n'avait pas donné beaucoup d'ordres et que les troupes avaient marché d'elles-mêmes, « il paraît, dit-il, qu'il en est des batailles comme de la confiance, ça se gagne, mais ça ne se commande pas. »

Le siège marchait plus vite que nous voulions bien le croire et, dans la prévision de l'assaut prochain, on songeait déjà à nous rapprocher du gros de l'armée. Je lis dans une lettre datée du camp de Baïdar le 3 septembre: « Nous avons déménagé, comme tu le vois, mais pour faire une lieue seulement; nous avons eu autant de mal que s'il avait fallu gagner l'autre bout du monde. On est venu me prévenir à huit heures du soir qu'il fallait tout emballer et monter à cheval. Malgré la peine que nous avons eue à nous reconnaître dans cette obscurité, nous étions installés à onze heures, le général au milieu de nous et les hussards en avant. Le matin nous avons joui du spectacle d'un camp formé au hasard. Pour ma part, j'avais ma tente dressée au bord d'un fossé assez grassement garni par les cuirassiers qui avaient campé là autrefois; en outre, j'étais flanqué par deux charognes de bœufs à moitié sorties de terre. On a envoyé de tous côtés des reconnaissances qui n'ont rien trouvé. Nous étions partis parce qu'on avait prévenu le général que les Russes voulaient nous enlever, et comme il n'avait plus assez de monde pour se garder, il a préféré se replier en arrière des débouchés latéraux. Mais après examen, il nous a trouvés encore trop exposés, et nous avons levé à midi notre camp improvisé pour venir où nous sommes maintenant, à 200 mètres en arrière au bord des bois qui entourent le château de chasse de Petrowski. Nous sommes dans une espèce de grand verger, sur une pelouse fine et sous des arbres assez espacés pour qu'on puisse circuler facilement tout en se trouvant à l'ombre. Notre front de bandière est protégé par le Baïdar, torrent qui est à sec pour le moment, mais qui doit rouler beaucoup d'eau, car il vient des montagnes et son lit est très profond ; à notre droite est un torrent pareil qui vient de Petrowski, de sorte que nous n'avons rien à craindre de la cavalerie russe. Nos pièces sont en batterie braquées sur la plaine, derrière nous est le général avec son état-major. A notre droite est la compagnie de chasseurs à pied de garde, plus à droite est la batterie du 17e. Le bataillon de chasseurs est sur une hauteur à notre gauche, les hussards sont dans la plaine et le bataillon de zouaves dans le bois en avant. Nous avons passé la nuit de samedi à abattre des arbres pour nous barricader... Nous avons eu l'autre jour un fourrage de vive force infligé comme punition aux villages de Baïdar et de Sakti. Les habitants de Baïdar, en nous voyant lever le camp vendredi soir, avaient cru sans doute que nous quittions la vallée, et ils avaient refusé des arabas à l'état-major, ou du moins ils avaient eu le toupet de demander quarante francs par voiture tandis que cela valait bien quarante sous ou quarante coups de pied quelque part. Ceux de Sakti avaient laissé deux turcos entrer dans leur village sans les prévenir qu'il y avait des Cosaques, et les pauvres turcos avaient été faits prisonniers. Donc dimanche à onze heures, on a cerné ces deux villages et on a réparti les groupes de maisons entre les régiments et batteries en nous disant : « Vous allez prendre tout le fourrage

« que vous trouverez, ainsi que les bœufs. Bien entendu, « les gens ne seront pas payés, mais on leur rendra leurs « voitures et leurs bœufs. » J'avais pour ma part une portion du village de Baïdar, j'ai bien vite trouvé de quoi charger toutes nos voitures et nos chevaux qui ont fait deux voyages et nous avons eu ainsi pour cinq jours de fourrage, et du bon, car les gueux nous avaient toujours vendu le plus mauvais et gardé le meilleur pour eux. Mais ce n'était pas, à vrai dire, une exécution très gaie; il fallait une grande surveillance pour empêcher qu'en chargeant le fourrage, on ne prît autre chose. Les femmes ne songeaient pas à se cacher, beaucoup même venaient au-devant de nous et s'empressaient de nous montrer le foin et les bœufs, sans doute pour se débarrasser plus vite de nous. Il y avait aussi des maisons où les gens pleuraient en nous faisant signe qu'ils n'avaient plus rien à donner à manger à leurs bêtes. Je ne pouvais pas me débarrasser d'un Tartare dont j'avais fait vider la grange et qui criait après moi en proférant un tas de mots au milieu desquels je ne comprenais que Toulon, foin et bœuf. Enfin j'ai fait venir un interprète, et j'ai su que cet homme avait été pris il y a six mois comme espion russe, qu'il avait passé tout ce temps-là au bagne à Toulon et qu'il avait été relâché quand nous sommes venus dans cette vallée, parce qu'on avait appris alors qu'il était victime d'une erreur. On avait oublié de lui donner une sauvegarde, de sorte que son foin était pris : tout ce qu'on a pu faire, c'est de le lui payer. Les maisons de nos guides et de nos espions étaient gardées par nos factionnaires, que les femmes soignaient en leur apportant à chaque instant des tasses de café. Décidément les Tartaresses sont mieux que les Tartares, mais elles ont les doigts teints en jaune foncé, ce qui n'est pas très ragoûtant.

« A Sakti on a fait à peu près la même chose qu'à Baïdar, mais en outre on a démoli et rasé complètement les maisons où les Cosaques avaient l'habitude de venir.

Les zouaves chargés de cette besogne s'en sont acquittés de main de maître..... En rentrant de là il m'a fallu encore monter à cheval pour aller reconnaître le terrain en arrière du camp, de sorte que quand je suis rentré sous ma tente j'avais dix heures de cheval dans les jambes ; aussi me suis-je couché à huit heures et j'ai dormi de suite, mais à minuit le commandant est venu m'éveiller pour me dire de lever le camp, de faire charger toutes les voitures et d'attendre la petite pointe du jour pour faire filer nos bagages. Il nous a fallu encore passer la nuit auprès du feu et tout cela pour rien, car à six heures du matin on nous a fait dételer et nous avons pu dormir sur le foin enveloppés dans nos couvertures au pied d'un arbre. A neuf heures on nous a donné ordre de redresser nos tentes, qu'il nous faudra encore lever la nuit prochaine très probablement. Tout cela est bien peu de chose auprès des misères du siège, mais ce sont de petites misères sans aucune compensation. »

Le dénouement approchait et le dernier bombardement de Sébastopol avait commencé. J'écrivais le vendredi 7 septembre, c'est-à-dire la veille de l'assaut : « Nous entendons comme un roulement sourd et continu le bombardement de Sébastopol, et pas une nouvelle ; nous ne savons rien de ce qui se passe, voilà le troisième jour, et à peine de temps en temps quelque canonnier venant du petit dépôt nous rapporte quelques cancans dont nous ne pouvons vérifier l'exactitude. Nous savons seulement que toutes les batteries et la flotte tirent sur la place, qu'un vaisseau de ligne russe a été brûlé dans le port par nos bombes, et que l'assaut est imminent. Et cependant les Russes ne font pas leur fameuse attaque sur la Tchernaïa. Ils ont pensé, sans doute, qu'ils n'y trouveraient pas grand agrément. On a accumulé les troupes au camp de Tracktir avec 200 bouches à feu de campagne, tant françaises qu'anglaises et piémontaises ; d'un autre côté, les Tartares nous racontent ici que les

Russes font filer loin de Sébastopol leurs magasins de vivres, leurs administrations, etc. Qu'est-ce que cela veut dire ? Veulent-ils se débarrasser de leurs *impedimenta* pour le cas où ils seraient obligés de se sauver après la prise de la ville ? Veulent-ils, au contraire, se rendre plus légers pour nous attaquer ? Toujours est-il qu'ils nous font l'effet de se retirer. Il n'y a même plus de Cosaques dans cette vallée. Nos reconnaissances n'en ont trouvé nulle part, et nous allons, demain, faire notre fourrage à Orkousta et à Baga, c'est-à-dire à deux lieues en avant. Tout cela ne me dit pas où nous passerons l'hiver... Dieu ! l'affreux vent ! et quel ennui si le mauvais temps va déjà venir !... »

Visite à Sébastopol. (Page 245.)

CHAPITRE II

APRÈS L'ASSAUT

Retour au camp de Tracktir. — Fourrages d'Orkousta. — Marche de nuit. — Incendies et explosions. — Visite à Sébastopol. — Le grand Redan. — Faubourg de Karabelnaïa. — Scènes de pillage. — Malakoff. — L'arsenal. — La ville en ruines. — Pélissier, maréchal de France. — Le général Bazaine. — Les forts du nord. — Immenses approvisionnements. — Détails rétrospectifs. — Un *Te Deum*. — Réorganisation de l'artillerie. — Le général B... — Combat de Kanghil. — La batterie des Demoiselles. — Visite à Kamiesch. — Les amazones. — Promenade à Balaklava. — Une revue. — Le général Bosquet. — Le général Canrobert. — Le jeu de la faim. — Retour au plateau de Chersonèse. — Préparatifs d'hivernage. — Une dame aimable.

Enfin notre impatience ne fut pas trompée et je pus écrire du camp de Tracktir le 10 septembre : « Eh bien, voilà l'événement depuis si longtemps attendu et qui va peut-être changer bien des choses. Tu le sauras de reste, quand tu recevras cette lettre : Malakoff a été pris, et quoique l'assaut n'ait pas réussi sur les autres points, comme c'est la position dominante et qu'une fois Malakoff pris tout le reste tombait, les Russes ont évacué la ville en l'incendiant et en faisant sauter les fortifications. Quant à moi, me voilà revenu au camp de Tracktir, à peu près à la même place où nous étions avant de partir pour la vallée de Baïdar. J'étais, samedi matin, au fourrage à Orkousta, lorsque l'adjudant de la batterie est arrivé au galop me prévenir qu'il fallait absolument rentrer au camp, que l'assaut se donnait à midi et que nous devions nous tenir prêts à partir avec la batterie. C'est à huit heures du soir que nous avons reçu l'ordre de nous mettre en route ; nous ne savions pas encore grand'chose à ce moment-là, si ce n'est que Malakoff était pris et que le général Bosquet était blessé. Après avoir marché sous un ciel illuminé par la flamme des explosions et des incendies, nous bivouaquions à deux heures du matin sur l'emplacement des redoutes turques de Balaklava. J'y suis resté enveloppé dans mon manteau, près d'un mauvais feu alimenté avec le bois que j'avais eu l'esprit d'apporter, à voir le reflet des flammes de Sébastopol et à entendre le bruit des explosions. Vers quatre heures nous avons eu enfin des nouvelles, d'abord par une lettre du colonel Forgeot à notre commandant: — le général en chef venait de prévenir l'armée que les Russes évacuaient le terrain au sud de la rade et que Sébastopol était à nous. — Puis le général de la Marmora est passé avec son état-major et nous a gracieusement mis au courant des détails que tout le monde sait aujourd'hui. On a beau être blasé sur le spectacle des camps, c'en était un bien beau et bien impressionnant que celui de toutes ces tentes sardes, anglaises, françaises, turques et russes sur les deux rives de la Tchernaïa avec la mer tout autour. Il y avait là plus de

150,000 hommes entassés dans un étroit espace, et tous ces feux de bivouacs produisaient dans la nuit un effet splendide, quoique pâlissant parfois sous les lueurs des incendies.

« Nous sommes remontés à cheval à huit heures pour venir nous installer ici dans la poussière, au milieu des fumiers et des latrines de tous ceux qui ont campé là depuis quatre mois. Nous qui étions si bien habitués à l'air des prés et des bois !

« *Neuf heures du soir.*—J'en suis resté là ce matin au moment où l'on est venu m'appeler pour déjeuner. Après cet intéressant repas je suis monté à cheval avec M. Demay pour aller visiter Sébastopol. Entrer à cheval dans Sébastopol ! tu dois comprendre l'effet que cela nous a produit. Nous avons suivi la route de Woronzoff, cette même route qui traverse la vallée de Baïdar pour longer la côte méridionale de la Crimée. Je la connais maintenant sur une longueur de plus de dix lieues. En arrivant à la maison de poste, sur la hauteur d'où l'on commence à apercevoir la ville, j'ai reconnu l'endroit où les Russes m'ont si bien reçu, il y a presque un an, le lendemain de mon arrivée en Crimée. Nous avons traversé les tranchées, les batteries anglaises sur un terrain labouré par les boulets et les bombes. Nous sommes arrivés au grand Redan, un ouvrage que les Anglais ont attaqué sans pouvoir le prendre et que les Russes ont fait sauter dans la nuit de samedi à dimanche. Quel bouleversement ! les gabions, la terre, les canons, les boulets, les éclats de bombe, les bois de plates-formes, tout cela est pêle-mêle et sens dessus dessous. En arrière du grand Redan sont les casernes, deux immenses bâtiments dans le genre de la caserne du génie de Metz, mais beaucoup plus grands et avec une cour bien plus large. Cette cour se termine par une esplanade à pic audessus du port. De cette belle terrasse nous apercevions au delà du port la ville de Sébastopol tout en flammes dans laquelle éclataient à chaque instant des détonations. Nous voyions l'arsenal, les docks et les vaisseaux qui achevaient de brûler dans la rade. C'était imposant au dernier point, mais à côté de nous que de scènes comiques et même répugnantes ! Il avait bien fallu laisser les soldats entrer dans Sébastopol dont la conquête était due à leurs efforts incessants, et comme la ville était abandonnée, ils fouillaient partout cherchant des meubles, de la vaisselle, des vivres. Des zouaves coiffés du casque russe, des artilleurs revêtus de grandes capotes emportaient des tables, des chaises, des tableaux, des statuettes, en un mot du butin de toute espèce. Quelques-uns s'installaient tranquillement sur une chaise pour revendre aux Anglais ce qu'ils avaient trouvé. La foule des arrivants augmentait à chaque instant, il n'était pas jusqu'aux cantinières qui venaient s'approvisionner. Le spectacle devint bientôt ignoble : Piémontais, Turcs, Anglais, Français, tous étaient plus ou moins ivres et l'on en voyait tomber à côté des cadavres des combattants de l'avant-veille qui n'étaient pas encore enlevés.

« Fuyant ce spectacle, nous sommes montés à Malakoff où nous nous sommes trouvés avec l'amiral Bruat, à qui un officier d'état-major donnait toutes les explications désirables, ce qui a rendu notre visite des plus intéressantes. Quand on a été là, on voit combien il était facile de prendre Sébastopol au début. Il n'y avait qu'à s'installer au mamelon Vert pour enlever Malakoff qui n'était pas encore fortifié, on aurait été alors maître de la ville, parce que la tour Malakoff domine tout et prend tout à revers. L'événement l'a bien prouvé. Au lieu de cela les Anglais n'ont pas attaqué par là, n'étant pas assez nombreux pour le faire, nous y sommes venus trop tard, et Dieu sait ce qu'il nous en a coûté. La vue dont nous jouissions de là, ce matin, était convaincante encore plus que magique. Sous ce dernier aspect il n'est pas de panorama qui puisse en donner une idée même approximative, mais ce qui frappe tout le monde, c'est qu'on se trouve absolument sur les derrières des défenses de la ville et qu'il semble impossible à une garnison quelconque de tenir sous le feu de Malakoff si elle était en même temps attaquée par le bastion central ou le bastion du mât. Un autre sujet d'étonnement, c'est qu'on ait pu prendre cet ouvrage ; il y a cinq ou six enceintes consécutives, à travers lesquelles il a fallu circuler comme dans un labyrinthe. Rien n'a sauté dans Malakoff, on peut donc y juger de la quantité de canons, de projectiles et de poudre qui restait aux Russes; ils étaient certainement approvisionnés pour se défendre encore pendant plus d'un an. C'est égal, l'affaire a été rude ! On était en train, pendant notre visite, d'enterrer les morts, et je ne sais si l'on avait fait aux ennemis la politesse de les faire passer les premiers, mais il nous a semblé voir à terre beaucoup plus de Français que de Russes. »

Du 14 septembre. — « Avant-hier j'ai encore fait une visite à Sébastopol. Cette fois j'ai visité l'arsenal, j'ai fait le tour du port, et j'ai parcouru la partie gauche de la ville. On n'a pas voulu me laisser circuler dans les rues, parce qu'il faut une permission pour y aller; elles sont constamment battues par l'artillerie des forts du nord; mais j'ai visité toutes les fortifications, le bastion du mât, le bastion central, et de celui-ci, qui occupe une position dominante, j'ai bien vu tout l'ensemble; les maisons des faubourgs sont complètement rasées, on ne distingue les rues que parce que l'herbe y a poussé. Une ville démolie du temps de César ne serait pas plus désolée, les maisons de l'intérieur sont encore debout, mais il n'y en a pas une qui ne soit criblée de projectiles... Notre pauvre vallée de Baïdar est occupée maintenant par deux divisions d'infanterie et une brigade de cavalerie. On vient d'y envoyer quatre compagnies du génie, ce qui semble annoncer l'intention d'y construire des routes : une route qui descendrait sur le Belbeck, nous permettrait d'être en deux jours à Batchi-Saraï et de tomber sur la ligne de retraite des Russes. Deux autres divisions partent pour Eupatoria.

« Il n'est encore arrivé que deux dépêches de Paris (toutes deux adressées à Pélissier), l'une signée de l'Empereur, portant simplement ces mots : « Honneur « à vous, honneur à l'armée, merci à tous. » L'autre, émanant du ministre de la guerre, était ainsi conçue : « L'Empereur m'ordonne de vous annoncer qu'il vous « a nommé maréchal de France ; je suis très heureux de vous donner cette nouvelle, très heureux. » Du reste, on dit que le général Pélissier, en remerciant l'Empereur, lui a demandé de nommer également les généraux Bosquet et Mac-Mahon ; la voix unanime de l'armée désignait aussi le général Canrobert. Quant aux Anglais, voici ce qu'on raconte : On avait mis ceux qui devaient donner l'assaut dans la tranchée vis-à-vis le grand Redan, pour en sortir au signal donné par un drapeau planté sur l'épaulement de la redoute où se tenait leur général en chef, Simpson. Le signal donné, personne ne bougea ; le colonel du 23e, déjà illustré à l'Alma et qui se trouvait en seconde ligne, s'est élancé en avant en s'écriant : « L'Angleterre est déshonorée si nous ne marchons pas ! » mais le régiment a été écrasé avant d'arriver à la première ligne qui n'a pas bougé davantage. Quelque temps après, le général Pélissier a envoyé dire au général Simpson : « Je suis maître de Malakoff, mais le Redan « tire sur nous, attaquez-le, voilà le moment. » Mais le brave père Simpson s'est dit : « Si Malakoff est pris, il « est inutile de rien attaquer, puisque la place tombera « d'elle-même. »

« La vie avait recommencé à être monotone ; j'avais, il est vrai, beaucoup à faire pour réorganiser ma batterie, et notre seule distraction était de nous promener dans Sébastopol. Cette fois, écrivais-je le 17, nous avons été dans le cœur de la ville : quelles ruines, quelle désolation ! Pourtant cette ville était assez belle, deux rues plantées d'arbres de chaque côté de la hauteur principale formaient une espèce de boulevard bordé de bâtiments aux riches façades, dont un seul est à peu près bien conservé. C'est le palais du gouverneur, occupé aujourd'hui par le général Bazaine, commandant de la place. Tout le reste est tellement ruiné que les deux régiments qui tiennent garnison à Sébastopol ont été obligés de dresser leurs tentes dans les rues, à l'exception de quelques compagnies logées dans les églises. Il y a des endroits où cela sent bien mauvais, ce qui n'est pas étonnant, quand on pense qu'ils avaient fait des amas de cadavres avec l'intention de les emporter dans leur retraite, et que, n'en ayant pas eu le temps, il les ont laissés empilés dans les rues. Au milieu de ces rues désolées, entrecoupées de barricades et bordées de maisons en ruines, j'ai pourtant rencontré une belle amazone anglaise, portant un charmant costume, et la figure aussi fraîche, le teint aussi pur que si elle sortait d'un boudoir de Grosvenor-square pour la promenade d'Hyde Park.

« Les Russes tirent quelquefois du fort Constantin sur la ville et pourraient nous faire assez de mal, car la distance n'est que de mille mètres, mais j'ai choisi pour ma promenade le moment où le drapeau blanc était arboré sur le fort Constantin, du côté des Russes, et sur le fort Alexandre, de notre côté. Ce dernier fort ferme la rade du côté sud ; j'ai profité de la suspension d'armes pour aller le visiter, j'y ai rencontré le nouveau général Mazure, qui paraissait enchanté ; il est président de la commission de classement du matériel de la place. Figure-toi qu'on a trouvé dans Sébastopol 3,567 bouches à feu, dont 1,500 n'ayant jamais servi. Tu vois que s'ils se sont retirés, ce n'est pas faute de moyens matériels.

« Nous attendions avec impatience les premiers journaux de France annonçant la prise de Sébastopol, il paraît tout de même que cela a produit un certain effet et qu'on se bousculait pour lire les dépêches. Mais les gens qui croient la guerre finie, se trompent fort. Qu'on mette aux voix, dans l'armée de Crimée, la question de savoir si l'on devrait s'embarquer ou rester ici, il n'y en aura pas 200 qui voteraient pour rester. Les gros bonnets ont ce qui leur faut, ils ne demandent plus que le repos et la bonne nourriture, les autres en ont plein le dos, ce qui n'empêche pas qu'on se battrait de bon cœur, si l'on en avait l'occasion. Il s'en est fallu de bien peu qu'on ne gardât pas Malakoff, il y avait déjà quelque temps qu'on y était installé et une vingtaine de Russes, réfugiés dans le réduit, tiraient des coups de fusil par les créneaux : ils avaient déjà tué ou blessé plusieurs officiers supérieurs, on ne pouvait les forcer dans leur retraite et ils refusaient de se rendre. On fit apporter plusieurs fascines, auxquelles on mit le feu pour les enfumer, et ils se rendirent. On s'avisa alors que le feu pourrait bien se communiquer aux magasins à poudre et faire tout sauter; il n'y avait pas d'eau pour l'éteindre ; on se mit à piocher pour l'étouffer sous la terre, c'est alors qu'on trouva un fil électrique communiquant avec le magasin à poudre; on s'empressa de chercher tous les autres fils et de les couper.

« Nous avons eu dimanche matin une messe solennelle avec un *Te Deum*, pour célébrer la prise de Sébastopol; je commandais précisément les pelotons de canonniers qui assistaient à cette messe; c'est là qu'il y avait une belle enfilade de généraux ! L'autel était très bien arrangé et sortait un peu des trophées d'armes qu'on a l'habitude de voir en pareille occasion; il représentait un arceau gothique construit avec des pistolets et des lames de sabres. »

A la fin de septembre nous étions toujours dans la même position, ne faisant rien, ne voyant rien faire et nous ennuyant Dieu sait comme! Cependant la saison s'avançait, un jour c'était une gelée blanche, le lendemain matin un brouillard tel qu'en prenant mon pantalon, resté pourtant sous la tente, je crus qu'il avait été plongé dans l'eau. « J'ai bien peur, écrivais-je le 29 septembre, que ma batterie ne change bientôt de position : tu sais que nous faisons partie de la réserve d'artillerie, je n'essayerai pas de te faire comprendre cela, je crois du reste que personne n'y comprend grand'chose. Bref, on appelle réserve d'artillerie, l'ensemble des batteries qui ne sont pas attachées aux divisions d'infanterie ou de cavalerie. Ordinairement chaque corps d'armée a sa réserve et il y a une réserve générale pour toute l'armée; mais, comme l'armée d'Orient a été organisée de bric et de broc, au fur et à mesure des augmentations, il y avait deux réserves : l'une commandée par le colonel de Rochebouet, comprenant quatre batteries à cheval de la garde avec deux batteries à cheval et une batterie montée de la ligne, était attachée au 3e corps; l'autre, dite réserve générale, commandée par le colonel Forgeot, se composait de trois batteries à cheval, dont la mienne, quatre batteries montées, une batterie de montagne et une batterie de fuséens. Tout cela s'était fort embrouillé depuis quelque temps, parce qu'il avait fallu détacher des batteries à cheval auprès des corps d'armée qui n'en avaient pas; ainsi, pour ma part, j'ai toujours marché avec le 2e corps ou avec la division d'Allonville. On a tout remanié, il ne va plus y avoir qu'une réserve générale de huit batteries, dont quatre à cheval et quatre montées, et trois réserves de corps d'armée, comprenant chacune trois batteries. Il est probable que je serai dans une réserve de corps d'armée, parce qu'on ne voudra pas séparer les quatre batteries à cheval de la garde et qu'on les laissera ensemble à la réserve générale... Du reste, il y a ici disette complète de nouvelles, on s'aborde en se demandant : « Savez-vous

« quelque chose de nouveau? » Et on répond invariablement : « Non; et vous? » On comble les tranchées, on désarme les batteries du siège; en revanche on construit et on arme beaucoup de batteries en ville pour tirer sur les forts du nord de la rade. On ne leur fera pas grand mal à cette distance. La cavalerie embarquée l'autre jour pour Balaklava s'y est déjà battue. On n'a pas de détails sur l'affaire; c'est le général d'Allonville, celui avec qui nous étions dans la vallée de Baïdar, qui commande là-bas. »

L'armée avait été réorganisée, le général Le Bœuf était rentré en France pour commander l'artillerie de la garde, et le colonel Forgeot, nommé général, l'avait remplacé dans le commandement de l'artillerie du 1er corps d'armée. Pour moi, j'étais décidément classé dans la réserve du 2e corps sous les ordres du général B.... Rien n'est désagréable comme ces changements de personnel, je servais depuis près de dix-huit mois sous les ordres de chefs qui voulaient bien m'accorder une certaine valeur, et je passais brusquement sous le commandement d'un homme qui ne m'avait pas vu à l'œuvre et qui, en supposant la réciprocité des sentiments, ne pouvait guère m'estimer. Voici ce que j'écrivais à ce sujet le 2 octobre : « Me voici plus que jamais cloué sur les bords de la Tchernaïa; d'après ce que je t'ai écrit l'autre jour, notre batterie est attachée à la réserve du 2e corps d'armée, et comme c'est ce corps qui garde les lignes de la Tchernaïa, je me vois éternisé sur ces bords peu fleuris. Après tout, c'est le corps le mieux composé comme troupes, celui qui comprend les vieilles divisions de l'Alma, d'Inkermann, du mamelon Vert et de Malakoff, c'est avec lui que je me suis toujours trouvé et je serais bien content d'y être si le général Bosquet ne rentrait pas en France; si même le général de Mac-Mahon prenait le commandement à sa place, je me consolerais encore de passer sous les ordres du général B.... comme commandant de l'artillerie.

« Il est question de bien des choses pour cet hiver, mais je suis persuadé que nous le passerons à la place même où nous sommes, je crois qu'on ne veut pas heurter de front les positions russes qui sont trop hérissées de batteries et dont les abords sont trop escarpés. On cherchera plutôt à leur en rendre le séjour impossible; on prend donc des mesures pour couper leurs communications, les Anglais leur ont déjà pris la mer d'Azoff, la cavalerie et les Turcs travaillent à Eupatoria à leur enlever la route de Pérékop. Notre cavalerie a même eu le 28 un bien joli combat : elle a enlevé une batterie d'artillerie avec 300 chevaux et 200 prisonniers. Les Russes ont eu 100 tués dont 1 colonel; nous n'avons eu que 4 hommes tués et 27 blessés. C'est le 4e hussards qui a fait ce coup-là, bien heureux à plusieurs points de vue. D'abord c'est la première fois de cette guerre qu'on prend des canons en rase campagne, ensuite c'est la première forte affaire de la cavalerie. Aujourd'hui on embarque quatre régiments d'infanterie, un bataillon de chasseurs et deux batteries d'artillerie. On ne sait pas pour quel pays, mais comme toute la marine s'en mêle avec ses bombardes, canonnières, etc., on pense qu'il s'agit d'aller brûler à Nicolaïeff les grands magasins des Russes; d'un autre côté, les chasseurs d'Afrique poussent sur Baïdar pour intercepter les convois qui pourraient chercher à entrer dans Sébastopol.

« Je suis allé hier déjeuner à la direction générale des parcs. En voilà des gens installés! Ils mangent dans une baraque entourée de divans à la turque, il y a au milieu une grande table ovale pour 24 couverts; belle porcelaine, cristaux, argenterie, etc., jusqu'à une magnifique cheminée en marbre blanc style Louis XV à coquille, dépouilles de Sébastopol, rien n'y manque, si ce n'est quelque chose à manger. Notre cuisine à nous est bien meilleure, celle surtout du commandant de Berckeim chez qui j'avais dîné la veille avec mon nouveau lieutenant et qui nous avait donné un excellent dîner, venu du reste en grande partie de chez Chevet. Mais au grand parc, ce qu'il y a de pis, c'est la collection de convives, quelle réunion de vieilles perruques! J'en excepte toutefois le général qui paraît le plus jeune de tous, ainsi que le colonel directeur du parc du siège, un homme charmant (de Blois de la Calande). Après déjeuner, j'ai filé au grand trot sur Kamiesch, où j'ai vu bien du changement depuis notre départ au mois de mai. La ville marchande est quadruplée, toutes les vieilles tentes, baraques, etc., ont été remplacées par de véritables maisons en bois assez élégantes, peintes en bleu, rouge, violet, etc. ; au lieu des trois rues de notre temps, il y en a huit ou dix très longues, avec des plaques indicatrices de leurs noms : rues de la Victoire, de la Gloire, du Commerce, Napoléon, de Sébastopol, etc. Il y a jusqu'à une halle aux légumes, mais on ne les donne pas pour rien : un chou se vend cinquante sous, merci ! Le vice a fait toilette, il y a beaucoup de dames à Kamiesch, pourtant la police renvoie celles qui ne tiennent pas de magasin ou qui ne justifient pas de moyens d'existence. Mais il y a bien des moyens d'existence pour les dames de cette espèce. A ce propos, une des batteries de la défense de Sébastopol avait dans la garnison un drôle de nom, on l'appelait batterie des... Demoiselles, parce qu'elle était dans un quartier mal famé et que ces dames avaient avec beaucoup de patriotisme travaillé à sa construction : elles en avaient fait tous les terrassements.

« C'est surtout comme établissement militaire que j'ai trouvé Kamiesch agrandi et embelli. Il y a là des piles de projectiles de quoi recommencer le siège, et cependant les Français ont lancé à eux seuls 1,600,000 projectiles, les Anglais en ont bien lancé 500,000, notre marine à peu près autant, les Russes en ont lancé au moins 2 millions. C'est donc un total de 4 à 5 millions, consommation dont on n'avait jamais eu idée jusqu'alors. Demain j'envoie mes chevaux au col de Petrowski pour servir de relais au général Mazure qui veut aller visiter le pays jusqu'à l'extrémité de la vallée de Baïdar. Quant à moi, je m'en dispense, j'ai eu le temps de me blaser sur ces beautés champêtres. »

Du 5 octobre. — « La vie est de plus en plus monotone ici et le temps passe lentement. Heureusement notre commandant reçoit beaucoup de livres, c'est une distraction. On lui a envoyé l'autre jour toutes les pièces qui ont paru dans l'année; il n'y a pas grand'chose de bon là-dedans, quelques-unes cependant m'ont amusé, entre autres le *Demi-Monde*, par l'auteur de la *Dame aux Camélias*. C'est un peu le même genre, quoique moins pathétique et mieux fait peut-être; mais dans toutes ces pièces-là il n'y a pas beaucoup de femmes honnêtes. Ces gens-là n'en connaissent donc pas? J'ignore si la femme que j'ai vue l'autre jour à Kamiesch est honnête, mais elle est bien belle, seulement la conversation était difficile avec elle; je lui parlais français, elle n'y comprenait rien; anglais, pas davantage; je lui servis tous les mots grecs, turcs, italiens, allemands que je peux connaître, toujours incompris : c'était une Hongroise. Aujourd'hui je suis allé à Balaklava avec M. Demay; nous y avons rencontré quatre amazones de l'âge de ton dentiste, plus de deux siècles à elles quatre, cela n'a pas troublé la sérénité de nos âmes. Mais voilà que le soir, comme je sortais de ma tente pour dîner, passe devant moi au grand trot lady je ne sais qui, une jolie blonde celle-là, bien couverte et montant parfaitement. Elle s'est arrêtée un peu plus loin pour écouter en se dandinant sur son cheval la musique d'un régiment d'infanterie qui jouait des polkas. Mes mâtins de lieutenants ne voulaient plus se mettre à table.

« Nous avons fait aujourd'hui une nouvelle promenade à Balaklava; quel tohu-bohu! il n'y a pas dans le monde beaucoup de spectacles pareils à celui-là. Ce mélange de toutes les nations, cette activité, cette boue, ce chemin de fer traversant les camps pour se terminer dans la mer, ces vaisseaux de 50 canons mouillés aux pieds des rochers! Nous avons été avec nos chevaux aussi loin qu'il est possible d'aller, puis nous avons mis pied à terre et nous avons grimpé jusqu'aux ruines du fort génois qui défendait autrefois l'entrée du port. Cette entrée est la chose du monde la plus curieuse, le port a la forme d'une cornue au col très recourbé et très étroit; c'est là l'entrée; quand on l'a franchie, on se trouve au fond d'un entonnoir entouré de rochers à pic. Il y avait là toute une escadre à l'ancre prête à partir pour cette destination qui nous intrigue tant et qui ne part jamais; les Anglais mettent tant de soin dans leurs préparatifs qu'ils n'en finissent pas... Voilà aujourd'hui un an que j'ai mis le pied sur cette maudite presqu'île, je ne valais pas cher alors et je n'aurais pas donné quatre sous de ma peau. Tous ceux qui m'avaient vu partir de Varna me croyaient bien flambé, j'ai été bien vite rétabli par le bon air, le beau soleil et l'excellent raisin. Cette année il n'y a plus guère que le soleil de beau; l'air est empesté; quant au raisin, bernique! Les souches même des vignes ont été brûlées, et ceux qui les ont vues seraient bien embarrassés de dire où elles étaient. »

Du 9 octobre. — « Quel métier que celui de camper indéfiniment sur ces monts Fédioukine sans avoir rien à y faire et pour y être ennuyé du soir au matin de plus de détails qu'en garnison. Le factionnaire du parc ne salue pas un capitaine d'état-major qui passe à cheval, ce beau monsieur se plaint, billet pour le capitaine de la batterie! Le chef d'état-major trouve que les fumiers ne sentent pas bon, billet! Un fantassin dépose culotte trop près de nos tentes, billet! Et les revues! Si j'avais eu affaire dimanche à des gens qui s'y connaissent, on aurait vu que les paquetages étaient faits bien régulièrement et avec le plus grand soin, que les harnais étaient en parfait état, et que les hommes qui depuis six mois n'ont pour tout vêtement qu'une veste et un pantalon de cheval qu'il faut mettre tous les jours, sont propres et bien tenus. Mais pas du tout : arrive un monsieur qui a été nommé général par la grâce de Dieu et de son beau-père, et ce général qui n'a pas passé l'hiver ici, qui n'a jamais commandé de batterie s'avise de trouver que les harnais sont vieux, la belle découverte! que les buffleteries ne sont pas bien blanchies et que les poignées de sabre ne sont pas assez brillantes. Là-dessus un autre monsieur dont l'éducation militaire s'est perfectionnée dans les antichambres des Tuileries trouve à son tour que mes chevaux qui dorment depuis huit mois sous la pluie ou la rosée et mangent leur orge par terre sont un peu maigres. Je leur ai dit fort tranquillement que je ne demandais pas mieux que d'aller faire blanchir mes buffleteries en France, puisque c'était l'effet de notre séjour en Crimée ; que ce serait beaucoup plus agréable là-bas, d'abord parce qu'on y trouve tout ce qu'il faut, ensuite parce qu'on n'est pas obligé, après avoir blanchi les ceinturons le soir, de les laisser pendant toute la nuit à la rosée qui enlève le blanc et ternit le cuir ; enfin parce qu'après une revue je rentrerais chez moi, au lieu d'aller retrouver ma tente sous laquelle je m'ennuie depuis dix-huit mois.

« Le général Bosquet est assez mal en ce moment, et sa rentrée en France est un peu retardée par une rechute survenue pendant la dernière nuit. Le poumon a été ébranlé, paraît-il, par la secousse lorsqu'il a reçu cet éclat de bombe et il lui faudrait beaucoup de repos. Or le général Bosquet parle constamment. Dimanche, comme il faisait très beau, il a eu beaucoup de visites, il a lu à tout le monde une fort belle lettre de l'Empereur qu'il venait de recevoir, c'est ce qui lui a fait du mal. Il faut espérer qu'il se rétablira, car si l'on fait quelque chose au printemps, soit d'un côté, soit de l'autre, c'est bien encore lui qu'on pourra mettre à notre tête mieux que tout autre. On parle beaucoup du général Canrobert pour être ministre de la guerre : ce ne serait pas malheureux pour l'artillerie, car ce vieux maréchal Vaillant, qui est sapeur jusqu'au fond de l'âme, est très hostile à l'artillerie et ne veut rien faire pour améliorer notre position qui est très ridicule sous le rapport de l'avancement. Le général Canrobert, qui a beaucoup apprécié l'artillerie pendant le siège, voudra peut-être faire quelque chose pour elle.

Du 13 octobre. — « Je viens d'écrire au major une lettre de quatre pages par un vent à décorner les bœufs et avec une mer qui mugit comme si 500,000 hommes criaient de toutes leurs forces. Il est impossible maintenant que l'on fasse rien, nous allons donc rester inactifs, et comme on ne peut abandonner ces positions-ci, il va falloir y passer l'hiver exposés à un vent dont tu ne peux pas te faire une idée. Or l'exemple de l'hiver dernier n'a pas porté ses fruits, car on ne fait aucun préparatif et nous allons être surpris par le mauvais temps ayant nos hommes sous la tente-abri, ainsi nommée parce qu'elle n'abrite de rien. Nous allons donc jouer avec l'armée russe à qui mourra de froid et de faim cet hiver, et encore le désavantage est pour nous, car au printemps il faudra bien que nous attaquions et les Russes auront profité de ce que nous les laissions tranquilles, pour fortifier Batchi-Saraï, Simféropol, etc. Encore si ces messieurs qui se font bâtir des maisons bien tapissées et bien meublées daignaient nous dire où nous passerons l'hiver, nous pourrions y faire une petite installation. Pas du tout, ces messieurs se calfeutrent, s'organisent et la vile multitude se tirera d'affaire comme elle pourra. L'hiver dernier nous avons été abîmés par le scorbut, nos grands intendants qui ont les manches couvertes de galons jusque sur l'épaule trouvent moyen de nourrir l'armée avec du saucisson. Joli moyen de prévenir le scorbut!

PROMENADE A BALAKLAVA. (Page 253.)

« Que te dirais-je? on ne fait rien, je ne peux rien raconter. Hier soir, la 4e division du 2e corps, général de Failly, a reçu brusquement l'ordre de partir ce matin pour Kamiesch, où elle s'embarque pour Eupatoria. On les a prévenus qu'ils resteront là probablement plusieurs mois et qu'ils doivent emporter tout ce qu'il faut pour hiverner. Le mot est joli : que faut-il pour hiverner? Et où prendre cela du soir au matin? Décidément le métier de grand chef se simplifie. On envoie les gens passer l'hiver au loin et, au lieu de leur donner le nécessaire, on leur dit : Arrangez-vous pour hiverner. Tout est dit; cela évite à ces messieurs, si bien occupés à hiverner leurs précieuses personnes, la peine de se déranger. »

Je me plaignais d'être assez mal sur les monts Fédioukine, j'allais bientôt échanger mon cheval borgne pour un cheval aveugle. « Nos dernières illusions sont envolées, écrivais-je le 15 octobre. Décidément on ne fera rien cet automne, et c'est bien en Crimée que nous passerons l'hiver. Une partie des troupes de la vallée de Baïdar est rentrée, on n'y laisse que les divisions d'Autemarre et Bouat pour garder le pays. Sur les monts Fédioukine on ne laisse également que deux divisions; nos deux batteries remontent sur cet affreux plateau de Chersonèse où nous avons déjà été si mal pendant trois mois l'année dernière. Nous avons la perspective de rester là cinq ou six mois à ne rien faire qu'à voir tomber la pluie et la neige et entendre souffler le vent. Encore si on nous installait convenablement ! Si l'on nous donnait des baraques pour nos hommes et pour nos chevaux ! Mais non, on nous promet que dans le courant de l'hiver nous aurons des baraques pour nos chevaux et on nous dit qu'en attendant il faut tâcher de les installer le mieux possible. — Où, et avec quoi? — Et puis on dira dans les journaux que l'armée est admirablement hivernée, que nos ambulances sont parfaitement organisées : eh bien ! qu'ils y viennent voir au lendemain d'une bataille ou d'un assaut, ils y trouveront des hommes qu'on vient d'amputer, couchés par terre et ayant pour tout matelas une natte pleine de puces. On n'a aucune nouvelle de l'expédition qui est partie il y a huit jours pour les bouches du Dniéper, le vent et la mauvaise mer ont forcé l'escadre à chercher un abri sur la côte. Je ne sais s'ils auront pu s'aventurer de nouveau, car la mer est terriblement houleuse, et il fait un vent de tous les diables, un vent qui me rend malade, moi et bien d'autres. Ce vent du Sud, ce sirocco est tout ce que je connais de plus mauvais ici ; on est en nage, on étouffe, on ne peut se remuer et cependant le vent pénétrant partout vous oblige à vous couvrir ; on a beau se calfeutrer, la poussière vous envahit, vous prend à la gorge et remplit tout ce que vous mangez. Quand ce vent commence à souffler, il y en a toujours pour quarante-huit heures ; après quoi il pleut à verse et l'agrément change de nature. »

Nous apprîmes le 18 octobre une bonne nouvelle, c'est que l'expédition maritime, sur le compte de laquelle on était inquiet, avait parfaitement réussi. La dépêche annonçait 1,100 prisonniers dont 1 général et 170 canons pris ; les Russes avaient eu en outre 45 tués, et 130 blessés ; nous presque personne. (Il s'agissait de la prise de Kinburn.) Les Russes n'avaient pas de chance, ils étaient battus de tous les côtés et il n'était pas jusqu'aux Turcs qui ne leur eussent flanqué une pile à Kars. Mais c'étaient là de bien petites affaires, « on pouvait faire bien davantage, écrivais-je le 19 octobre. Le premier corps était déjà bien près de Batchi-Saraï, il n'a pas pu aller plus loin faute de vivres, l'intendance n'ayant pas de moyens de transport suffisants. Ils ont cependant eu bien le temps de se préparer, mais pour être bon administrateur il ne suffit pas d'avoir passé un examen, de monter un cheval arabe et d'avoir des galons de grades sur la manche... Il paraît que l'inspecteur général du service de santé qui vient d'arriver a été indigné de voir l'état des ambulances. S'il y avait en France des journaux comme ceux d'Angleterre, ils en auraient de belles à dire! Mais il vaut peut-être mieux taire tout cela. »

Je dois dire, pour expliquer un peu le ton de mes lettres, que j'étais fort malade en ce moment et très fatigué par la dysenterie qui ne me quittait pas depuis cinq mois. Il est donc inutile de continuer à donner des extraits de lettres qui ne faisaient que se répéter. Je trouve cependant dans celle du 23 octobre le petit mot pour rire : « Le maréchal Pélissier, disais-je, a reçu l'autre jour une lettre d'une dame se disant rentière, jouissant d'une jolie fortune et ayant reçu une bonne éducation. Cette dame demande au maréchal si les loyers sont chers à Sébastopol et s'il y a des maisons où l'on puisse faire de jolies installations, son intention étant de venir s'y fixer avec l'agrément du maréchal et d'y amener une société de jeunes dames fort aimables, susceptibles de faire le bonheur de MM. les officiers. Un général qui déjeunait chez le maréchal, lorsque celui-ci a raconté la lettre qu'il avait reçue, lui a dit : « Monsieur le maréchal, « il faut répondre à cette dame qu'elle n'a qu'à venir tout « de suite avec sa société. — Eh bien, général, a répondu « Pélissier, je vous nomme inspecteur des mœurs de la « ville de Sébastopol et je vous charge de la réponse. » Quelques jours auparavant, le maréchal avait eu à dîner le gouverneur de Sébastopol avec sa jeune et très charmante femme, dont tout le monde dans l'armée connaît l'origine. Étant encore enfant, elle vivait à Oran avec sa mère et sa sœur aînée qui faisait métier d'offrir, peu gratuitement, l'hospitalité la plus large aux militaires de la garnison. L'enfant était gentille; le futur général B..., alors, je crois, capitaine, la retira de ce milieu où ne poussait pas la vertu, la fit élever dans un couvent et l'épousa plus tard. Elle avait donc dîné avec son mari chez le maréchal et le lendemain matin celui-ci, ayant à sa table plusieurs généraux et officiers supérieurs, leur dit d'un ton qui ne manquait pas de fatuité : « J'ai eu hier, « assise à cette table, à côté de moi une femme ravissante. » Et comme ses convives, assez indifférents à ses bonnes fortunes, ne lui adressaient pas de questions, il dit au général F... : « Mais vous la connaissez bien, général.— C'est « possible, monsieur le maréchal, mais j'ignore de qui vous « voulez parler. — Eh ! parbleu, c'est de Mme B.... — J'ai « beaucoup connu sa famille, lui répondit le général F..., à « qui la qualité de gendre d'un maréchal donnait un cer- « tain aplomb, mais je n'ai jamais eu l'honneur de la voir « personnellement. » Là-dessus tous les convives de baisser le nez sur leur assiette et le maréchal lui-même d'en faire autant. »

Embarquement de l'infanterie. (Page 284.)

CHAPITRE III

LA PAIX

En congé de convalescence.— Le navire la *Mersey* égaré dans la mer Noire. — Le Bosphore. — Constantinople. — Débarquement à Marseille. — Une cargaison d'amputés. — Voyage au retour. — L'*Euphrate*. — Messine. — Les nonnes cloîtrées. — Les soirées sur le pont. — Chansons légères. — Le gros temps — Athènes et le Parthénon. — Un été entre deux hivers. — Une nuit au grand hôtel de Péra. — Le général Larchey. — Rentrée à ma batterie. — Mon installation. — L'armistice. — Fête sur la Tchernaïa. — Visite du général en chef Luders au maréchal Pélissier. — Les courses du monastère. — La grande revue. — Les highlanders et les zouaves. — Le typhus et le choléra. — Moral de l'armée. — Je me sépare de Caroline. — Triste aspect du camp abandonné. — Embarquement de l'infanterie. — Voyage sur un bateau des Messageries. — Arrivée à Marseille. — Entrée triomphale à Toulouse. — Le bouquet de la blanchisseuse.

Tant va la cruche à l'eau, etc... Mon état de santé était devenu tel que l'autorité voulut bien s'en apercevoir et que deux ou trois jours après avoir écrit la lettre dont je viens de donner un dernier extrait, j'étais gratifié, sans l'avoir demandé, d'un congé de convalescence de trois mois. En conséquence, deux jours plus tard, je m'embarquais en compagnie de mon ami de Vassart qui partait également en congé, sur la *Mersey,* bateau à hélice des Messageries maritimes. La mer était atroce et nous fûmes malades à plaisir. Je ne parlerais pas de cette traversée si je n'y avais été témoin d'un fait qui bouleversa toutes mes idées sur l'art de la navigation : nous avions quitté le port de Kamiesch le lundi soir, ayant à bord pour nous guider dans le Bosphore un ancien pilote de la flotte russe. Le lendemain, à la tombée de la nuit, nous étions en vue du phare destiné à signaler l'entrée du détroit, mais il paraît que cette entrée est dangereuse et qu'on risque, en s'y engageant la nuit, de s'enfourner dans une fausse entrée où l'on se briserait sur les rochers. Nous nous éloignâmes donc prudemment et nous passâmes la nuit à danser sur les flots agités de la mer Noire. Le mercredi matin, au point du jour, nous nous trouvions en face d'une côte, mais laquelle? C'est ce que personne ne put dire, et c'est ce qu'il importait pourtant de savoir, car si l'on avait devant soi la terre d'Asie, il fallait virer à tribord pour gagner la fameuse entrée; si au contraire on se trouvait en face de l'Europe, il y avait lieu de manœuvrer à babord; c'est à quoi se décida notre capitaine, après avoir conféré longuement avec ses officiers et le pilote. Nous voilà donc courant à toute vapeur vers le sud-est et au bout de quelque temps nous vîmes se dresser devant nous, sur la côte, une jolie petite ville étalant ses maisons blanches en amphithéâtre. Quelle était cette ville? C'est encore ce que personne ne put dire, pas même le pilote. Je ne sais combien de temps nous serions restés là, s'il n'était passé près de nous un petit bateau pêcheur : on mit aussitôt à la mer notre youyou et un officier du bord accompagné du pilote s'en alla demander notre chemin à l'équipage du bateau pêcheur, qui répondit que nous étions en face de Kilia; or Kilia est une petite ville de l'Asie Mineure située à une vingtaine de milles de l'entrée du Bosphore. Nous avions donc, depuis le matin, navigué à reculons. On s'empressa bien entendu de virer de bord, à deux heures nous entrions dans le Bosphore, et à cinq heures nous mouillions à l'entrée de la Corne d'Or, devant Top'hana, tout étonnés encore d'avoir vu des marins demander leur chemin dans la mer Noire comme un provincial égaré dans Paris et se réclamant d'un sergent de ville.

Ayant débarqué à Gallipoli pour traverser la Turquie jusqu'à Varna et aller de là en Crimée, je voyais le Bosphore pour la première fois en y entrant par la mer Noire, ce qui n'est pas, ce qui n'était surtout pas, à cette époque où la Turquie était sans chemins de fer, le fait d'un voyageur parti de France. N'ayant pas écrit pendant ma route de Sébastopol en Lorraine, puisque je serais arrivé en même temps que mes lettres, je n'ai conservé aucune note sur ce voyage, au sujet duquel je n'aurais probablement rien de nouveau ou d'intéressant à dire. Je n'ai pas la prétention de décrire Constantinople, Smyrne et Malte, où nous relâchâmes successivement. Je me souviens cependant de l'étrange volupté que j'éprouvai le soir de notre arrivée à Constantinople, lorsque, pour la première fois depuis dix-neuf mois, je me trouvai dans un large lit avec la liberté d'étendre mes deux jambes l'une au midi et l'autre au nord. Je me souviens aussi d'avoir, à chaque pas fait dans Péra, Galata ou Stamboul, constaté l'exactitude pour ainsi dire mathématique des descriptions de Théophile Gautier. Pour moi, ce qui me frappa le plus, ce ne fut certes pas la mosquée de Sainte-Sophie, mais le tohu-bohu de la Corne d'Or, la foule grouillante du pont de Galata, et les costumes variés des promeneurs de Péra. Je trouvai, d'ailleurs, chez l'excellent général Larchey, mon ancien capitaine de l'École d'application, la plus bienveillante des hospitalités. Théophile Gautier raconte comment il fit de longues stations aux bazars, dans la boutique de l'Arménien Ludovic, en savourant un excellent moka dans de petites tasses de Chine contenues par des coquetiers de filigrane d'argent à la vieille mode turque; n'ayant ni le temps ni la possibilité de rester aussi longtemps que lui à Péra, je ne pus faire qu'une de ces stations et, au lieu de circuler dans la grande rue de Péra, coiffé d'un fez et vêtu d'une longue redingote, je me promenai tout simplement en uniforme ; c'est ce qui fait probablement que l'eau de la Corne d'Or, loin de me paraître argentée, comme aux yeux du poète, me fit, au contraire, l'effet d'être quelque peu jaune et bourbeuse.

Quant à Smyrne, notre premier devoir de voyageurs était de nous rendre au pont des Caravanes, et nous n'y manquâmes pas. Nous fûmes récompensés de notre peine en voyant défiler devant nous de longues colonnes de chameaux. Théophile Gautier n'en avait vu que quinze; tout l'avantage était donc de notre côté. De ce pont célèbre et pittoresque, nous nous rendîmes au bazar ou plutôt au *Bezestin*, car il faut de la couleur locale. Quand nous jugeâmes qu'il était temps de rentrer à l'hôtel où nous avions déjeuné et laissé nos effets, afin de regagner le bateau, nous demandâmes à un grand diable d'Arabe qui nous servait de guide à travers le dédale des petites rues bordées de boutiques, de nous conduire à l'hôtel de l'Europe ; il parut ne nous comprendre qu'à moitié ou même pas du tout. Nous répétâmes alors plusieurs fois avec énergie : hôtel de l'Europe ; il parut enfin convaincu et prit résolument une des rues qui s'offraient à nous en nous faisant signe de le suivre. Quelques minutes après il s'arrêtait et nous montrait triomphalement une boutique où pour toute marchandise s'étalait en arrière du comptoir une multitude de petits flacons allongés cachetés avec de la cire. Le brave Bédouin avait compris eau de rose. Pour ne pas le désobliger, nous achetâmes chacun deux ou trois de ces petits flacons, et comme la boutique était suivie d'une vingtaine d'autres de même acabit, nous nous sauvâmes au plus vite, dégoûtés pour longtemps du parfum de la rose.

De tous nos points de relâche, ce fut Malte qui nous charma le plus, malgré sa promenade où les cactus et les aloès n'ombragent que médiocrement, sous un ciel de feu, les statues et les bustes de quelques Anglais médiocrement célèbres. Du reste, la patte de l'Angleterre dont on trouve à chaque pas la griffe, est bien faite pour enlever tout le plaisir à se promener dans cette étrange ville. Il me semble toujours lire l'inscription gravée sur le corps de garde de la place centrale, inscription latine destinée à faire savoir aux voyageurs que l'île de Malte a été donnée à l'Angleterre par la voix de l'Europe et l'amour des populations. Si, après avoir lu cette touchante inscription, on a l'idée de relever la tête, on aperçoit à l'extrémité de la grande rue trois embrasures laissant voir la gueule de trois énormes canons qui enfilent la rue dans toute sa longueur. Est-ce le symbole de la volonté de l'Europe ou de l'amour des populations? c'est ce que nous n'avons jamais pu savoir.

Partis de Kamiesch le 3 novembre, nous étions à Marseille le 17. Je me rappelle encore l'embarras que nous éprouvâmes, mon ami de Vassart et moi, lorsqu'il nous fallut débarquer dans le port de la Joliette, au milieu d'une foule énorme accourue pour voir quelques-uns des vainqueurs de Sébastopol. Il y avait bien sur notre bateau une quarantaine d'officiers venant comme nous en congé de convalescence : sur ce nombre, trois ou quatre seulement, dont mon ami et moi, rapportaient leurs quatre membres ; tous les autres étaient amputés, qui d'un bras, qui d'une jambe.

Les Marseillais avaient positivement l'air de regarder comme des malfaiteurs ceux qui étaient au complet et de se demander ce que nous venions faire en si bonne société.

Trois mois sont bien vite passés lorsque après une année et demie de la vie des camps on se retrouve dans son doux chez soi. Notre congé datait du lendemain de notre débarquement, c'est-à-dire du 18 novembre. Nous étions à Marseille le 18 février pour nous embarquer le même jour sur l'*Euphrate*, de la Compagnie des Messageries. J'écrivais le 20 février : « Je vais bien ce soir parce que la mer est un peu calmée; mais, hier et ce matin, je n'étais pas à mon aise. L'horrible chose que cette mer ! Plus je vais dessus et plus je la déteste. Nous sommes sur un bâtiment qui marche très bien et qui est, à l'extérieur du moins, un des plus beaux de la Compagnie. Mais c'est un navire anglais aménagé pour contenir le plus de monde possible, ce qui fait qu'on y est très mal. Nous sommes peu nombreux et nous y avons de la place. Comme société bourgeoise, nous *jouissons* de celle de plusieurs habitants de Kamiesch; mais il y a de charmants officiers, entre autres quatre sous-lieutenants d'état-major, sortant de l'École. Les pauvres petits ont été bien malades : M. de Salvandy, oncle de l'un d'eux, leur avait fait faire un excellent déjeuner à l'hôtel des Colonies, sous prétexte de les préserver du mal de mer, en leur remplissant bien l'estomac. Par-dessus le marché, il nous les a présentés en les recommandant à nos bons soins. Nous n'étions pas hors du port de la Joliette, que le déjeuner était déjà servi en pâture aux poissons de la Méditerranée. Il y a aussi trois ou quatre dames que j'entends d'ici faire des efforts pour rendre... l'âme. Enfin nous avons à bord une foule d'officiers anglais, mais nous ne leur parlons pas beaucoup, parce qu'ils voyagent en première, quel que soit leur grade, et parce qu'en outre ils nous font une tête de chien, à cause de la paix qu'on dit prochaine. Ces messieurs trouvent que nous n'en avons pas assez fait pour eux. Pour le moment, nous avons un peu de bon temps, grâce aux côtes d'Italie qui nous abritent ; il fait un clair de lune magnifique, je vais aller me promener sur le pont, où il y a de la marge, puisque notre bateau a 86 mètres de long. Demain nous ferons escale à Messine et nous aurons trois ou quatre heures à marcher sur le bon plancher des vaches. »

La mer vint bientôt interrompre ma correspondance, comme le brouillard interrompait en ce temps-là les dépêches télégraphiques. J'écrivais le 23, du golfe de Salamine, dans lequel nous voguions à bord de l'*Euphrate :* « Décidément c'est une fichue chose que la mer et on a raison de dire, en parlant d'elle : l'élément perfide. Avant-hier, dans le canal de Messine, elle était calme et bleue, nous étions arrivés à huit heures du matin, et on nous avait immédiatement débarqués. Messine est une grande ville au pied de hautes montagnes, le quai est bordé d'une colonnade de beaux bâtiments. Après avoir passé par une espèce de bureau, sous l'œil inquiet de la police de Sa Majesté napolitaine, nous nous sommes répandus par la ville, qui mérite d'être vue, avec ses longues rues droites et larges pavées de grandes dalles, ses femmes voilées, ses ânes et ses charrettes aux roues pleines, attelées d'énormes bœufs. La cathédrale est un peu délabrée, mais la voûte en est soutenue par de belles poutres sculptées et la chaire est d'un seul bloc de marbre très bien travaillé. On y chante du nez, et les vieilles dévotes viennent vous relancer jusqu'au pied de l'autel pour vous offrir de belles Calabraises dont il faut se méfier, paraît-il. Le couvent de San Gregorio, où nous sommes allés ensuite, domine toute la ville, et de sa plate-forme on a une vue magnifique. A nos pieds Messine, en arrière et au-dessus de nos têtes des collines couvertes de citronniers en fleurs, puis à droite et à gauche les côtes de Sicile, dont l'Etna ferme à droite l'horizon ; devant nous le détroit, la côte d'Italie et la ville de Reggio.

L'église du couvent est d'une grande richesse, tout en mosaïque de marbre, un peu coquette peut-être pour une église de couvent. Dans la tribune grillée étaient deux nonnes au costume noir et blanc; à travers le grillage, elles paraissaient jolies, mais plus curieuses de nous voir que soucieuses de se cacher. Quand nous sommes sortis sur la plate-forme, il y en avait plusieurs aux fenêtres, et ce grand couvent massif aux grandes fenêtres barrées de fer, ces longues figures aux cheveux noirs et aux yeux ardents se penchant pour nous regarder, ne manquaient pas de poésie. Les jeunes sous-lieutenants d'état-major prétendaient que ces belles nonnes étaient cloîtrées malgré elles et imploraient de nous leur délivrance. Mais les murailles étaient bien hautes et bien épaisses, l'heure s'avançait et nous avons remis cela au prochain voyage, pour aller déjeuner prosaïquement Largo del Purgatori (place du Purgatoire). On nous y a servi de fort bon macaroni et du vin de Syracuse un peu trop sucré pour être bu en mangeant. Après avoir ri et bredouillé un italien impossible, nous avons regagné le port à travers les marchands d'oranges et les mendiants. De la barque qui nous emmenait, nous avons jeté quelques sous au milieu du groupe des mendiants, qui sont d'une probité exemplaire. Vous désignez du doigt celui ou celle à qui est destinée votre aumône, et pas un autre ne cherche à s'en emparer. Si c'est une femme, vous voyez un homme s'élancer, ramasser le sou et le lui remettre avec une galanterie qu'on rencontrerait à peine dans un salon de Paris. Nous avions visité Messine, nous en étions partis par un temps assez calme, nous avions admiré les côtes de Calabre, et le soir, réunis sur le pont, nous avions passé notre temps à chanter en chœur des refrains de toute espèce. Nous avions même pu constater la facilité d'oreilles de nos compagnes de voyage, car bien loin de s'enfuir à certains passages un peu lestes, ces dames tenaient absolument à ne rien perdre. Une d'elles, la femme d'un consul, qui s'en va représenter la France à Patras (pauvre France!), trouvait charmant que l'agneau de la pauvre Annette eût été mangé par le loup. Une autre qui s'en va rejoindre son mari à Scutari, me disait : « Ce serait bien mal de sa « part de ne pas m'avoir été fidèle, car je lui conserve fidé- « lité depuis dix-huit mois. » Une troisième, une Anglaise qui va aussi rejoindre son mari, ne prenait pas la peine d'en dire autant. Tout à coup nos chants et nos confidences ont été violemment interrompus, nous étions sortis du détroit et la mer était devenue si violente que personne ne pouvait plus tenir debout. On n'a pas pu faire le dîner, plusieurs officiers de marine même étaient malades, et la mer, inondant le port, ne permettait plus d'y rester. Pour moi, je me suis blotti dans mon tiroir de commode et je n'en ai pas bougé de 48 heures. Mais quel tumulte! la vaisselle se cassait, les femmes geignaient, les enfants braillaient, mes voisins rendaient tout ce qu'il est possible de rendre; par moment le bâtiment se mettait sur le flanc, et j'ai reçu pour ma part, en pleine figure, une douzaine d'oranges, mon sabre et ma malle que j'avais posés sur la couchette en face de la mienne. Enfin, ce matin, le temps s'est un peu calmé, nous sommes en pleine Grèce et ce soir nous aborderons au Pirée : nous n'y verrons le Parthénon qu'au clair de lune, ce sera plus poétique. »

Nous vîmes, au contraire, le Parthénon et Athènes en plein jour, mais nous étions témoins, en ce qui concerne la température, d'un singulier phénomène, tout naturel d'ailleurs. Partis de Lorraine le 15 février, nous y avions laissé la campagne toute couverte de neige que balayait un vent glacial; moins de 24 heures plus tard, nous étions en Provence sous un ciel déjà moins gris et avec une température supportable; puis, à Messine, nous avions trouvé un soleil ardent et tous les arbres en fleurs; au Pirée et à Athènes où, en fait d'arbres, on ne voit guère que des oliviers couverts de poussière, nous avions failli mourir de chaleur sur la route, et voilà que, remontant vers le nord, nous essuyons dans la mer de Marmara une bourrasque de neige qui dérobe à nos yeux la vue classique de la pointe du vieux Sérail, et quand, deux jours après, nous remettons le pied sur le sol de la Crimée, nous rentrons en plein hiver, tout est couvert de glace et de neige, et la bise du nord nous aveugle. Dans l'espace de quinze jours, nous avions passé d'un hiver à un autre, par l'intermédiaire d'un printemps et d'un été. Mais trouvera beau qui voudra les steppes blanchis par la neige, pour ma part je leur préfère infiniment ce que Victor Hugo appelle neige odorante du printemps, c'est-à-dire les beaux arbres en fleurs.

J'écrivais de Crimée le 1er mars : « Nous sommes arrivés à Constantinople par un froid de loup, un vent du Nord à vous couper les oreilles. Il faisait assez clair quand nous avons doublé la pointe du Sérail, et on voyait bien le beau panorama de la Corne d'Or. Mais à peine avions-nous débarqué que le ciel s'est assombri et que la neige s'est mise à tomber à gros flocons. Quel temps ! et quelle ville ! On y enfonce jusqu'à la cheville dans une boue noire et puante. Je ne me souciais pas d'y séjourner à raison de 25 francs par jour (c'était le prix du grand hôtel de Péra) ; aussi ai-je vite couru chez le général pour obtenir de m'embarquer le lendemain, ce à quoi j'ai réussi. Le bon général Larchey m'a, du reste, très bien reçu ; il m'a retenu à dîner et m'a mené, le soir, au spectacle dans sa loge. J'ai vu assez bien jouer *Bataille de Dames*. J'ai beaucoup causé avec le général du temps passé, de mes fredaines de l'École d'application, pour lesquelles il était si indulgent, et de la bonne ville de Metz. Je suis rentré ensuite à l'hôtel, mais il n'y avait pas de chambre pour moi. Nous étions là quatre, dont trois sous-lieutenants d'état-major. On nous a étendu quatre matelas par terre, les uns contre

LA GRANDE REVUE. (Page 279.)

les autres, dans la salle à manger; on m'a donné la droite et le côté du mur comme étant le doyen; nous avons été couchés là très froidement et très durement, mais enfin nous avons mieux dormi que sur cet affreux bateau. Le lendemain matin, après avoir fait transporter les bagages à bord d'un abominable petit rafiot qu'on nomme l'*Amsterdam*, et qui est redouté de tous les voyageurs, j'ai redéjeuné chez le général, et à midi j'étais embarqué pour ne démarrer qu'à près de cinq heures. C'est toujours de même. Nous avons tous été malades; je me suis couché pour ne sortir de mon tiroir que dans le port de Kamiesch, où nous étions le surlendemain à sept heures du matin. Après avoir débarqué non sans peine, car à cette heure matinale il n'y avait personne pour m'aider, j'ai demandé à un de mes camarades de faire parvenir une lettre à ma batterie pour annoncer mon arrivée. J'ai déjeuné chez le colonel Lefrançais et j'ai trouvé devant sa porte, en sortant de table, M. Raffron avec toute ma cavalerie. J'ai dormi sous la tente comme si je n'avais jamais fait que ça, et je t'écris assis sur mon lit, enveloppé dans ma peau de mouton, les pieds dans mes sabots, avec une bougie allumée à huit heures du matin, car ma tente a peu de fenêtres. J'ai vis-à-vis de moi Alfred, qui se chauffe à mon petit poêle. Je dis bien mon petit poêle, car j'en ai un; j'ai aussi un plancher et une double enveloppe à ma tente. Tout cela n'est pas de trop, car le pays est couvert de neige, le vent est glacial et on enfonce dans la boue jusqu'aux genoux. »

Il est bien évident que ma correspondance pendant ce second séjour en Crimée ne saurait présenter le même intérêt que pendant le siège de Sébastopol. Nous passâmes là trois grands mois à ne rien faire que nous préparer à partir et nous ennuyer. J'étais infiniment mieux installé que pendant l'hiver précédent; ma tente intérieure s'ouvrait et se fermait à l'aide d'une porte vitrée provenant du butin de Sébastopol, et sur laquelle se bouclaient les courroies de la tente extérieure. L'inconvénient de cette double enveloppe était l'obscurité et par suite la tristesse. « A deux pas de ma tente, écrivais-je le 2 mars, est la baraque où nous mangeons, espèce de hutte en pierres sèches, recouverte en planches, avec une cheminée, notre table de Balaklava, des escabeaux et pour meuble principal un grand buffet provenant de Sébastopol. Nos deux batteries ont un cercle, du moins on donne ce nom à une grande baraque en planches, longue de 15 mètres, large de 4, avec un poêle, une table et des bancs. Mais dans quel triste endroit est placé notre camp ! Rien à droite, rien à gauche, rien devant, rien derrière. Cet isolement a l'avantage de nous donner la tranquillité, mais ce silence refroidit le cœur. L'année dernière, nous avions le tambour, le clairon, la musique, voire même le canon ; l'état-major, notre voisin, nous attirait du monde. Cette année, plus rien, que l'espoir de rentrer bientôt en France. Mais la paix ne marche pas beaucoup plus vite que la guerre... Nous sommes en suspension d'armes ; l'armistice a été discuté vendredi dans une conférence, mais on n'a pas pu s'entendre. Les Anglais voulaient le droit d'entrer dans le port avec leurs bateaux, les Russes demandaient la libre circulation sur la flèche d'Arabat ; ni les uns ni les autres n'ont voulu céder. On se borne à rester où l'on est sans faire feu. Les bords de la Tchernaïa sont remplis de curieux russes, français et anglais, qui se promènent en échangeant des dialogues d'un bord à l'autre. C'est toujours la même cérémonie : les Russes, charmants avec nous, très raides avec les Anglais. Vendredi, ils sont venus à la conférence avec des chevaux en fort mauvais état, et le peloton de Cosaques d'escorte était fort piteux. Ils se sont aperçus qu'on les regardait et se sont empressés de dire qu'ils avaient fait exprès d'amener leurs plus mauvais chevaux à cause de la route, qui est très difficile. Ils n'avaient rien à fumer, eux qui, l'année dernière, offraient toujours de bons cigares. Ils ne trouvent sans doute plus à s'approvisionner. Quant à nous, nous sommes un peu mieux que l'année dernière, mais pas aussi bien qu'on devrait l'être. Mauvaise viande, mauvais biscuit, et toujours des tentes, tandis que les Anglais ont des baraques superbes. Il faut avouer qu'ils nous enfoncent complètement cet hiver. »

L'armistice finit pourtant par se conclure ; les trois armées célébrèrent par des salves d'artillerie simultanées la naissance du prince impérial. La belle saison revint, et les prairies qui bordent la Tchernaïa furent témoins de fêtes internationales dont le principal attrait résidait dans les courses de chevaux. Le mardi 15 avril, Luders, général en chef de l'armée russe, vint déjeuner chez le maréchal Pélissier. Voici ce que j'écrivais à ce sujet le vendredi 18 : « Nous avons fait mardi une bonne partie de drogue parce que le maréchal avait invité Luders à déjeuner ; il a fallu que toute l'armée française allât lui faire la haie sur sa route. Les troupes étaient rangées depuis le pont de Tracktir jusqu'au quartier général en grande tenue. Nous sommes partis de notre camp à six heures et demie ; nous étions postés à huit heures dans la plaine, et ce monsieur n'est arrivé qu'à onze. On lui a tiré le canon et présenté les armes. J'ai vu là un bel état-major russe ; les généraux ont un casque doré avec une masse de plumes blanches, et la poitrine toute chamarrée d'or. Luders avait au moins trente décorations. Il avait derrière lui un escadron de Cosaques d'élite avec de larges bonnets d'oursin. Ils ne sont pas beaux, et notre escadron de chasseurs d'Afrique, qui galopait sur la même ligne qu'eux, était bien autrement monté et ficelé. Malgré la simplicité de leur tenue, je ne crois pas qu'il y ait au monde une aussi belle cavalerie légère, surtout le 3e régiment, qui avait fourni ce jour-là l'escadron d'escorte et qui, appartenant à la province de Constantine, est monté sur des chevaux d'une taille plus élevée que ceux des autres provinces. Tout en prenant l'escadron dans un même régiment, on avait choisi les hommes, car tous ceux du premier rang portaient la croix ou la médaille. Enfin, ils nous ont fait déjeuner à une heure et demie. Le vent était si violent que la poussière nous aveuglait et qu'on pouvait à peine tenir à cheval. J'y suis pourtant remonté après déjeuner pour aller voir un carrousel et des courses qui se donnaient près du monastère. On avait préparé une très belle tribune pour les généraux au bord de la mer et à l'extrémité de la plaine dans laquelle galopaient 3 ou 4,000 cavaliers de toutes nations portant les uniformes les plus variés. Il y avait bien en tout quarante ou cinquante amazones anglaises et piémontaises.

« Je suis parti après le carrousel, sans attendre les courses, qui ont été cependant trouvées très belles, la dernière surtout, où il y avait eu un officier anglais tué en franchissant le mur...

« Avant-hier, nous avons eu une partie de drogue encore bien plus longue. La revue se passait à midi, entre Balaklava et Kamiesch ; on m'a fait partir à cinq heures et demie du matin de mon camp pour aller au monastère rejoindre la réserve générale et céder la route aux divisions d'infanterie. On m'avait recommandé de me tenir le plus près possible de la mer, en attendant le moment de prendre ma place dans la ligne de bataille. J'ai avisé un petit plateau sur une falaise dominant la mer de vingt ou trente mètres ; nous nous y sommes installés pour déjeuner fort à notre aise. J'avais profité de l'heure matinale de la marche pour apporter sur un caisson de rechange, que j'ai fait ensuite disparaître, notre table à manger ; nous avions un pâté de lièvre, deux poulets froids, du chester, du vin de Bordeaux et du café. Quatre bâtiments à vapeur destinés à tirer le canon pendant la revue évoluaient à nos pieds et comme tout exprès pour nous donner une représentation navale.

« Puis, à dix heures, nous avons levé le couvert, nous sommes montés à cheval et nous avons gagné le grand plateau, où il ne manquait plus guère que mes deux batteries pour compléter les lignes à peu près déjà formées. Les trois corps d'infanterie, par lignes de bataillons en colonnes serrées, occupaient une première ligne de 9 kilomètres de long, avec l'artillerie derrière le centre de chaque division. La réserve d'artillerie formait à 200 mètres en arrière une ligne de 1,800 mètres de longueur, prolongée à gauche par les dix régiments de cavalerie qui allaient presque jusqu'à Kazasch. Vers onze heures et demie, le maréchal Pélissier et le général Luders sont passés devant nous, suivis d'un état-major tel qu'on n'en a jamais vu d'aussi nombreux et d'aussi riche : les Russes, les Anglais, les Turcs, les Piémontais, les Français, et pour escorte la valeur de près de deux régiments de cavalerie, chasseurs d'Afrique, cuirassiers, hussards du prince Albert, Écossais gris, chevau-légers sardes, gendarmes russes.

« Pour le défilé, il a duré trois heures et demie; mes batteries avaient plus de six kilomètres à faire pour aller de l'endroit où nous étions en bataille à celui où se tenait l'état-major. Mais quelle poussière ! nous avons défilé dans un nuage, voyant cependant très bien l'état-major à cause de la direction du vent; tous les officiers saluaient du sabre, et Luders applaudissait à chaque nouvelle troupe qui passait. Le défilé s'est terminé par dix-huit batteries à cheval et quarante-huit escadrons de cavalerie passant au galop. Eh bien ! le pauvre Luders n'en a pas été quitte comme cela, il lui a fallu aller luncher dans la baraque de Codrington et passer la revue de l'armée anglaise. J'avoue que, comme cette revue se passait derrière notre camp, je n'ai pas pu résister à la curiosité. Je suis monté sur un cheval frais et j'ai été voir défiler nos très chers alliés. J'ai vu là de bien belles choses, les attelages de l'artillerie d'abord. Comme chevaux et comme harnais, il n'y a pas une de leurs pièces qui ne soit attelée avec un luxe pareil à celui des voitures qui se promènent aux Champs-Élysées; mais pour tirer le canon tout cela est-il bien utile? Ce qu'il y a de plus remarquable dans cette armée, ce sont les bataillons de highlanders ou Écossais; rien n'est imposant comme ces grands gaillards, tous si bien de la même taille et de la même carrure qu'on les dirait coulés dans un seul et même moule. Leur costume pittoresque ne ressemble à aucun autre. Il y avait là quatre régiments, c'est-à-dire quatre bataillons, dont les couleurs distinctives étaient le vert, le blanc, le jaune et le rouge. Comme je les faisais admirer à un officier russe qui se tenait à cheval à côté de moi : « Oui, me « dit-il, ils sont bien beaux; mais cela n'est pas étonnant, « on les a bien sûr conservés dans du coton, car nous ne « les avons jamais vus. » Bref, il était sept heures quand cette seconde revue a été terminée et que les Russes ont pu retourner chez eux. Ils ont dû tout de même être émus en voyant défiler sous leurs yeux, dans leur pays, une armée de 100,000 hommes avec plus de 400 canons. Je ne sais si je me suis trompé, mais il m'a semblé surprendre des larmes dans les yeux de deux ou trois d'entre eux. Mais nous! les 50,000 hommes d'infanterie que nous avions là étaient magnifiques et capables de tout; seulement c'était le reste de 100,000 qui existaient à l'automne; car dans ces quatre derniers mois il est entré 47,000 hommes dans les ambulances, dont près de 25,000 sont morts et les autres renvoyés avec des congés de convalescence. Heureusement, ça va mieux maintenant et le typhus est à peu près disparu de Crimée. Mais on fera bien de partir avant les grandes chaleurs; on parle pour nous de quinze jours ou de trois semaines, mais je n'y compte guère avant la fin de mai. L'infanterie s'embarquera la première et bien facilement, mais la cavalerie et l'artillerie, c'est le diable avec leurs chevaux. »

J'écrivais encore le 10 mai : « Cette Crimée est un si beau pays que tout le monde s'empresse de la quitter. Les Russes filent encore plus vite que nous. On espérait bien leur vendre toutes nos provisions, dont il y a surabondance depuis que la paix est faite. Des farines, de l'orge, du foin au moins pour un mois, c'est une consolation pour tout ce qui a manqué pendant le siège. Les Russes n'ont rien voulu acheter, d'abord parce qu'ils n'ont pas le sou, ensuite parce qu'ils s'en vont. Les pauvres diables ont trois mois de route devant les jambes avant d'arriver à Moscou ou à Varsovie. Les Anglais n'ont pas l'air si pressés de partir; ils font tous les jours des promenades militaires ou des grandes manœuvres ; ils fignolent leur camp, élèvent des monuments à leurs morts et promènent leurs amazones. Quant aux Piémontais, comme ils étaient à la solde de l'Angleterre, il y a longtemps qu'ils sont partis pour raison d'économie. »

Je ne me trompais guère en fixant à la fin du mois de mai la date de notre départ. J'aurais dû partir plus tôt si on avait pris pour base la date du débarquement, puisque j'étais à ce point de vue un des plus anciens de l'armée ; mais ma batterie fut sans doute victime d'une erreur, car on la garda pour la bonne bouche. J'avais eu cependant bien des tribulations, notre commandant ayant été d'abord absent, puis nommé lieutenant-colonel, de sorte que j'avais dû exercer le commandement supérieur des deux batteries ; mais comme ce surcroît de travail me donnait une bonne dose d'indépendance, je ne songeai pas à m'en plaindre. Ce qui fut pénible au delà de toute expression, ce fut le règne du typhus. Cependant, comme action sur le moral, il n'y avait aucune comparaison à établir entre le typhus et le choléra que nous avions eu pendant l'automne de 1854. Le choléra était bien autrement tapageur et impressionnant dans ses manifestations extérieures. C'était chaque nuit deux ou trois hommes qui se tordaient dans les coliques, qu'on essayait en vain de réchauffer en les frictionnant et qu'on apportait à l'ambulance enveloppés dans des couvertures et hurlant de douleur. Si bien qu'on était tout étonné quand on apprenait plus tard qu'un de ces hommes avait triomphé de la maladie. Le typhus était bien autrement discret, mais frappait d'une main plus sûre. Le matin, à la visite du docteur, cinq ou six hommes se présentaient, pâles, l'air fatigué et endormi. Le docteur, clignant de l'œil en me regardant, leur délivrait à chacun un billet d'ambulance ; ils s'en allaient, et trois ou quatre jours plus tard je recevais infailliblement l'avis officiel de leur mort. De sorte qu'en définitive les effectifs étaient plus frappés que par le choléra. Mais à dire vrai, et c'est ce qu'il y eut d'admirable dans cette armée de Crimée, elle ne fut pas plus découragée par ces terribles épidémies que par la longue durée du siège et la résistance interminable des Russes. Du reste, dans ma batterie, comme dans toute l'armée, il n'y eut pas un officier d'atteint et pas davantage d'ordonnance d'officier. On attribua cela au bien-être et à la nourriture plus substantielle. Ce qui semblerait en effet prouver l'influence de l'affaiblissement sur la disposition à contracter le mal épidémique, c'est que dans ma batterie tous les hommes qui avaient été atteints du scorbut en 1855 moururent du typhus en 1856. Du reste, voici mon bilan : sur environ 1,200 hommes qui figurèrent d'avril 1854 à juin 1856 sur les contrôles de ma batterie, il en mourut 174, dont 12 par le feu de l'ennemi et le reste par suite de maladie.

Les derniers jours que je passai en Crimée furent particulièrement monotones et ennuyeux. On avait envoyé à Constantinople pour les vendre tous les chevaux, sauf ceux appartenant aux officiers. Mon capitaine en second et mon lieutenant en premier partirent donc pour Constantinople avec tous nos chevaux et je restai seul avec mon lieutenant en second, ma grosse jument, ma mule Caroline et 140 hommes qui, n'ayant absolument rien à faire, bâillaient toute la journée. Bientôt même il fallut me séparer de Caroline, que je ne pouvais pas emmener et dont je n'aurais su que faire en France. Ce fut une séparation douloureuse et qui ne se fit pas sans mouiller d'une larme de regret la paupière de mon fidèle Martin. Quant à la pauvre bête, elle s'en alla tranquillement, ne soupçonnant pas que le lendemain peut-être les coups de pied succéderaient pour elle aux caresses et aux morceaux de pain dont elle était si friande.

Peu à peu cependant les troupes quittèrent le plateau pour aller s'embarquer à Kamiesch, il n'y eut plus que ma batterie et deux ou trois petits groupes d'aussi peu d'importance apparaissant comme des points clairsemés dans cette vaste plaine où avaient campé 150,000 hommes. Quant à se faire idée de ce que peut être une plaine où 150,000 hommes ont campé pendant vingt mois, il faut l'avoir vu pour en juger. Imaginez-vous un sol crevassé, labouré, couvert d'éminences suspectes et percé d'ouvertures qui ne le sont pas, des amas de bouteilles cassées, de bidons, de gamelles, de boîtes de sardines défoncées, des chiffons de quoi enrichir pendant quinze ans toutes les cités de la rue Mouffetard et de la petite Pologne, des ordures capables de fumer toutes les plaines de France pendant plusieurs années et une odeur dépassant tout ce que l'imagination peut rêver. Sans parler des sépultures d'hommes imparfaitement creusées, il y avait là plusieurs milliers de chevaux ensevelis presque à fleur du sol; et quand par une journée orageuse la terre semblait fermenter sous l'action de ces cadavres échauffés, il fallait vraiment s'entourer de toutes les pipes de la batterie pour pouvoir y résister. Enfin, le 27 mai, nous reçûmes l'ordre de descendre à Kamiesch pour nous tenir prêts à nous embarquer et nous y passâmes encore trois ou quatre jours pendant lesquels, je l'avoue, je ne m'ennuyai pas. Ma grande distraction était d'aller voir l'infanterie s'embarquer. La pauvre infanterie! elle a souvent bien du mal et ne jouit pas d'un tas de privilèges octroyés aux troupes à cheval par la force des choses. Mais dans des circonstances telles que celle-ci, comme elle reprend le dessus! L'embarquement de la cavalerie et de l'artillerie était une corvée, celui de l'infanterie ressemblait à un triomphe. Grâce aux nombreuses escales que l'on avait construites à Kamiesch, les bâtiments de la flotte étaient à quai et je vois encore d'ici un régiment, le 74e, si j'ai bonne mémoire, arriver au pas de charge sur le quai, drapeau déployé, tambours battant, clairons sonnant, musique jouant, passant de même sur le pont du vaisseau qui devait l'emporter, saluant le drapeau et formant en faisceaux, les fusils qu'on descendait ensuite à fond de cale. Le soleil brillait, la joie rayonnait sur toutes les figures; on eût dit, s'il est permis de parler ainsi, que le régiment voulait emporter le retour d'assaut.

Quant à nous, deux jours après ce régiment nous nous embarquâmes prosaïquement sur un bateau des Messageries en passagers de seconde et de troisième classe. Deux jours après, notre bateau mouillait devant Galata sans nous descendre à terre, trois jours de plus et nous nous promenions dans les rues d'Athènes sous un soleil ardent, dans une poussière étouffante, puis nous revoyions Messine sans avoir le temps de monter jusqu'au couvent où les yeux des nonnettes nous avaient paru si brillants à travers les barreaux de leurs grilles. Enfin nous débarquions à Marseille, où nous trouvions presque aimable le farouche général Rostolan, et nous arrivions à Toulouse, terme de notre voyage. Nous y faisions une entrée soi-disant triomphale, mais en réalité assez mesquine. J'étais à la tête de 130 canonniers à cheval démontés, armés du sabre, troupe qui n'a rien d'imposant, j'étais précédé d'un seul trompette, les deux autres étant à Constantinople. Mais les généraux, les colonels et tous les officiers des deux régiments d'artillerie étaient venus au-devant de nous jusqu'à l'entrée du faubourg où le colonel, fort peu éloquent d'ailleurs, nous avait salués d'un très long discours. Puis le cortège s'était formé pour entrer en ville, d'abord les généraux et tous les officiers à cheval, la musique du régiment, également à cheval, — singulière idée, soit dit en passant, — puis mon unique trompette et mes 130 hommes à pied. On criait (les Toulousains sont parfois très démonstratifs), on nous jetait, je crois, des fleurs ou tout au moins des feuilles et je me disais : Voilà donc ce que c'est que la gloire ! Tout à coup une forme féminine se détache rapidement de la foule, je me sens mettre dans la main un magnifique bouquet, et la femme rentre dans les rangs du peuple sans que j'aie pu la voir. Tout en me demandant ce que signifiait cette démonstration, je sentais que je devais avoir l'air assez bête avec mon sabre dans la main droite et mon bouquet dans la main gauche ; je me débarrassai alors du bouquet en le passant au fidèle trompette qui m'avait réveillé pendant deux ans avec le refrain de la batterie. En le recevant il poussa un cri, me montra son doigt ensanglanté par la piqûre d'une épingle, en me disant avec une grimace significative : « Mon capitaine, il y a un billet. » Tous les yeux étant fixés sur moi, je n'osai pas prendre ce billet, mais, lorsqu'on eut rompu les rangs, le trompette s'empressa de me le remettre ; il portait ces mots tracés d'une main peu exercée : *Mademoiselle Mariette, blanchisseuse en fin, rue des Lois, numéro* ... Le billet doux était une réclame.

Quelques jours après, la municipalité de Toulouse offrit un punch dans la salle des Illustres du Capitole aux officiers rentrant de Crimée. La cérémonie consista pour les invitants et pour les invités à se ranger en cercle autour d'une grande table sur laquelle chacun avait devant soi un verre de bière chaude ou de punch froid. Le luxe des rafraîchissements fut remplacé par celui des discours, et la faconde méridionale se donna un libre cours. Je me suis toujours rappelé comme modèle du genre ce toast prononcé avec emphase par un sévère magistrat : « Messieurs, à l'Impératrice, à cette heureuse mère qui a pu bercer son premier-né sur les lauriers de la victoire mêlés aux oliviers de la paix! » Malheureusement je ne puis reproduire l'accent avec lequel fut prononcée cette phrase imitée du grec.

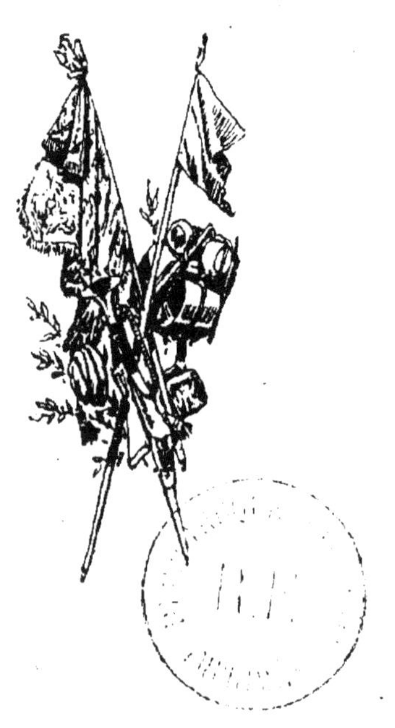

TABLE DES MATIÈRES

PREMIÈRE PARTIE

LE PROLOGUE D'UNE GUERRE

CHAPITRE I

MARSEILLE

CHAPITRE II

GALLIPOLI

CHAPITRE III

ANDRINOPLE

CHAPITRE IV

VARNA

CHAPITRE V

LA DOBRUTSCHA

DEUXIÈME PARTIE

LES LENTEURS DU SIÈGE

CHAPITRE I

BALAKLAVA ET INKERMANN

CHAPITRE II

L'HIVER

CHAPITRE III

KAMIESCH ET KAZASCH

CHAPITRE IV

LES MONTS FÉDIOUKINE

TROISIÈME PARTIE

LE DÉNOUEMENT

CHAPITRE I

LA VALLÉE DE BAÏDAR

CHAPITRE II

APRÈS L'ASSAUT

CHAPITRE III

LA PAIX

ILLUSTRATIONS

Paris. — Soc. d'Imp. PAUL DUPONT (Cl.) 53.3.92.

www.ingramcontent.com/pod-product-compliance
Ingram Content Group UK Ltd.
Pitfield, Milton Keynes, MK11 3LW, UK
UKHW021852190726
13855UKWH00001B/274